人間の安全保障
Human Security

高橋哲哉／山影 進 ──［編］

東京大学出版会

HUMAN SECURITY
Tetsuya TAKAHASHI and Susumu YAMAKAGE, Editors
University of Tokyo Press, 2008
ISBN 978-4-13-003352-7

まえがき

人間の安全保障が繋げるグローバルな課題とローカルな課題

　1994年に人間の安全保障という考え方が大々的に提唱されてからすでに10年以上が過ぎた．提唱当時の貧困や生存をめぐる問題への熱い取り組み姿勢と楽観的な見通しは，今日から振り返ると，冷戦終結がもたらした新しい世界への希望が反映したものだったようである．今や，解決困難な問題を前にして，たとえば「ミレニアム開発目標」のように，国際社会として取り組む必要のある多様な課題が強調されている．1960年代の「国連開発の10年」とその後の経緯が再現されているような気がしないでもない．

　しかし1960年代以降の国際社会の課題が新しい主権国家の誕生（非植民地化）と大きく関わっていたように，90年代以降のそれが新しい安全保障論と大きく関わっていることはまぎれもない．人間の安全保障は，国家（国民）を単位（主体にせよ客体にせよ）に考えられていた問題の射程を大きく変えたのである．それに付随して，問題への関わり方にも大きな変化が生じつつあり，グローバル・ガバナンスというもう1つの新しい考え方が人間の安全保障を追求する上で注目されるようになった．

　地球社会（グローバル・コミュニティ）という大きな社会で生じている大変動は，同時に，小さな社会（コミュニティ，地域社会）とも連動している．人間の安全保障のための具体的取り組みは，「草の根」レベルでなされる類のものである．すなわち，貧困削減のための人間開発（個々人の能力強化）や紛争後の社会における和解や共生は，国家単位のレベルだけではなく，小さなコミュニティ単位の問題として取り組むべきものである．さらに，個人の問題，特に市民的自由をめぐる問題がこれほど大きな国際問題になっているのも，近年の大変動の証左にちがいない．

不純な概念ではなく豊穣な概念として

　人間の安全保障はよく分からない概念だという声（批判）をよく聞く．そ

の理由は，登場してから10年余りという短い歴史だけではないだろう．そもそも，ある新しい言葉が人口に膾炙(かいしゃ)するのに10年は決して短いわけではない．実際，問題の所在は，今まで聞いたことのなかった新奇な概念にあるのではなく，すでに聞いたことのある概念との区別がはっきりしない点にある．

　何よりも，人間の安全保障という言葉で，実にさまざまな問題や課題（たとえば貧困削減から平和構築まで，ODAからNGOまで，途上国における飢餓から先進国における食の安全まで，大量破壊兵器から鳥インフルエンザまで）が語られてきたことが大きな理由の1つである．議論の内容に少しでも理解があれば，従来から存在し注目されている問題を，今わざわざ人間の安全保障という新しい言葉を用いて語ることの意義について疑問を持つことは不思議ではない．人間の安全保障に含まれる問題（貧困と開発にせよ紛争と平和にせよ）は，以前より論じられてきたもので，なぜことさら新しい用語が必要なのか分からないという批判がなされる理由がここにある．

　さらに，人間の安全保障とは何かについて，さまざまな論者がさまざまに論じている．言葉の意味するところが定まっていないだけでなく，ある意味を含ませた人間の安全保障をもって別の意味を含ませた人間の安全保障を批判するというような言説状況も混乱を拡大させている一因だろう．これは日本（日本語環境）だけのことではなく，国際社会（英語環境）でも，Human Securityという言葉をめぐって同様の批判や混乱を目にすることができる．

　しかしながら，上のように問題点を列挙したのは，人間の安全保障という言葉の不使用を提唱するためではなく，さまざまな問題を関連づけて論争できる1つの場が設定されたという事実を以下の議論の出発点にするためである．

　すなわち，人間の安全保障という用語は，別々に論じられてきた複数の問題・課題を関連づけた点に，その特徴がある．それは単に学問の世界に限ったことではなく，むしろ，国際社会の現場で活動している組織・団体にとり一層重要な特徴であろう．言い換えると，雑多な内容が含まれているということは，従来は結びつけて捉えてこなかった諸問題を有機的に関連づけ，統合的に捉える可能性をもたらしたという長所として強調されるべきであろう．「安全保障」という日本語は伝統的国家間関係に関する問題を彷彿とさせる

という問題点を含んでいるものの，国家の安全保障ではなく，耳慣れない「人間の」安全保障というふうに，従来の見方をとる人に違和感を感じさせるほど大きく視点を変えさせる作用を持っていた．

その違和感を新しい現実感覚に転化させることは，現在でも課題として残っている．しかしながら，国家の安全保障とは別物の人間の安全保障が追求されて然るべきであるという問題意識は，「別物」とはどのような意味なのかをめぐって大きな立場の隔たりはあるものの，徐々に定着しつつあるように見える．

東大駒場キャンパスの新しい取り組み

このような状況を背景にして，2004年に東京大学大学院「人間の安全保障」プログラムが発足した．人間の安全保障に取り組むことになったのは，この課題がこれまで研究者養成を主眼にしていた大学院教育に対する新しいタイプの知的チャレンジだと受けとめたからである．そこで，東大の中でミニ総合大学の風がある駒場キャンパスの総合文化研究科の中に，人類喫緊の課題を共通のテーマにして研究・教育に従事し，学生に修士（国際貢献）・博士（国際貢献）という独自の学位を授与する制度を作り，この制度の取り組む最初のテーマとして，人間の安全保障を設定した．

「人間の安全保障」プログラムは人間の安全保障を研究対象とする学問の形成をめざすというよりは，諸学問が協調しつつ人間の安全保障に取り組むべきである，という立場をとっている．大学院学生はどこかの専攻に属し，そこで専門的な学問を身につけるのと同時に，共通の授業を履修する．必修科目や履修単位の制約を設けて，必ず「2足のわらじ」を履くように仕組まれており，通常の大学院教育よりハードである．そこでは，純粋な研究者でも現場の実務家・専門家でもなく，広範な課題に柔軟に対応でき，研究機関や国際機関でリーダーシップをとることのできる広い複眼的視野を備えた高度な専門家を養成することをめざしている．詳しくは，このプログラムのウェブサイト（http://human-security.c.u-tokyo.ac.jp/index.htm）や，山影進「「人間の安全保障」プログラムを整備拡充した先に見えてくるもの」『学術月報』2006年1月号（第59巻第1号））をご覧いただきたい．

範疇論争を避けて例示の共有へ

　東京大学大学院「人間の安全保障」プログラムは，人間の安全保障をめぐる概念規定論争に深入りすることはせずに，「人間の安全保障に関わる問題」という当面の参照点から出発することにした．その手がかりにしたのは，アマルティア・センと緒方貞子の両氏を共同議長とする人間の安全保障委員会による以下のような捉え方である．

　人間の安全保障委員会の報告書「今こそ人間の安全保障を」（*Human Security Now*）の日本語訳は『安全保障の今日的課題』（朝日新聞社，2003 年）という書名で刊行されている．この報告書の基にある考え方は次のように要約できるだろう．――世界各地で「人間の尊厳」を保てないような厳しい環境に，特に貧困と紛争の悪循環のせいで，多数の人々が置かれている．彼らの尊厳を回復し，安定的に守っていける状況を作り出すことは人類共通の課題である．しかし課題は多種多様であり，従来から国際社会はさまざまに関与してきたが，解決が困難なのはもちろんアプローチさえ困難である．人間の安全保障という新しい言葉が示す考え方は，多様で困難な課題と従来からの多様な取り組みに新しい視角から光を当てて，統一的で総合的な理解の上に立った実践をめざすのに役立つ．――

　このような考え方が，人間の安全保障をテーマに教育していく上での最大公約数としての共通理解である．それをカリキュラムに落とし込むに際して，以下の 8 つのテーマを立てた．

> 紛争と和解・共生
> 平和プロセスと国際協力
> 文化エコロジー
> 社会の自立と共同
> 生命と尊厳
> 開発と貧困
> 生存とライフスキル
> サステナビリティの戦略

いずれも，重たい問題を歴史的文脈や理論的枠組みに沿って考えさせるのと

同時に，状況の改善や問題の解決に向けての実践にも関心を持ってもらうことをめざしている．どのテーマについても，具体的な講義は複数並列的に開かれている．

　もちろん，以上の8テーマで人間の安全保障をめぐる問題が網羅されているとか，人間の安全保障論とはこれらを学ぶことであるとか主張するつもりは毛頭ない．東京大学で，しかも大学院レベルでの教育で，人間の安全保障を考え，追求していく上での1つの実践例に過ぎない．とは言え，これまでの研究者養成という学問的土壌の上に新しいタイプの「人財」養成という課題を追求していく上で，1つのモデルになるのではないか，と考えている．

覚える知識ではなく考える機会を提供するために

　本書は，東京大学大学院「人間の安全保障」プログラムでの実践を踏まえて，人間の安全保障についての問題意識を顕在化させたものである．とは言っても，大学院レベルでしか理解できないような高度な知識が詰まっているわけではない．そもそも本書は，知識の伝達を意図したものではなく，人間の安全保障について読者に考えてもらうことを狙っている．

　この「まえがき」をここまで読んできた人なら容易に理解してくれると思うが，人間の安全保障に取り組む上で最も大事なことは，人類社会が抱えているさまざまな課題を関連づけ，自分の問題として考えることである．したがって，本書は読者層を選ばない．日々の実務に携わりながら解決できない疑問を抱えている社会人，ボランティア活動をして今まで見えなかったものが見えるようになった学部学生，テレビで偶然にアフリカの現状を知ってしまった高校生などなど，人々が直面する欠乏や脅威に関心を持ったなら誰でも本書の読者に相応しい．

　本書は，人間の安全保障に客観的・普遍的な定義があるかのようなふりをする教科書ではない．本書のあちこちで，なぜこの用語を用いて地球社会の現実を考えることが一定の意味を有しているのか，いかにこの用語が包摂するさまざまな問題を互いに関連づけることが重要なのか，を考えていただきたい．誤解を恐れずに言い切るなら，人間の安全保障は分かることがゴールのテーマではない．本書を読み進める中で，ときに字面から目を上げて，ときに事典類を参照しながら，本書に書かれていないことにも思いを馳せてい

ただきたい．

　序と結に挟まれた本書の各論は，5部構成になっている．必ずしも序からⅠへ，そしてⅡへと順番に読み進まないと内容が理解できないわけではない．最も興味が引き付けられるところから読み始めて構わない．各章の冒頭には，内容紹介や問題提起をするリード文を置き，章末には，さらに考察を深める上で参考になるような読書案内（寸評付き）を置いた．また，章によっては，その内容自体に関わる参考文献も付した．本書を離れて人間の安全保障について考えていく際のてがかりになれば幸いである．

＊

　本書の執筆陣は，全員が「人間の安全保障」プログラムの研究・教育に関わっている教員である．修士課程の必修科目である人間の安全保障基礎論のミクロな側面（個人と社会）とマクロな側面（国家と地球社会）を高橋と山影が分担して講義している縁で，両名が本書の編者となっている．プログラムの教育には，本書の執筆陣とほぼ同人数の専任教員が従事している他に，さらに10人近くの客員・非常勤の教員にも加わっていただいている．「人間の安全保障」プログラムへの各位のご協力にこの場を借りて謝意を表したい．本書を通じて，読者諸兄姉が何か示唆を得ることができたなら，そして人間の安全保障を身近なものとして感じることができたなら，この難しいテーマを大学という場で研究・教育していることの意義が多少ともあると言えるだろう．

　本書は，2005, 06年度の「魅力ある大学院教育」イニシアティブに採択された「「人間の安全保障」プログラムの整備拡充」事業の一環として企画された．この事業が採択されたことにより，プログラムは大いに充実したものになった．関係各位に感謝したい．また，本書の出版が実現する過程では，東京大学出版会の山田秀樹氏からひとかたならぬご支援とご協力を得た．記して感謝したい．

2008年2月
編 者 識

人間の安全保障／目次

まえがき …………………………………………………………… i

序｜地球社会の課題と人間の安全保障　山影　進………… 1

Ⅰ　歴史の教訓

〈誰〉をめぐる問いかけ──マダガスカルの歴史から　森山　工………21
なぜ独立国家を求めるのか──ギリシアからコソヴォまで　柴　宜弘……34
ジェノサイドという悪夢　石田勇治 ………………………………51

Ⅱ　文化の潜勢力

差別・暴力の表象と他者──エドワード・サイードのメッセージ　林　文代……67
読み書きと生存の行方　中村雄祐 …………………………………79
点字の歴史と構造──声調言語と盲人をめぐるリテラシー　吉川雅之………94

Ⅲ　経済発展の未来

貧困削減をめざす農業の試練　木村秀雄 ………………………115
環境と向き合う知恵の創造──沖縄農業の挑戦　永田淳嗣……………128
サステナビリティと地域の力　丸山真人 ………………………142

IV 社会の再生

越境する人々——公共人類学の構築に向けて　山下晋司 ……………161
深化するコミュニティ——マニラから考える　中西　徹 ……………174
「つながり」から「まとまり」へ——中国農村部の取り組み　田原史起 ……189

V 平和の実現

崩壊国家のジレンマ　遠藤　貢 ……………………………………203
平和構築論の射程——難民から学ぶ平和構築をめざして　佐藤安信 ………215
新しい日本外交——「人間の安全保障」の視点から　大江　博 ……………230
平和構築の現場——日本は東ティモールで何をしたのか　旭　英昭 ………243

結｜人間存在の地平から
　　——人間の安全保障のジレンマと責任への問い　高橋哲哉 ……………259

執筆者紹介 ……………………………………………………………275

序 | 地球社会の課題と人間の安全保障

山影 進

■1990年代半ばに登場した人間の安全保障という考え方は，さまざまな使われ方をしながら，徐々に国際社会に根付き始めている．この概念は曖昧だとか散漫だとか批判されているが，私たちが生きている世界の深刻な状況を反映して，関連し合うさまざまな問題がそこに盛り込まれている．この章では，人間の安全保障という言葉が国際社会で使われ始めた原点にまで立ち帰り，その登場の背景から現段階の状況までを検討することにしよう．

1. 背 景

(1) 20世紀半ばの国際社会「革命」

　1960年は「アフリカの年」と呼ばれている．1950年代から始まった非植民地化がピークを迎え，この年にアフリカで十数カ国が独立したからである．

　1960年はある意味で，国際社会に起きていた「革命」を確認する年でもあった．この年の国連総会は「植民地独立賦与宣言」を採択し，「政治的，経済的，社会的または教育的準備が不十分なことをもって，独立を遅延する口実としてはならない」と決議したのである．これにより，国際社会の基本理念である主権国家の捉え方が，伝統的なそれとは一線を画すことになった．従来の基本的な考え方によれば，自助の能力を備え，文明的な国家のみが主権を主張できた．しかしここで確認された新しい理念に従えば，従属地域であっても，国連憲章に盛り込まれた自決の権利に基づいて，しかも遅滞なく，主権を獲得して対等の主体になれるようになったのである．

　その結果，それまでは帝国内秩序として宗主国が管理してきた（それが搾取であろうとも）従属地域が独立したことにより，宗主国側は主権を放棄するのと同時に，管理する責任もなくなった．他方，主権を獲得して対等にな

った新興独立国は，同時に後進国（当時の呼称，現在は途上国）として，大きなハンディキャップを背負うことになったのである．

　同じ頃，途上国（後進国）の開発に対し，旧宗主国（つまり先進国）を中心にして国際社会全体が取り組む動きも高まった．国際開発協会（IDA）や開発援助グループ（後の経済協力開発機構・開発援助委員会 OECD-DAC）が発足したのも 1960 年である．また翌年には，国連は 1960 年代を「開発の 10 年」とする国際開発戦略を掲げた．つまり，非植民地化は帝国を崩壊させ，宗主国・従属地域の非対称的関係の解消をもたらした一方，国際社会に途上国開発という新しい課題を与えたのである．

　開発問題は，当時の冷戦構造（つまり，自由主義圏と社会主義圏との軍事・政治・経済・イデオロギー対決）の中にあって，東西関係と対比・関連づけられて南北問題と呼ばれるようになった．すなわち，両陣営の援助合戦を引き起こしたり，途上国（南）の多くが西側先進国（北）と対決姿勢をとったりと，開発問題に東西対立がさまざまな影を落とした．

　言うまでもなく，10 年間で開発問題は解決しなかった．それどころか，やがて開発問題は地球環境問題と結びつき，経済格差の問題は将来世代との格差の問題とも絡み合い，1992 年に開催された首脳レベルの国連環境開発会議（地球サミット）で，「持続可能な開発」という新しい考え方が打ち出されることになった．他方で，国際開発戦略は 90 年代の第 4 次まで続き，さらには，OECD が 96 年に打ち出した国際開発目標が母体となったミレニアム開発目標（MDGs）という形で，21 世紀に入っても一層重要な国際社会の課題のままである．

(2) 国家建設の課題——国民統合と経済開発

　植民地の独立とは，宗主国の統治組織の出先（ないし下請け）だった行政機関を国家機関へと看板を変えることだけで完了するわけではない．新しく独立した国々は，従来型の主権国家になるとともに先進国に追いつくために，2 つの大きな課題に直面することになった．

　1 つは，主権の担い手である政治共同体（つまり国民）の形成である．従来は単に被統治者だった住民に対し，政治主体の役割を自覚させ，政治参加を促すだけでなく，1 つの国民としてまとまっているという意識を浸透させる必要に迫られた．宗主国の統治言語（英語とかフランス語）を国語や公用語に

せざるを得ないような状況におかれた国々では，この課題が達成困難なのは明らかであった．

　もう1つは，先進工業国（旧宗主国）に依存しない自立的な経済（いわゆる国民経済）の確立である．宗主国経済の観点から作り上げられたモノカルチャーとかプランテーション経済とか呼ばれるゆがんだ構造を是正し，貧困の定着・格差の拡大という悪循環から脱出することが，経済の自立のため最重要課題になった．最終的には産業化＝工業化による持続的な経済発展が可能になる段階にまで経済開発することが目標とされたが，歴史的経緯や貧弱な社会基盤を前にして，それが決して容易な道ではないことは明らかであった．

　しかし同時代人の多くは，途上国政治経済の将来を楽観的に展望していた．「近代化理論」と総称される一群の説明様式によれば，後進性と先進性の間は時間的な溝であり，先進国からの援助も手伝って，後進国の国家建設はうまく進むはずであった．効率的な政府・官僚制の確立，教育政策や開発政策の成功，国民統合と民主政治の定着，モノカルチャーからの脱却と産業の高度化などといった近代国家の諸側面は，相互強化による好循環の結果として，自ずと実現すると想定された．その後の経緯が示しているように，このようなバラ色のシナリオは現実のものとはならなかった．もっとも，自由主義に対抗する社会主義も，一部の新興独立国により採用されたものの，それによる国家建設も決して順調ではなかった．

　国民統合と経済開発という二重の国家建設が達成困難な課題であることは徐々に理解されるようになったが，実現の前に立ちはだかる障害（つまりシナリオ通りにいかない理由）についてはさまざまな対立する見方が出された．たとえば，まともな経済活動を可能にするような基盤が欠如している（市場の失敗），政府が期待されている役割を果たしていないどころか阻害している（政府の失敗），世界経済の仕組みが後進性の固定化を促している（資本主義の支配する世界システムの中での従属），西側陣営での反共主義と開発主義が人民を抑圧している（開発独裁），国民を創り出そうとする動きが民族対立を激化させた（エスニシティの重視）など，千差万別であった．

　しかし，その原因が何であれ，現実の問題として，世界各地で多くの人々が暴力と貧困に苦しむ状態は今日まで続いている．地球上からは従属地域がほとんど姿を消し，代わりに主権国家が陸地を埋め尽くした．大規模暴力の

典型だった主権国家どうしの戦争もほとんど起こらなくなった．しかしその代わりに，別の形の暴力が相変わらず人々を脅かしている．また，構成員一人一人の福祉に責任を持つはずの国民というまとまりが機能しなかったり，国家という組織が崩壊してしまったりして，混沌と混乱の中で貧困が人々を苦しめている．

(3)「革命」の代償——権利や理念と現実との乖離

20世紀は，人間の集団的権利として民族自決が承認され，自決権は主権国家として独立する権利に直結した．この権利をかざしての宗主国に対する独立運動は，民族解放闘争であり，民族主義運動であった．しかし，第2次世界大戦後の非植民地化に際しては，民族自決の権利は2つの大問題を残した．

1つには，個別具体的にどのような集団が民族として自決する権利を有するのか，については明確な基準を示すことをしなかった．その結果，いったん従属地域が独立を達成して主権国家になると，そこから別の集団が新しい民族として分離独立することは，当事者間の合意がない限り，きわめて困難になった．そして困難であるが故に，実力で分離をめざす勢力とそれを阻止しようとする既存国家との間で対立が激化する結果になった．いわゆる民族紛争の多くは，民族と民族との紛争ではなく，民族と自称し，自決する権利があると主張する集団を基盤にする武装組織（典型的には◎◎民族解放戦線）と，そのような民族の存在も独立の要求も認めない既存国家との武力衝突なのである．

また，自決できる単位としての民族のあり方を考慮して国境を確定するという作業もほとんどなされなかった．多くの場合，特にアフリカでは，宗主国の間の境界線や各宗主国による行政区画を変更しないという現状維持の原則にしたがって，主権国家が新しく創られた．この原則を持ち出してきたのは，現状の変更をいったん承認して白紙から国境線を引こうとしたならば，人間集団の居住分布の錯綜はもちろん，さまざまな関係者の利害の錯綜から収拾がつかなくなる事態を避けようとしたからである．その結果，新しい国家の指導者にとって，国民統合とは国民創造を意味するほど困難な作業になった．

他方で，すでに述べた植民地独立賦与宣言も，大きな問題を残した．そも

そも、伝統的な主観国家は（少なくとも理念型として）、国境を管理し、国内社会を統治し、自国を国外からのさまざまな攪乱から守るだけでなく、国外の自国民の生命・財産を守る能力を有していることが前提とされた．しかし、国際社会の中で主権国家としての責任や義務を果たしていく能力を有するかどうかは、独立を認めるかどうかの基準にしてはならない、という原則が打ち立てられたため、この理念型に当てはまらない主権国家が多数誕生する結果になったのである．

そのため、理念型からの乖離にある程度応じて、擬似国家（国家もどき；半人前の国家 quasi-State）、欠陥国家（失敗国家；出来損ないの国家 failed State）、破綻国家（崩壊国家；瓦礫と化した国家 collapsed State）などと称される国家類型（直感的には国家には含めたくない類型）が提唱されている．このような類型に分類される国家は、対外的には（つまり国際社会の承認を得て）主権国家として存在しながら、その内実は国家と呼ぶのにふさわしくない状態になっている国家である．そこでは、経済開発はもちろん財政も ODA に依存せざるを得ない国家から、統治機関を支配者個人が牛耳っているために家産制に擬せられる国家、集団的・組織的暴力を防止できない国家、さらには防止どころか扇動する国家まで、理念型からの乖離の様相は多種多様である．このような国家の領域で、貧困の深刻化や飢餓、個々人の人権抑圧、難民の発生、一般人の犠牲などの悲惨な社会状況が生まれている．

(4) 文脈の変更──冷戦の終結とグローバル化

冷戦の終結は、一方では冷戦構造の下で続いていた紛争（たとえばカンボジア内戦）に解決の機会をもたらしたのと同時に、他方では新しい紛争（たとえばユーゴスラヴィアの解体）の激化を引き起こした．イデオロギー闘争が時代遅れになり、第3次世界大戦となるべき核戦争の危険は去ったとしても、アイデンティティ・権力・利益をめぐる闘争は1990年代に入っても続いた．むしろ、紛争の発生地は以前よりも拡散したと言っても良いであろう．

第2次大戦後の紛争は、国家間の戦争から内戦（あるいは国際化した内戦）へと比重を大きく移していたが、冷戦後はその傾向に拍車がかかったとも言える．実際、各地の分離独立紛争もアフリカの内戦も、国家権力をめぐる一般人を動員する武装組織どうしの闘争であり、紛争の犠牲者も一般人が目立つようになった．

冷戦の終結は，紛争のあり方を大きく変えただけでなく，国際社会の紛争への関与形態を大きく変えた．国連安全保障理事会も，その主要な責任である「国際の平和と安全の維持」を広く捉えるようになり，東西対立に絡むと身動きのとれなかった国連は，冷戦終結とともに紛争への関与形態を一変させた．特に顕著なのは，国連平和維持活動（PKO）の増加と変容である．冷戦期と比較すると，国連 PKO は世界各地に派遣されるようになるだけでなく，その任務も従来よりはるかに多様になり，包括的にもなった．1992 年には，ブトロス・ガリ国連事務総長が『平和への課題』を発表して，国連が新しい時代にふさわしい新しい関与の仕方を模索する契機を作った．

　冷戦後の変化を象徴するキーワードに「グローバル化」がある．この用語は，直接的には西側の経済活動が旧東側をも取り込むという経済面での現象を指していたが，さらに一般的に，国境をまたぐ（国家による水際管理を機能不全にする）さまざまな現象が社会に影響を及ぼす傾向を指すようになった．当然のことながら，良い影響だけでなく悪い影響も目につくようになり，それらが新しい脅威として認識されるようになった．たとえば，従来から地球規模問題群として捉えられていた環境悪化はもちろん，国際犯罪や国際テロ，さらには感染症の流行までが，グローバル化の中で人間社会への脅威にあげられるようになった．

2．「人間の安全保障」概念の結晶化と相対化

(1) 国連人間開発報告 1994

　人間の安全保障という言葉が注目を浴びるようになった契機は，周知のように，国連開発計画（UNDP）による『人間開発報告 1994——人間の安全保障の新次元』の刊行である．その中で，6 種類の脅威（歯止めのきかない人口増加，経済的機会の不平等，過度な国際人口移動，環境悪化，麻薬製造と取引，国際テロ）を特に重視し，個々人の生存にとって重要な 7 種類の安全保障（経済，食料，健康，環境，個人，地域社会，政治）を掲げた．この 7 分野の安全保障が，人間の安全保障として一括りにされたのである．そして報告書では，人間一人一人の能力向上による選択の自由度拡大と社会経済への実際の参画を可能にする社会構築をめざして，国際社会が行動することを呼びかけた．

世界銀行や国際通貨基金とは一線を画して技術協力を通じて途上国の社会開発を後押ししてきた UNDP は，1990 年から『人間開発報告』を年次刊行するようになり，経済学者のアマルティア・センの提唱する人間中心の開発概念を援用して，その時々の重要課題に焦点を当てた問題提起をするようになっていた．ちなみに，人間の安全保障を取り上げた前年の 93 年は人々の参加，翌年の 95 年はジェンダーを特集している．

　94 年の報告書で UNDP は，安全（保障）という用語を用いて，領土にこだわる安全（保障）から人々の安全（保障）へ，軍備による安全（保障）から持続可能な人間開発による安全（保障）へ，という比重と関心の変化を提唱している．もっとも，すでに頻繁に指摘されているように，人間の安全保障という概念の下で追求されるべきとされる各種の安全保障は，従来から開発協力として現実に国際社会で行われているものであった．

　そのせいで，なぜわざわざ安全保障という概念でまとめようとしたのか，という疑問が出されていた．しかしこの疑問は，報告書を読めば氷解する．具体的には，冷戦後の「平和の配当」を開発のための費用に振り向けるための理屈付けだったのである．

　報告書によれば「平和の配当」には大きく分けて 3 つの側面がある．第 1 の側面は，冷戦後，主要大国の軍事費は減少傾向にあったが，減少分の一部を途上国の開発援助に振り向けるということである．第 2 に，途上国自身の軍事費を削減し，その分，開発予算を増額するという側面である．そして最後に，先進国から途上国への軍事援助や武器輸出を削減し，その一部を開発援助に回すという側面である．つまり，国際社会全体で国家安全保障のための軍事費を減らし，その分を途上国の人間開発に回すべきなのは，それも重要な安全保障だからなのだ，という理屈だったのである．

　1994 年の報告書では，「平和の配当」も含め，従来の開発援助から資金を振り分けて，人間の安全保障基金を創設する提案を翌年の世界社会開発サミットに向けて出している．この提案自体は実現しなかったが，人間の安全保障のための特別の基金は，後年，日本政府の拠出で創設されることになる．

(2) 日本政府の関与と『安全保障の今日的課題』

　UNDP が提唱した人間の安全保障を日本外交の中に明確に位置づけたのは小渕内閣である．1998 年，日本政府は人間の安全保障を「人間の生存，

生活，尊厳を脅かすあらゆる種類の脅威を包括的に捉え，それらに対する取り組みを強化するという考え」と捉え直して，日本が率先して拠出することにより国連に人間の安全保障基金を設置することにした．99年の創設時は5億円であったが，その後，十数億から数十億円の拠出が幾度もなされている．2003年には，基金の運用について国連事務総長に助言する人間の安全保障諮問委員会も作られた．

　2000年の国連ミレニアム・サミットに際しては，日本政府は人間の安全保障委員会の設置を提案し，コフィ・アナン国連事務総長の支持も受けて，翌年，国連難民高等弁務官を永年務めた緒方貞子と前出のアマルティア・センを共同議長にして発足した．03年に最終報告書がまとまり，アナン事務総長に提出された．『安全保障の今日的課題』という書名で日本語版が刊行された報告書は，「今こそ人間の安全保障を」（英語原題）と国際社会に呼びかけたものであった．

　人間の安全保障委員会の報告書では，人間の安全保障を追求する上で「貧困に結びついた人間の安全保障」と「紛争に結びついた人間の安全保障」を基本とすること，そのための方策として人々の「能力強化」（下からのアプローチ）と「保護」（上からのアプローチ）を明確に打ち出した．これは，ミレニアム・サミットでのアナン事務総長の報告「われら人民（諸民族）」の主旨，つまり「欠乏からの自由＝開発の課題」と「恐怖からの自由＝安全保障の課題」，という二大テーマを反映していると言えよう．と同時に，2人の共同議長の実践論，つまり個々人の能力強化を人間開発の中心に位置づけるセンの考えと紛争下での一般人の保護の必要性を痛感した緒方の考え方とが反映しているとも言えるであろう．

　しかしここで重要な点は，開発と安全（保障）とが人間の安全保障の二本の柱として並立しているということではなく，両者が密接に絡んでいるからこそ人間の安全保障という1つの用語の下にまとめられる必要があるということである．言い換えると，貧困と紛争の問題が密接に結びついており，それが国民とか民族とかという集団単位で問題となるのはもちろん，個々人のレベルにまでおりて状況の改善を追求すべきであるという視点が重要なのである．

　こうして，1994年に登場した「人間の安全保障」は，7種類の安全保障分

野が並立する捉え方から，相互に関連する2つの柱に整理された．

(3) 積極的な介入の根拠へ

　しかし，人間の安全保障という言葉は，別な方向への起爆剤ともなった．

　冷戦期から国連PKOに積極的に関与してきたカナダ政府が，冷戦後の国際社会における民主化の流れと人権への関心増大を踏まえて，人間の安全保障を日本政府とは別な文脈で推進するようになったのである．カナダは民間による地雷禁止国際キャンペーンを積極的に支持し，1997年に対人地雷の製造・使用を禁止するオタワ条約の締結に結実したが，その過程の中から，人権や人道を追求する「人間の安全保障ネットワーク」を立ち上げ，99年にはカナダとともに推進してきたノルウェーが外相会議を主催した．参加したのは，両国のほかに，アイルランド，オーストリア，オランダ，スイス，スロベニア，タイ，チリ，ヨルダンの外相たちである．そこでは重要なテーマとして，対人地雷，小火器，紛争下の児童，国際人道・人権法，国際刑事裁判所，児童の性的虐待，人道活動従事者の安全，開発のための資源が列挙された．

　さらに，ミレニアム・サミットの開催にあわせて，カナダ政府は，「介入と国家主権に関する国際委員会」を設置した．この名称が示すように，アナン事務総長が上述の報告の中で，人道的介入（干渉）が主権に対する受け入れがたい挑戦であるとするならば，ルワンダやスレブレニツァのような組織的人権侵害に対して何をすべきなのか，というきわめて論争的な問題を取り上げていることに呼応したものである．この委員会は「保護責任」と題する報告書をまとめ，翌01年12月にアナンに提出した．こうして，人間の安全保障の捉え方は，個々人に対する組織的人権侵害への国際社会の対処という問題につながっていったのである．ここで打ち出された保護責任の考え方によると，重大な人権侵害に対しては，場合によっては国連安全保障理事会の決議がなくても，武力介入できる場合が想定されていた．

　人間の安全保障に対するヨーロッパ連合（EU）の関心は，ある意味で，もっと徹底していた．共通対外・安全保障政策を確立することになったEUは，域外での人間の安全保障問題をヨーロッパの安全保障に直接関わる問題として捉えたのである．ヨーロッパ安全保障戦略が2003年に合意されたが，それによると，地球全体の安全保障に対するヨーロッパの責任をヨーロッパ

自身の中核的課題と位置づけ，EU の能力強化が必要だと訴えた．この合意を受けて，翌年にまとめられたのが有識者による「ヨーロッパにとっての人間の安全保障ドクトリン」である．そこでは，地域紛争や欠陥国家が地球全体への新しい脅威の源泉であると位置づけるとともに，人間の安全保障を，重大な人権侵害に起因する安全の欠如から個々人が自由になることだと定義した．そして，市民社会構成員も含めて，EU が積極的に関与することを提言した．その中には，民間人 3 分の 1 以上から構成される人間の安全保障対応部隊の創設も含まれている．

このように，カナダ政府や EU の主導で，人間の安全保障という概念は紛争や人権抑圧で重大な問題を生み出す国家に対して，武力を含む手段により関与・介入する考え方に変貌していったのである．

(4) 21 世紀の新しい状況の中で

こうした今までの経緯を大きく整理してみると，1994 年の UNDP 人間開発報告で大きく取り上げられた「人間の安全保障」は，その後，一方では「人間の安全保障」の内容の変化，他方では「保護責任」という新しい概念の登場につながった．つまり，開発と平和（その裏返しの，貧困と紛争）を国家の問題ではなく個々人の問題として捉えるとともに，その問題に国際社会が関わる必要があるという見方と，個々人の人権を擁護する責任が主権を乗り越えて国際社会にあるという見方とが提起されている．

21 世紀の人類社会を少しでも人間的なものにしようとする動きは，個々人と国際社会とを直接的に結びつける提言や構想を生み出している．すなわち，テロや感染症に代表される国際社会に対する新しい脅威への関心の高まり，そして大量虐殺に代表される国内での人権侵害状況への関心の高まりは，国際社会にさらなる積極的対応を求めるようになった．2003 年，アナン国連事務総長は新しい国連の役割を描くためにハイレベル委員会を設置し，この委員会は翌 04 年「もっと安全な世界へ——我々が共有する責任」と題する報告書をまとめた．それを受けて，2005 年アナンは国連改革案「もっと大きな自由を——安全，開発，人権をすべての人に」を提起したが，その中では，脅威の拡散が強調され，国連が問題とすべき安全（保障）の比重が従前とは大きく変わっている．

2005 年は国連創設 60 周年にあたり，それを記念する総会は首脳レベルの

参加をみて,「世界サミット成果文書」を採択した.そこでは,人権と法の支配が強調され,「大量殺戮,戦争犯罪,民族浄化および人道に対する犯罪から人々を保護する責任」と「人間の安全保障」が見出しに登場する.ここでの保護責任は,上述の 2001 年の「介入と国家主権に関する国際委員会」報告書の内容とは大きく変わっているが,この点についてはここでこれ以上触れない.いずれにせよ,国際社会が関心を持つべき安全(保障)とそれへの関与をめぐる規範が大きく変わりつつある.

3. 人間の安全保障の位置づけ── 1 つの試論

(1) 国家による安全の保障と人間の安全保障

人間の安全保障(human security)は,しばしば国家安全保障(national security)との関係について対立的なのか補完的なのかが論議の的になってきた.しかし,この 2 種類の安全保障を,安全保障が共通だからといって短絡的に対比させて済ますわけにはいかない.そもそも両者に共通する安全保障(security)は,どのような文脈でも「安全保障」と訳せば良い用語ではない.両者の関係を論じようとするなら,少なくとももう 2 つの関連用語と併せて論じるべきだろう.それは,治安(internal/public security)と社会保障(social security)である.この 4 つの用語に共通する「安全(保障)= security」はいずれも,人間生活を脅かす脅威からの保護や,脅威から社会構成員を守る能力を意味している.

人間の安全保障を除く 3 つの security 概念は各々,いずれも国家の責務として,外敵(国外の脅威)から国土と国民を守ること,国内社会の公共秩序を維持して国民個々人の生活を守ること,経済的支援を通じて自助が困難な国民個々人の生活を守ることを意味している.因みに,国家安全保障は特に他の国家からの脅威に対抗することを主眼としてきたが,今日では,エネルギー安全保障とか食料安全保障という具合に,意図的な脅威だけでなくさまざまな脅威から国民生活を守ることを意味しており,しばしば総合安全保障(comprehensive security)と呼ばれることもある.

もしも国家がこれら 3 種類の安全(保障)を確保する責務を果たせなかったらどうなるのか.伝統的な国際社会では,その国の国民一人一人が犠牲と

なり，苦痛を味わうことになるが，他の国家がそれに関与することは（同盟関係にある国が攻撃された場合を除いて）原則として必要なかった．しかし，20世紀の後半以降は，他の国に対する武力行使禁止と表裏一体に，国家安全保障は国際社会の公共秩序の問題となった．周知のように，集団安全保障（collective security）という概念の下に，国際連合安全保障理事会は，秩序（国際の平和と安全）を維持するために，加盟国を他の国の国家安全保障に関与させることが可能になった．

さらに，現実の国際社会では，国家が自国の治安と社会保障をめぐる責務を果たしていない状況がしばしば発生する．人間の安全保障は，そのような状況で意味を持つようになる概念であり，当該国家と協力したりそれに代わったりして，国際社会が一国内の治安や社会保障にまで関わる根拠を与えうる概念でもある．特に，極端な状況が生じている国（たとえば，治安を守るどころか虐殺を主導する，人々の暮らしを守るどころか飢饉を黙殺している）に対して，国際社会が国際社会の公共的な秩序の問題としてどのように関与するのかという問題を人間の安全保障が提起しているのである．実際，国際刑事裁判所は，戦争犯罪のみならずジェノサイドや人道に対する罪を犯した個人を訴追する組織として発足した．また，保護責任をめぐる議論は，国連安保理による決議に国際社会による関与（武力行使を伴う介入）の正当性を求めている．

このように考えてくると，人間の安全保障は国家安全保障と対立的なのか補完的なのかという論点自体が，あまり妥当性を持っていないことが理解できるだろう．問題は，国家とか人間という概念の間の論理的・普遍的関連ではなく，現実の状況をどのように捉え，国際社会が国際社会の秩序をどのように考えるのか，という問題に直接的につながるのである．

(2) グローバルな視点と人間の安全保障

1（4）で触れたように，グローバル化という言葉でまとめられている国際社会の変質も人間の安全保障と無関係ではない．国境による陸地の分断は，国家が国境を実効的に管理する能力を有し，国家の意思として現実に管理しているときにのみ意味を持っている．通常の意味での貿易や投資，旅行者の出入国は，国境が意味を持ちうるヒト・モノ・カネの移動だろう．この種の国際移動は，実際，国家が統計をとることによって初めて定量的に我々の知

るところになる．国際移動は，特にモノとカネについて，制限せずに自由にする方向で制度化が進んできた．グローバル化は，単に旧東側の国々の経済が旧西側の自由主義的市場経済に取り込まれるだけでなく，国際制度により国境障壁が低くなったことの必然的な帰結でもある．

しかし国際制度がもたらした自由な流れは従来にも増して，国境管理を困難にし，国境の存在を無視する移動が増える結果を生み出した．特に，薬物取引，人身売買，資金洗浄など国際組織犯罪に関わる越境移動は，各国政府が取り締まろうとしても一国では困難を極める．近年では，国際的テロもこの範疇に入れられることが多い．

また，環境汚染や温暖化が象徴する地球規模問題群をめぐって，1970年代以来，地球社会（グローバル・コミュニティ）という視点から対処しようとする動きが強まっている．このような動きは，国家を構成員とする国際社会という捉え方から，人間（市民）を構成員とする地球社会という捉え方へとさらに大きなうねりになっている．つまり，個々人のレベルに視点を置いて，そこから非国家主体にも注目しつつ，国境を越えた人々のまとまりが形成される可能性を重視し，狭義の国家間関係を乗り越えた場面・舞台で，国際的な問題を扱っていこうという姿勢である．人間の安全保障は，こうした観点からの問題への接近と強く結びつけられるようになっている．

破綻国家でなく通常の国家であっても，感染症（たとえば AIDS/HIV や鳥インフルエンザ）や自然災害（たとえば噴火や津波）から国民や国土を守る十分な能力を持っているとは限らず，国際社会全体の問題として捉えるべきであるという見方が広まっている．

上で列挙した類の脅威は，今日の国際社会では非伝統的安全保障（non-traditional security）の問題としてまとめられる．いずれも，国家対国家という伝統的な安全保障問題ではなく，原理的には全ての国家，全ての善良な個々人にとっての脅威であり，これらに対して一国で対応するのは不可能ないし困難であり，国家と非国家主体の両方を巻き込んだ国際協力によって対処すべき問題であると考えられている．

つまり，人間の安全保障が提起している問題は，主権国家を構成員とする国際社会の問題にとどまらない．非伝統的安全保障と呼ばれている新しい問題は，国家の安全保障や国際社会（国家間関係）における安全保障の伝統的

な追求では対処・対応できない新しいタイプの脅威に対する安全保障をめぐる問題であり，グローバルな視点から眺めると際だって浮き上がってくる人類社会の抱えている問題なのである．

(3) 持続可能性と人間の安全保障

人類社会の発展に対する近代主義的な楽観論は，1970年代に入ると「成長の限界」や人間環境の悪化が問題視されるようになり，大きな挑戦を受けるようになる．すなわち，「宇宙船地球号」とか「かけがえのない地球」といった用語が喧伝され，人類社会にとっての地球環境の問題が深刻化していることが徐々に理解されるようになった．1980年代後半には，「持続可能な開発 sustainable development」という考え方が打ち出されて，持続可能性（サステナビリティ）という観点から地球環境問題と人類社会の将来（特に経済活動）とを明確に関連づけるようになった．地球温暖化と温室効果ガス排出規制とはその好例であり，先進国社会の取り組みが特に大きな課題になっている．しかし，このような地球規模の問題は，すでに触れたように，途上国の今後の経済開発・経済発展と密接に関わっている．その意味で，やはり人類社会全体の将来についての問題である

1990年代は，繰り返しになるが，地域紛争や民族紛争と呼ばれる大規模な武力紛争が世界各地で噴出した時代であり，人類社会の将来は，国家間の平和を越えたところで，平和構築を実現できるかどうかにもかかっているという認識が広まった．同時に，仮に国連などの努力により紛争に終止符が打たれても，紛争後の社会に安定的な平和をもたらすことの困難さもはっきりしてきた．こうした状況下で，21世紀に入ると，「持続可能な平和 sustainable peace」という考え方が登場する．これは，紛争で荒廃した地域社会が，最終的には外部からの介入・支援なしに安定した平和な共同体として復活し，国際社会としての平和構築の究極的目的が達成されることをめざそうという考え方である．持続可能性は，現実に紛争が多発する人類社会の将来を平和なものにする概念としても使われるようになったのである．

「持続可能な開発」も「持続可能な平和」も，その先鋭的な課題は，貧困や紛争により危機的状況に曝された途上国社会が抱えた問題への国際社会の対応である．しかし同時に，先進国社会も巻き込んだ課題であり，人類社会全体の将来に関わる課題であることにまちがいない．個々人の安全・安心を

多面的・体系的に追求しようとする人間の安全保障という考え方は，人類社会全体の将来にも持続可能性という観点から密接に関係しているのである．ミクロな視点とマクロな視点とが収斂しているとも言えよう．この意味で，地球社会のサステナビリティは，単に科学技術による持続可能性の追求のみならず，人間の安全保障を念頭に置いた我々人類社会の一員による関与と対応の問題なのである．

結びにかえて

　人間の安全保障という言葉が登場してから10年以上がたった．本章では，人間の安全保障に関わる諸問題それ自体について概観するのではなく，この言葉と考え方が国際社会でどのように扱われてきたかを概観するとともに国際社会がこの種の問題を（必ずしも人間の安全保障という言葉を使わずに）どのように捉えてきたのかを概観してきた．繰り返しにならないように，次の3点に要約してみよう．第1に，個々人に関わる問題に対して国際社会が強い関心を示しているという点が，画期的である．グローバルな視点から，地球社会・人類社会の抱えた問題という設定がなされている．第2に，国家の内外区別が曖昧・困難になる状況を正面から捉え，国際社会は問題に立ち向かう上で必要とされる新しい規範を模索している．国境を跨ぐ交流が拡大・拡散しつつある中で，国家間の関係と国内問題とを峻別するという姿勢はもはや時代遅れのものとされている．第3に，途上国だけの問題ではなく，先進国にとっても深刻な問題となっているという認識が深まりつつある．場合によっては共通の問題として，場合によっては両者間の対立の契機として捉えられている．

　そもそも，人間の安全保障はさまざまな問題を一括りにする用語として登場し，その後も「括られるもの」にはさまざまな問題がリストアップされている．以下では，本章の考察を括るという意味も込めて，人間の安全保障と密接に関連する諸概念を図式的に整理してみよう（図1を参照）．

　新しい問題状況として，個々の国家が単独では対応困難な多様な脅威が，個々人に襲いかかっている．問題の世界共通性と越境伝播性が強調され，早期予防が重要であるとの認識が共有されつつある．この状況下での主要な争

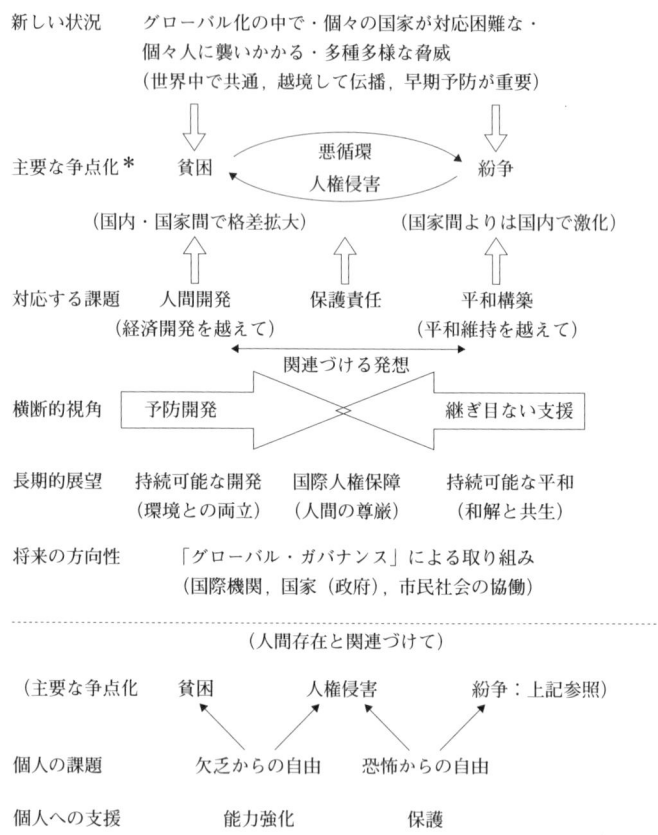

図1　国際問題を括る用語としての「人間の安全保障」——関連諸概念の鳥瞰図

点は，貧困と紛争であり，両者間の悪循環が特に問題視されている．その過程で，重大な人権侵害も発生する．これら3つの問題に対応する国際社会の課題は，言うまでもなく，人間開発，平和構築そして保護責任である．人間開発と平和構築は，従来からの経済開発や平和維持という方式を乗り越えることが期待されている．上述の通り，『安全保障の今日的課題』は，貧困と紛争との関連性に対応して，人間開発と平和構築とを関連づける発想が必要であることを示した．今日では，人間開発から平和構築を見通す「予防開発」や，逆に平和構築の側から紛争後の社会における人間開発を視野に入れた「継ぎ目のない支援」といった捉え方が提唱されている．そして保護責任も，上で指摘したように，人間の安全保障をめぐる議論から派生した考え方である．

　国際社会の直面するこのような問題と対応様式を，長期的展望から捉えれば，とりもなおさず，持続可能な開発と持続可能な平和の実現ということになるだろう．前者は環境との両立と結びつき，後者は紛争後の共同体における和解と共生と結びついている．保護責任の問題は，広く国際人権保障の希求に繋がる．そもそも，個々の国家では対処しきれない問題や国家が十全の機能を果たしていないことに起因する問題への対応が課題である以上，そこには，国際協力はもちろん国際機関や市民社会（NGO）が積極的に関与することが期待されている．つまり，グローバル・ガバナンスが求められているのである．

【読書案内】
小和田恆・山影進『国際関係論』（放送大学教育振興会，2002年）．
　＊　人間の安全保障という考え方が必要になるに至った国際社会の変化の全体像を知る上で，特に第Ⅱ部を．
人間の安全保障委員会『安全保障の今日的課題——人間の安全保障委員会報告書』（朝日新聞社，2003年）．
　＊　言わずと知れた Human Security Now の日本語版．本報告書での貧困と紛争との結合が，その後のアプローチの指針となった．
東海大学平和戦略国際研究所編『21世紀の人間の安全保障』（東海大学出版会，2005年）．
　＊　議論の出発点を見失わない一方で，広範な問題へ視野を広げている．
篠田英朗・上杉勇司編『紛争と人間の安全保障——新しい平和構築のアプローチを求

めて』(国際書院,2005 年).
* 紛争と平和構築に軸足を置いた人間の安全保障論.

望月克哉編『人間の安全保障の射程——アフリカにおける課題』(アジア経済研究所,2006 年).
* 紛争と貧困をめぐるさまざまな問題が集約的に噴出しているアフリカに焦点を絞って人間の安全保障を考える.

国際協力機構(JICA)編『人間の安全保障——貧困削減の新しい視点』(国際協力出版会,2007 年).
* 副題が示すように,貧困削減問題に軸足を置いた人間の安全保障論.

I

歴史の教訓

〈誰〉をめぐる問いかけ
マダガスカルの歴史から

森山 工

「人間の安全保障」という概念のとらえどころのなさの一端は,「人間の」という規定にあるのではないか. この概念が, それぞれの生活世界を生きる個々の人々を見据えるものであるならば, 一般論的に「人間の」というだけでなく, その「人間」がいったい「誰」であるのかを, 具体的な文脈に即して見定める必要があるだろう.

1. 人は〈狩りに〉なんか行かない

フランス社会学派を主導するとともに, フランス民族学を確立したマルセル・モースの, つぎのようなことばが伝えられている.

「人が〈狩りに〉行くことなどありません. 人が行くのは, ウサギ狩りに, だからです. さらに, ウサギ狩りに行くのでもなくて, ある一定の種類のウサギ, 自分が熟知しているウサギを, 狩りに行くのだからです」(Mauss, 2002, p. 88).

これは, 民族学を志す人々に対して, 民族学的な現地調査のあり方や, 調査すべき項目の設定など, 現地調査の方法についてモースが講じた講義録にみえることばである.

「狩り」ということばによって人々の営みのある部分を切りとり, さまざまな時代やさまざまな地域の「狩り」のあり方を比較検討し, いうなれば「狩猟文化論」を展開することはできるだろう. いいかえると,「狩り」や「狩猟」という用語が有意味なものとして使用される議論のレベルは存在するだろう. けれども, これからフィールドに出てゆく民族学の研究者たちにモースが教えようとしているのは, 現地において人々の生活世界を観察する現場にあっては, そのような一般性の高い概念によって人々の営みを記述したのではいけないということである. たんに「狩りに行く」と記述するので

はなく，その「狩り」が，たとえばウサギ狩りなのか，イノシシ狩りなのか，シカ狩りなのか．また，ウサギ狩りだとして，どのような種類のウサギを対象とした狩りなのか．これらについて，具体的な，現地の文脈に即した記述をしなくてはいけないということである．だから，上記のことばに続いて，モースはつぎのようにいっている．「したがって，やらなければならないのは，狩りに行くのは誰なのか，狩りの獲物は何なのか，獲物を狩る道具は何なのか，これらに応じて分類を行うことなのです」(*ibid.*)．

同じことが，「人間の安全保障」といったときの「人間」にも当てはまるのではないだろうか．「人間」ということばによって，人々の生活のあり方や，生活を脅かす危機のあり方や，その危機への対処や関与や介入のあり方などを論ずることが有意味であるような議論のレベルは存在するにちがいないし，それがすなわち「〈人間の〉安全保障」を論ずる議論のレベルであろう．しかしながら，その「人間」とは，高度に一般化され，したがって抽象化された何ものかである．ある具体的なフィールドにおいて，ある具体的なフィールドに即して，そこに生きる生活者たちにかかわろうとするとき，その人たちが具体的にはいったい「誰」であるのか，これを見定めずしてかかわることはできないし，そのようなかかわりが許されるはずもない．しかしながら，狩りの対象となる動物の同定や，その種類についての同定が，分類学的に一義的に確定できるのとは異なり，ある人々がいったい「誰」であるのかという同定は，思うほどにやさしいことではない．わたしが研究対象地域としているマダガスカルを例にとりながら，以下の本章で論ずるのは，ある人々が「誰」であるのかをめぐる判断の難しさについてである．なお，以下では紙幅の都合により，マダガスカルに関する記述を単純化させている．詳細については，わたしの別稿（森山，2002；森山，2006）を参照されたい．

2. マダガスカル植民地前史

マダガスカルは，インド洋の西南海域，アフリカ大陸の東南の沖合に位置する島国である．面積は59万 km^2 におよび，これは日本のおよそ1.6倍に匹敵する．

マダガスカルはアフリカ大陸部の諸地域と同じく，19世紀を通じてヨー

ロッパ列強，とりわけイギリスとフランスの植民地争奪戦の舞台となった．フランスは，17世紀以来，マダガスカルの海岸部に拠点づくりをはかっており，これを論拠として，19世紀にはフランスがマダガスカルに「主権」をもつことを主張した．これに対し，ナポレオン戦争後のヨーロッパの政治力学を背景に，フランスに対抗してマダガスカルへの進出を企てるイギリスが競合したのである．

19世紀のマダガスカルをめぐる英仏の競合にもっとも大きく関与するのが，マダガスカル内陸の中央高地に成立していたメリナと呼ばれる人々の王国である．19世紀に入り，この王国はその組織基盤を強化し，版図を拡大しつつあった．まず，メリナ王朝史に英傑として名を残す王，アンドリアナンプイニメリナ（在位1787～1810年）が，王都アンタナナリヴを中心とした領域を政治的に統一した．王は，灌漑・排水システムの整備により，農業（水田稲作）の生産性を高めることに成功して国力を増強し，周辺部への領土の拡張に乗りだした．ついで，アンドリアナンプイニメリナの息子で，その死後王位についたラダマ一世（在位1810～28年）が，父王の遺志を継いで版図拡大事業を進めることになった．

それまでマダガスカル沿岸部に地歩を得ようとしてきたフランスに対抗し，19世紀のはじめイギリスは，マダガスカル内陸部におけるメリナの人々のこの動向に注目した．ラダマ一世と協力関係を樹立することで，島の内陸部に影響力を行使する戦略をとったのである．

このためイギリスは，1817年，ラダマ一世とのあいだに友好条約を結び，まずは軍事顧問を派遣して，メリナ王国の軍制の整備と戦闘技術の教練に当たらせたり，ラダマ一世の軍事遠征を実地に補佐させたりするようになった．これによって，メリナ王国の版図拡大事業の実効性は飛躍的に向上し，王国はマダガスカル全島を視野に入れた征服に本格的に着手するようになった．

これに加えて，イギリスはさまざまな技術面でメリナ王国を支援し，王国の基盤強化をはかっている．そこにおいて大きな役割を担ったのは，友好条約を受けてマダガスカルに派遣されたロンドン伝道協会（プロテスタント系）の宣教師たちであった．彼らはキリスト教の宣教にとどまらず，工芸技術を中心にさまざまな技術移転をはかった．とりわけ重要なのが，1820年代になされたアルファベットによるマダガスカル語表記法の確立である．これに

より，ロンドン伝道協会は『聖書』のマダガスカル語訳を編集・出版して宣教に役立てただけでなく，メリナ王国内に学校を創設し，王族貴族の子弟や，王国運営に携わる平民上層部の子弟の教育を担うことにもなったのである．

　イギリスのこのような戦略の一方で，ナポレオン戦争によって海外領土の大部分を喪失したフランスは，1830年以降，海外への領土の再拡張へ向けた政策を本格化させるようになる．その過程で，マダガスカルへの進出がふたたびフランスにとって現実味を帯びるようになった．そのさい，すでに内陸のメリナ王国に食い込んでいたイギリスに抗すべく，フランスは海岸部への影響力の再確立に意を用いることになる．1841年には，マダガスカル北西海岸部の複数の首長とのあいだに協定を締結し，北西海岸地域の一部をフランスの「保護領」とした．また，その後もフランスは，島の西岸，南西岸の首長たちと協定を結んでおり，1750年に現地の首長によりフランスに割譲されていた北東岸の小島，サント・マリー島と合わせて，沿岸地域への影響力を強化しようとした．その一方で，フランスはメリナ王国へのイギリスの進出を座して眺めていたわけではない．メリナの王宮に取り立てられたフランス人の技術者や商人を通じて，メリナ王国に対してもある一定の影響力を保とうとしたのである．

　メリナ王国の側に目を転ずると，ラダマ一世の死後，王位についた女王ラナヴァルナ一世（在位1828～61年）は，対外的開放政策を断行したラダマ一世とは一転し，排外主義の立場をとった．キリスト教は禁止され，宣教師を中心に外国人も追放された．その一方，ごく少数のヨーロッパ人が女王の知遇を得，島外との通商をまかされ，あるいは技術者として重用されて，王国の経営基盤を支えることになった．

　ラナヴァルナ一世はまた，ラダマ一世が着手した全島の統一事業を引き継ぎ，数次の遠征を行っている．この結果，全島のおよそ3分の2がメリナ王国の支配下に組み込まれることとなった．ただし，実質的かつ直接的な支配が確立されたのは，中央高地と，そこから島の北東部へかけての地域に限定されている．これに対し，島の中西部から北部にかけての広大な領域に関しては，要所ごとにメリナの駐屯地が築かれたとはいえ，現地の王や首長の政治的・社会的影響力を減じることはできなかったし，島の南部と西部の一部については名目的な支配権すら確立するにいたらなかった（図1参照）．

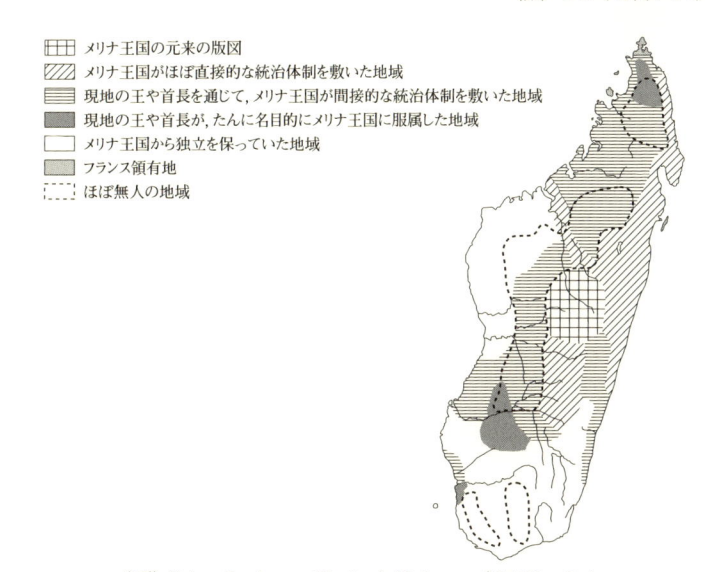

⊞ メリナ王国の元来の版図
▨ メリナ王国がほぼ直接的な統治体制を敷いた地域
☰ 現地の王や首長を通じて，メリナ王国が間接的な統治体制を敷いた地域
■ 現地の王や首長が，たんに名目的にメリナ王国に服属した地域
□ メリナ王国から独立を保っていた地域
▦ フランス領有地
⋮⋮ ほぼ無人の地域

出所）Hubert Deschamps, *Histoire de Madagascar* (4ᵉ édition, Paris: Berger-Levrault, 1972), p. 197 をもとに筆者作成.

図 1 植民地化前（1894 年）のマダガスカルにおけるメリナ王国の勢力

　この後，短命に終わったラダマ二世（在位 1861～63 年）の治世に続き，フランスによる植民地化（1896 年）とメリナ王朝の廃絶（1897 年）にいたるまで，メリナ王国の君主の座には三人の女王が相次いでつく．この間，これらの女王の宰相として王国運営の実権を掌握したのは，平民上層部出身の宮廷官吏，ライニライアリヴニ（在任 1864～95 年）であった．ライニライアリヴニは王国の近代化をはかるべく，その在任中，法制度・行政制度・軍制の整備と改革に専心する．その過程で，1869 年には，ときの女王ラナヴァルナ二世とともにプロテスタンティズムに改宗し，これを王国の公式の宗教とするとともに，王家に伝わる呪物を焼却して，それ以前の，いわば「伝統的な」宗教的・儀礼的慣行を廃棄した．先述のとおり，ラダマ一世の時代に，イギリスはプロテスタント系の宣教団を王国に派遣しており，ラナヴァルナ一世の治世で弾圧を受けたにもかかわらず，プロテスタンティズムは王国指導者層の内部に浸透していた．イギリスによってもたらされたこのプロテスタンティズムに改宗したことには，王国へのイギリスの協力を確かなものとし，イギリスをフランスに競合させつつ国事を運営しようとのライニライア

リヴニの意図があったといわれる（宣教面で，フランスはカトリシズムと結びつくものとして理解されていた）．ここからうかがわれるように，19世紀後半のメリナ王国が目指したものは，マダガスカルをめぐって競合するイギリスとフランスとを相互に敵対させ，また相互に牽制させあうことで，その力関係のバランスをとりながら独立を維持することであったといえるだろう．

3.〈誰〉をめぐる言説体制の拮抗

さて，19世紀のマダガスカル植民地前史を以上のようにたどったところで焦点化したいのは，メリナの人々が築き，拡大したこの王国をめぐる位置づけの問題である．というのも，この王国をめぐっては，これを「メリナの」王国と位置づける立場と，「マダガスカルの」王国と位置づける立場とが，当時から拮抗してきたからである．

1817年，イギリスがラダマ一世と友好条約を締結したさい，ラダマ一世は「マダガスカル国王」と名乗って条約を結んでいる．この時期，王国がその組織基盤を強化し，版図拡大事業に着手していたことは確かであるが，その版図はいまだ元来の王国の版図を大きく越え出るものではなかった．いくつかの証拠により，ラダマ一世みずからが「マダガスカル国王」という称号を名乗ったのではなく，イギリスがヨーロッパにおいて流布していた「マダガスカル」という名称（その出所はマルコ・ポーロにあるといわれる）をラダマ一世に吹き込み，そのラダマ一世を「マダガスカル国王」と名指したのではないか，そしてその名指しを，ラダマ一世がみずからに引き受けたのではないかと思われる．そしてまた，「マダガスカル」という名称とともに，マダガスカル全土を支配下に置くという構想もまた，イギリスがラダマ一世に教唆したのではないかと疑われる．イギリスが王国軍の強化を支援したのは先述のとおりであるが，それはラダマ一世に「マダガスカル国王」を名乗らせたイギリスが，その名乗りを現に実態たらしめるべく，マダガスカル全土を王国の支配下に置くことを目論んだためとも考えられるだろう．イギリスにしてみれば，ラダマ一世が「マダガスカル国王」であるのならば，みずからの影響力が理論上はマダガスカルの全体におよぶことになり，フランスの影響力を排除することができるという思惑があったにちがいない．

これに対し，イギリスと競合するフランスが主張するのは，この王国が「メリナ王国」であって，マダガスカル全体を代表する資格をもたないということであり，その君主もたかだかメリナという内陸の人々の君主にすぎないということであった．とりわけ，先述のように，19世紀半ば以来，マダガスカル北西海岸地域の一部をフランスが「保護領」としているからには，この地域は王国からは独立したものでなくてはならないのであり，したがって，王国はマダガスカルとその住民の全体をではなく，そのうちのある局限された一地方とその住民を代表するものでなくてはならなかったのである．

　このような英仏の力関係のなかで，当の王国がどのようにふるまったかをみれば，「マダガスカル王」を最初に名乗ったラダマ一世の場合，その「マダガスカル王」としての名乗りは，イギリスを相手とする対外的な関係に限定して発動されているようである．しかしながら，19世紀も後半にくだると，対外的にも対内的にも，王国はみずからを「マダガスカル王国」として明確に位置づけるようになる．したがって，フランスとしては，「マダガスカル王国」としてのその名乗りが「僭称」であると，終始主張するようになるわけである．

　王国とフランスとのこのような葛藤は，外国人に土地所有権の付与を求めるフランスの要求が王国政府に拒絶されたこととも相俟って，1883年6月，武力衝突に発展する．しかし，フランスはマダガスカル内陸部まで侵攻する兵力をもたず，戦況は膠着し，1885年12月に和平条約の調印をみた．戦争を通じて，現に王国政府がマダガスカルにおいて卓越した政治力を備えていることを理解したフランスは，ここにおいてそれまでの政策を転換し，王国政府を通じてマダガスカルの全土に影響力を行使することを狙う方針を採用した．つまり，王国を「マダガスカル王国」として承認し，その王国をフランスの保護下に置くことによって，マダガスカル全土を保護領化するという法理をとったのである．ここにフランスも，王国を「マダガスカルの」王国として位置づけたかにみえた．だが，王国政府との第2次戦争（1894～95年）を経て，1896年，マダガスカルを植民地として併合したフランスは，抗仏反乱がゲリラ戦の様相のもとに激化するなか，その抵抗運動の精神的支柱として王国の存在があることに目を止めると，この王国をふたたび「メリナの」王国として位置づけ直し，マダガスカル全土を代表するものとしてのそ

の権威を否定するにいたるのである．その後，1897年に王朝は廃絶され，抗仏反乱の鎮圧とフランス支配の確立へと向かうことになる．

　以上のような経過を目にするとき，王国が「メリナ王国」なのか，それとも「マダガスカル王国」なのかは，にわかには決定しがたいものを含みもっているのではないだろうか．王国の君主は「メリナ王（女王）」なのか，それとも「マダガスカル王（女王）」なのか．王国の人民は「メリナ王国民」なのか，それとも「マダガスカル王国民」なのか．

　この決定不能性を解決する，あるいはそうでなくとも回避するための手だては，他者による位置づけはどうであれ，当事者本人の自主性を尊重することであるとみえるかもしれない．いまみたとおり，フランスは時局に応じて，いわば自分に都合のよいように，王国や君主や人民を「メリナの」ものとしたり，「マダガスカルの」ものとしたりと，その位置づけを変転させた．けれどもこの間，当事者自身が一貫して「マダガスカル王国」を名乗り，「マダガスカル王（女王）」を名乗り，「マダガスカル王国民」を名乗ってきたとするならば，その自主的な名乗りを尊重すべきであるとする立場である．だが，ことはそれほど単純ではない．

　それほど単純ではない第1の理由は，当事者の名乗りそれ自体がじつは他者からの名指しに導かれているのではないかと思われるからである．ヨーロッパ世界で流通していた「マダガスカル」という名称が，イギリスを介してラダマ一世に与えられたことから分かるように，ラダマ一世の「マダガスカル王」としての名乗りは，イギリスによる「マダガスカル王」としての名指しに導かれていた．しかも，ラダマ一世の「マダガスカル王」としての名乗りはイギリスを相手とした文脈，つまり対他関係の文脈に限定されていたようである．その名乗りが，時代をくだり，マダガスカル侵略の意図を次第に露わにするフランスという脅威にさらされると，対他関係においてのみならず王国内部にも環流し，「マダガスカル王国」やら「マダガスカル王国民」やらの語彙を用いた名乗り合いとして内部的に定着していったのである．このような状況においては，名乗るということはゼロからの，あるいは無償の自己規定ではなく，他者が自己をみる眼差しに照らされ，それに導かれて発動される行為であり，そもそも名乗ること自体が対他関係に埋め込まれたものであると解さねばならないであろう．

それほど単純ではない第2の理由は，王国や君主や国民が「メリナの」ものか，それとも「マダガスカルの」ものかということは，たんにその王国・君主・国民だけにかかわることではないからである．たとえば，フランスが王国を「メリナ」に局限されたものであると主張したとき，「メリナ」はマダガスカルの他の「部族」と同一のレベルにあるものとして提示された．したがって「メリナ王国」が同等の立場でやりとりを行う相手も，それらの他「部族」であると位置づけられていた．そうした他「部族」の1つが，「フランス」の庇護を求めてその「保護領」となったわけであり，「フランス」は当該「部族」を代弁して「メリナ王国」に物申すという姿勢を明確にしていた．ここでは，「マダガスカル」という語が何らかの政体を指すことはなく，この語は主として地理的な用語として，つまり政治的には中立の語彙として用いられる傾向が顕著であった．

　ところが，王国政府が「マダガスカル」を名乗るとき，諸「部族」は王国の支配下にあるものであり，王国人民を構成する要素として提示されていた．そうである以上，それらの「部族」が直接に「フランス」と協定を結ぶことなどありえないのであり，「フランス」と同一レベルで対等にやりとりを行うのは王国政府であると位置づけられていた．「メリナ」という語彙はここにおいては端的に使用されず，逆に「マダガスカル」が単一の政体とそれによって枠づけられた国民をあらわす語彙として用いられていた．

　つまり，王国や君主や国民が「メリナ」か「マダガスカル」かということは，その他のさまざまな語彙（「フランス」という名称やマダガスカル内の諸「部族」の名称など）の用い方とも連動するのである．王国や君主や国民が「メリナ」か「マダガスカル」かに応じて，その当事者の位置づけだけでなく，それと関連する他の一連のアクターの位置づけもが変化する．すなわち，問題となっているのは，一要素の位置づけではなく，それを含めた要素群の全体をいかに分類するのかという分類の布置のあり方なのだ．「メリナ」か「マダガスカル」かという語彙の問題ではなく，「メリナ」という位置づけをともなう言説体制か，「マダガスカル」という位置づけをともなう言説体制かという，相異なる言説体制の拮抗の問題なのである．

4.〈誰〉という問いかけの自覚化

　狩りの獲物となる動物やその種類を同定するのと違って，ある人をどのように同定するのかがときとして困難をきわめ，場合によっては決定不能性にさえとらわれるのは，人を他者が何と名指し，また本人自身が何と名乗るかということが，このように主体どうしの複雑な相互作用と絡み合いのなかでなされるからである．また，その人の同定の仕方が，その人とかかわりをもつ他の人々の同定の仕方とも不可分であるから，つまりいかに一連の人々を分類するかという分類の布置のあり方（言説体制）と不可分であるからである．

　このような困難はまた，「客観的」で「価値中立的」であると想定された学問的な領域においてもつきまとう．たとえば，後世の歴史家が，この王国を「メリナ王国」と記述するか「マダガスカル王国」と記述するか，王国政府を「メリナ政府」と記述するか「マダガスカル政府」と記述するかによって，その歴史家は2つの言説体制のいずれかを選択することになるし，また，そのような選択なしには王国とそれをとりまく英仏の駆け引きの歴史はそもそも語ることができないだろう．もちろん，語りはじめるときに，みずからがいかなる根拠によってその言説体制を採用するのかという選択の基準を明確化することは必要であるはずだ（たとえば，王国政府の名乗りに準ずる立場から，これを「マダガスカル政府」と記述するとか，王国政府が実際にはマダガスカルの全土を支配下に治めていたわけではないという事実を重視する立場から，これを「メリナ政府」と記述するとか．たとえばわたしは本章で，後者の立場から，「メリナ王国」という言い方をしたわけであるけれども）．けれども，ここで重要なのは，競合する2つの（あるいはそれ以上の）言説体制を前にして，自分なりの基準のもとにそのいずれかを選択する，あるいは選択できるということではないように思える．重要なのは，そのような言説体制の競合という事態そのことに気づくことであるからだ．競合する言説体制のいずれとも容易に決定しえないということは，競合する複数の言説体制が相互に共約不能であり，それを包摂するような共通の言説の土俵を設定することができないということである．そうした共約不能の複数の言説体制のどれに身を置くか，どの分類の布置を採用するかで，人の位置づけの仕方が異なり，ひいてはその人をとり

まく社会的世界の見え方が異なるということ，そのことに気づくことであると思えるからである．

　植民地化という歴史的過程をこうむり，植民地支配のいわば遺制を引き継ぐことを余儀なくされているマダガスカルという国において，このことは現代にいたるまで重要な意味をもっている．植民地前史におけるメリナ王国の支配拡大を受け，フランス植民地行政府は植民地支配の過程で，マダガスカルの各地においてメリナの軛（くびき）から現地社会を解放する解放者として自己演出をはかった．それとともに，マダガスカル国内を「部族」に沿って分割統治することにより，マダガスカルの人々が一体となって植民地行政府に対抗しないよう，国内人口の分断を住民政策の柱とした．とりわけ，メリナとメリナ以外の諸「部族」との敵対関係を固定化することにより，メリナ・非メリナという対立の構図を根づかせたのである．

　他方で，このような植民地主義的プロパガンダへの反作用として，それに抵抗する立場からは，そのような政策的な分断を無効化するべく，マダガスカル人の「国民」としての単一性を主張する議論もあらわれてきた．その結果，現在にいたるまで，何らかの政治的・社会的な対立や葛藤が顕在化した場合，それを「部族」の対立軸，とりわけメリナ・非メリナの対立軸に沿って読み解こうとする言説体制が賦活される一方で，マダガスカル人という単一の「国民」を焦点化する観点からそれを読み解こうとする言説体制が賦活され，両者が鋭く拮抗する．具体的な政治的・社会的対立だけでなく，それをどのように位置づけるかをめぐる言説体制もが対立をきたすのである．そこにおいては，どちらの言説体制に身を置くかで，政治的・社会的争点は異なるアスペクトのもとに描出されることになるのだ．

　こうした事態は，マダガスカルにおいてのみならず，植民地化を経験し，そこにおいて植民地権力の統治の都合に資するよう，ある一面的かつ一方的な人々の分類や同定を余儀なくされた多くの国や地域においても，多少なりとも共通する事態ではないだろうか．ある人が誰であり，ある人々が誰であるのかをめぐって複数の言説体制が拮抗する．このような事態の根本には，言説体制というもの，あるいは本章で人々を分類する分類の布置と呼んできたものが，ある現実を認識するための媒体となると同時に，ある現実を生成するための媒体ともなるということが作用している．メリナ・非メリナの

「部族」対立という言説体制は，ある現実を写し取り，その現実を認識するためのものなのか．それとも，そういう言説体制があるからこそ，その言説体制に沿って「部族」対立が引き起こされているのか．この言説体制と拮抗する単一のマダガスカル「国民」という言説体制も，現実を写し取っているのか，それとも現実を生じさせようとしているのか．すなわち，現実の（現実についての）言説体制として機能しているのか，それとも現実への（現実に向けての）言説体制として機能しているのか，という問題である．自分が誰であるのかという現状認識だけでなく，自分が誰であろうとするのかという意志が名乗りをめぐる言説体制の成立にかかわるとともに，他者が誰であるのかという現状認識だけでなく，他者を誰であらしめようとするのかという意志が名指しをめぐる言説体制の成立にかかわる．しかも，そうして成立した複数の言説体制が拮抗をきたすとするなら，そのような状況のただなかで，いかなる議論の仕掛けもなしに，単純に「人間」を語ることができると思えるためには，よほどの素朴さか，さもなければ作為が必要であろう．マルセル・モースの教えのとおり，一般的な物言いで「〈人間の〉安全保障」を云々するのとは異なり，具体的な人々の生の営みの現場にあって，その生の営みをまさしく問題とするときには，それが「〈誰の〉安全保障」であるのかを解きほぐさなくてはならないからである．たとえその結果，「誰」という分類と同定がある決定不能性に逢着するとしても，その決定不能性をもたらしたさまざまな政治的・社会的・歴史的要因を明るみに引き出す作業は不可欠であると思える．人々の生の現場にあっては，「誰の」という問いかけへの自覚化を欠いて，漫然と「〈人間の〉安全保障」は論じられないと考えるからである．

[文　献]

Mauss, Marcel, *Manuel d'ethnographie* (Paris: Editions Payot & Rivages, 2002 [1967]).
森山工「名前をめぐる運動——マダガスカル植民地前史における名乗りと名指しの抗争」黒田悦子編『民族の運動と指導者たち——歴史のなかの人びと』14 - 31 頁（山川出版社，2002 年）．
森山工「〈民族〉と〈国民〉の語り——現代マダガスカルにおける植民地統治の遺制」『自然と文化そしてことば』第 2 号（「特集：インド洋の十字路マダガスカル」）6 - 20 頁（葫蘆舎発行：言叢社発売，2006 年）．

【読書案内】
芥川龍之介「藪の中」『芥川龍之介全集 第 8 巻』113‒127 頁（岩波書店，1996 年），ほか所収．
 * 男の殺害をめぐり，登場人物のそれぞれが語る相互に共約不能な物語の拮抗．これを映画化した黒澤明監督の『羅生門』にちなみ，このような物語間の決定不能性は「羅生門効果（Rashomon effect）」として術語化されている．

リオタール，ジャン＝フランソワ著，陸井四郎ほか訳『文の抗争』（法政大学出版局，1989 年）．／ Lyotard, Jean-François, *Le Différend* (Paris: Minuit, 1983).
 * 対立する両者に共通に適用可能な判断規則があり，それにもとづいて対立に解決がはかられる「係争」とは異なり，そもそもそのような判断規則が存在しない「抗争」の力学を論じたもの．

なぜ独立国家を求めるのか
ギリシアからコソヴォまで

柴 宜弘

●人間の安全保障の1つの柱である紛争からの解放を念頭におきながら，バルカンの近代国家とナショナリズムの特徴を概観し，現在もバルカンで続く独立国家建設の理由を検討する．紛争後のバルカン地域の和解の問題を考える糸口を探ってみたい．

はじめに

　バルカンでは，現在もなお国家をつくろうとする試みが続いている．1991～92年にかけて旧ユーゴスラヴィア連邦が崩壊し，スロヴェニア，クロアチア，ボスニア・ヘルツェゴヴィナ，マケドニアの4国が独立を宣言した．この過程で，クロアチアとボスニア・ヘルツェゴヴィナでは独立の賛否をめぐり内戦が生じた．1992年に旧ユーゴスラヴィアへの残存を決め，新ユーゴを建国したセルビアとモンテネグロ（2003年から連合国家セルビア・モンテネグロ）も，2006年には人口65万人のモンテネグロが独立を宣言することによって別々の国家となった．モンテネグロが国連の192番目の加盟国となることにより，旧ユーゴスラヴィアを構成していた6共和国はすべて独立国となり，旧ユーゴスラヴィアは完全に消滅した．

　独立国家を築こうとする試みはこれだけにとどまらず，セルビアのコソヴォ（国際法的にはセルビアの領土だが，1999年6月のコソヴォ和平成立後，国連の暫定統治下におかれ，独自の自治政府が成立）では，人口の90％以上を占めるアルバニア系住民が独立国家の建国を目指し，2008年2月17日に独立を宣言した．この地域では，新国家の建国が過去の話ではなく，これに伴うナショナリズムが現在でも大きな問題となっている．

　本章ではまず，現在の独立国家建設の理由を理解する上で不可欠であるバルカンの近代国家とナショナリズムの発生過程を歴史的に概観しておく．つ

いで，19世紀後半期から20世紀初頭にかけて吹き荒れたバルカンの近代ナショナリズムと国家の関係，1990年代初めの一連の社会主義連邦国家崩壊とその構成共和国の独立とを比較しながら，最近のコソヴォ問題を事例として独立はどのような理由から，何を根拠に進められたのかを検討する．

1. 近代バルカン国家の建国

(1) オスマン帝国の支配

　中世に王国を築いていたバルカン諸国は，14世紀中頃から相次いでオスマン帝国の支配下に組み込まれていった．オスマン帝国はきわめて中央集権的な統治を行ったが，一方で支配下においたバルカンのキリスト教徒に対して寛容な宗教政策をとり，一定の自治を認めた．バルカンの社会や伝統を破壊することのない統治こそが，オスマン帝国による400～500年にもおよぶバルカン支配を可能にした主要因だと言える．

　18世紀後半になると，オスマン帝国はヨーロッパ列強から「瀕死の病人」と称されたように，中央集権体制の緩みは明白であり，帝都イスタンブルから遠く離れた周辺部ではオスマン政府から自立した地方政権さえ生まれていた．このような状況下で，19世紀初頭にセルビアとギリシアで反オスマンの蜂起が展開された．フランス革命とナポレオン戦争によってヨーロッパに拡大したナショナリズムの思想や啓蒙主義思想が，西欧の諸都市に移住したバルカン商人たちによってオスマン帝国支配下のバルカンにもたらされ，文字の読める一部知識人にネイションという考えが意識されるようになった．

　しかし，完全な農村社会であるセルビアやギリシアのペロポネソス半島部分で生じた蜂起は，ナショナリズムに基づく反オスマンの反乱として始められたものではなく，蜂起の過程で「想像の共同体」としてのネイションが形成されてゆき，それを促進する手段としてナショナリズムが機能することになる．

(2) セルビア蜂起と国家のイメージ

　蜂起前夜のセルビアはオスマン帝国の行政区分上，約20万の人口を持つベオグラード・パシャリクと呼ばれていた．このパシャリクがオスマン政府の意に反して，自らの利益を求める傭兵集団の将軍「ダヒヤ」のもとにおか

れてしまった．農民たちは従来のオスマン政府に対する税金に加えて，「ダヒヤ」からも収奪を受けることになった．さらに，「ダヒヤ」はセルビア人社会の有力者や聖職者を殺害して，セルビア人自治組織のネットワークを断ち切ろうとした．この虐殺事件を契機として，1804年2月に「ダヒヤ」に対する農民蜂起が生じた．蜂起は「悪いトルコ人」に対する反乱として始まったのであり，当初はオスマン帝国による旧秩序の回復を求めた．

　蜂起の最高指導者に選出されたのは豚を扱う農民出身の商人カラジョルジェであった．蜂起はセルビア社会に存在していた自治組織のネットワークを通じて，ベオグラード・パシャリク全土に拡大した．蜂起参加者による議会が招集され，ロシアをモデルとした統治会議と呼ばれる政府機関も創設された．1805〜06年にかけて，カラジョルジェの軍隊は蜂起の鎮圧に乗り出したオスマン帝国軍と初めて戦い勝利を収めた．これ以後，「悪いトルコ人」からの秩序の回復をスルタンに請願するという蜂起の性格が，オスマン帝国支配に対する反乱へと変化した．しかし，セルビア蜂起の指導者が明確な国家イメージを描きえていたわけではない．彼らが抱いていた国家イメージの一端は，蜂起で用いられた軍旗のデザインから窺うことができる．この旗の左側には中世セルビア王国の紋章である赤地に白の十字架が，右側には猪と矢をあしらった新たな紋章が描かれ，上部に王冠がかぶせられている．軍旗は蜂起に参加した農民たちに，中世セルビア王国との連続性を自覚させるシンボルとしての意味を持っていたと言える．セルビア蜂起は，1813年になるとナポレオン戦争が一段落し，大軍をセルビアに向けたオスマン帝国軍の圧倒的な攻撃によって鎮圧されてしまう．この過程で「想像の共同体」の基礎には中世のセルビア王国がおかれ，おぼろげながらネイションという考えが農民のあいだにも自覚されるようになっていったが，ネイション形成にはまだ多くの時間が必要だった．

　1815年，第1次蜂起後のオスマン帝国による過酷な統治に対して，第2次セルビア蜂起が生じた．第2次蜂起の指導者も豚を扱う商人のミロシュであった．ミロシュはオスマン帝国からの独立ではなく自治の獲得という現実主義的な戦術をとり，ナポレオン戦争後の国際情勢を巧みに利用してロシアの支援を受けつつ，オスマン政府の妥協を引き出した．スルタンの支配を受け入れる代わりに，租税権や行政・司法上の一定の自治を獲得できたが，ミ

ロシュが目指したのはオスマン帝国内で半ば独立した権力を築いていた地方豪族の地位にすぎず，近代国家のイメージを持っていたわけでも，西欧モデルの政治制度を導入しようとしたわけでもない．1830年にセルビアがオスマン帝国から公国としての地位を承認されてからも，ミロシュはなお，専制的な君主としてセルビアを統治し，自らの利益を拡大することに努めた．しかし，2度におよぶ蜂起と公国としての地位の獲得によって，ミロシュの意図とは別に，立憲制に基づく国家体制を整備せざるをえず，これに伴ってセルビア人のネイションの原型も築かれていった．

第1次セルビア蜂起の開始200周年を迎えた2004年，新たなナショナル・アイデンティティー確立の必要に迫られているセルビアで，この蜂起を「革命」と捉えてセルビア近代国家の基礎に据え，建国200年を祝う出版や催しが相次いだ．理由のないことではないが，蜂起をナショナルな運動として位置づけようとする政治的意図が感じられた．

(3) ギリシア独立戦争と国家のイメージ

セルビア蜂起に続いて，ギリシアでは1821～29年にオスマン帝国からの独立戦争が展開された．ギリシアはセルビアと同様にオスマン帝国の辺境地にあったが，海に面していてディアスポラ（離散）の伝統を持つギリシア人社会はセルビア人社会と比べると複雑であり，西欧社会とのつながりも強かった．18世紀末，ヨーロッパ啓蒙主義思想の影響を受けた国外のギリシア人知識人のなかには，フランス革命の影響を強く受けて共和制の国家建設を目指し，オスマン帝国支配下のギリシアの解放を唱える者がいた．これらの人たちは近代ネイションの原型を古代ギリシアに求めたが，近代国家のイメージは漠然としていた．

独立戦争に先立ち，エテリア蜂起と称されるギリシア本土の外に居住するギリシア人の行動が見られた．1814年，黒海に面するロシアの港町オデッサで，ギリシア人商人が秘密結社フィリキ・エテリア（友愛会）を結成した．エテリアの目的は，オスマン帝国統治下のバルカンに散在するギリシア人の解放であり，このためにはバルカンの解放が必要だとされ，バルカン地域の住民に協力を呼びかけた．1820年に，ロシア帝国軍将校のイプシランディスを指導者としてエテリア蜂起が開始された．しかし，ロシアの援助が得られなかったことに加えて，バルカンの解放といった目的はギリシア人以外の

バルカン住民の支持を取りつけることはできず,蜂起は1821年6月にオスマン軍によって鎮圧されてしまう.

　エテリア蜂起と直接的な関連は薄かったとされるが,1821年3月中旬からギリシア本土のペロポネソス半島で農民の反乱が生じていた.ギリシアでも名望家による土地の私有化が進行しており,農民はオスマン帝国の地方官僚より厳しい統治に不満を募らせていた.3月25日,ペロポネソス半島北部のパトラ近郊のラヴラ修道院で,エテリア会員であった府主教ゲルマノスがオスマン支配に対する一斉蜂起を宣言した.現在でも,この日がギリシアの独立記念日となっていることから窺えるように,ギリシアの公式の歴史ではネイションとしての自覚を持ったギリシア人がこの日から一体となってギリシア独立戦争に立ち上がったとされる.しかし,パトラで生じた農民の蜂起は名望家の過酷な統治に対するものであり,独立を目指してのナショナルな反乱だったわけではない.

　蜂起はペロポネソス半島から北の内陸部へ拡大し,さらに島嶼部に広がった.ペロポネソス半島はその3分の2が山岳地であり,地域に地縁・血縁のネットワークを持つ土着の匪賊クレフティス率いるゲリラ戦が功を奏した.クレフティスは名望家支配に代わる地方権力を築くことが目的であって,ギリシアの独立といった明確な目的や国家イメージなど持ち合わせていなかった.蜂起が続くなかで新たな統治機構をつくる必要が生じると,この中心となったのは西欧列強との絆を誇る外来のファナリオティス(イスタンブルに住む裕福なギリシア人家系)や知識人であった.1821年12月にペロポネソス半島東端のエピダウロスで国民議会が招集され,翌年1月にはギリシア共和国が宣言されるとともに,「ジャコバン憲法」を模範とした憲法が制定された.この憲法では,ギリシア本土の土着の正教徒と外から移住した正教徒だけがギリシア人と規定され,ムスリムは除外された.

　しかし,この独立戦争を実際に進めていたのはファナリオティスではなく,農民に支持基盤を持つ土着のクレフティスであった.クレフティスと外来のファナリオティスや知識人からなる暫定政府とのあいだには,戦争は自らの権力維持のためなのか独立のためなのかといった点で明らかな違いがあり,しだいに両者は分裂を引き起こすことになった.オスマン帝国はギリシアの内部対立にも救われたが,エジプト軍の援助を得てギリシアの蜂起を鎮圧し

た．窮地に陥った暫定政府は1827年に第3回国民議会を開催し，ヨーロッパ列強の支援要請を決め，ロシアの外務次官を務めたカポディストリアスを大統領に選出した．これ以後，ヨーロッパ列強とロシアが独立戦争に大きく関与し始めた．この結果，1830年にギリシアは英，仏，露3国の保護下で王国として独立を承認された．この過程にみられるように，ギリシアの独立とは土着のギリシア人がネイションとしての自覚を持ち，オスマン帝国に対して一体となって戦った結果ではなく，ヨーロッパ列強とロシアの利害関係が大きく影響するなかで与えられたものであった．外来の知識人たちがネイションを自覚し，不明瞭ながら西欧型の近代ギリシア国家イメージを持っていたことは事実だが，ペロポネソス半島，島嶼部，内陸部といった地域性にとらわれていたギリシア人がネイションとして均質化するにはさらに長い時間を必要とした．

2. バルカン・ナショナリズムの特徴

(1) 国家なきナショナリズム

19世紀前半期にハプスブルク帝国支配下にあった東欧諸民族と比べて，ギリシアやセルビアの国家建設は早かった．しかし，その過程で展開されたのは国民国家を目指すナショナリズムの運動とは言えない．土着の蜂起指導者の目的はオスマン帝国の支配に代わる地方権力を築くことにすぎなかった．そのため，新国家が建国されると，政治指導者は人口の大半を占める農村社会からネイションを急速度で作り上げていかなければならず，共通の宗教や言語を持ちだすと同時に，ナショナリズムをイデオロギーとして利用することになる．

西欧のナショナリズムの特徴と比較してみると，バルカン・ナショナリズムの特徴がいっそう明らかになるだろう．イギリスやフランスでは，近代国家のもとで国民統合の過程がゆっくりと進行し，しだいに国内のさまざまな民族集団や宗教上の少数派や言語の違いなどが乗り越えられて1つになり，均質的な社会が形成されていった．イギリスの産業革命とフランスの市民革命を通して，産業化や都市化が進行し均質的な市民による国民意識が作られた．ここでの主役は聖職者や貴族に代わり，人口の大半を占める市民であり，

かれらがネイション（国民）を意識することになる．個人の権利や国民主権に基づき，民主主義的な政治制度を求める運動の原動力となるのがナショナリズムであった．

　これに対して，バルカン諸民族はオスマン帝国の支配下で，長いあいだ国家を持たない状態が続いた．産業革命も市民革命も経験することはなく，均質的な市民もいなかった．19世紀には，こうしたバルカン地域にもナショナリズムの思想が波及してくる．バルカンでのナショナリズムは均質的な個人と結びつくのではなく，国家が与えられたセルビアやギリシアの場合にはネイション形成と国民統合の手段として，ネイション形成の遅れたブルガリアやアルバニアでは国家を求めるイデオロギーとしての役割さえ担うことになった．そのため，西欧のナショナリズムと比べて，バルカンのナショナリズムの基礎には過去の栄光の歴史がおかれ，古代や中世に存在した自らの国家が強調された．これがバルカン・ナショナリズムのきわだった特色であろう．バルカンの近代国家はネイション形成の過程で建国され，さらにそれを促す装置として機能したと言える．

　これらの新国家はヨーロッパ国際政治のなかで，近代化を急速度で進める必要に迫られた．その際，1つの問題は制度として導入された西欧型の議会政治と，依然として続く家父長的な伝統社会の生活習慣とのズレである．もう1つはナショナリズムに裏打ちされた国民統合の問題であろう．バルカン諸国は時間をかけて少数派の民族，宗教，言語的に異なる集団を均質化することはできず，むしろこれらを排除する方向に進んでしまった．一方，国境の外に居住する同胞を懸命に取り込もうとした結果，バルカン諸国間の利害が対立することになる．19世紀末から20世紀初頭にかけて，これらのバルカン諸国は近代化や軍事化を競うことになり，政治指導者によりそれぞれのナショナリズムが煽り立てられた結果，相互の対立は激化していった．

(2) セルビアのナショナリズム

　バルカン・ナショナリズムの典型的な形態はどのようなものだったのだろうか．ここでも，セルビアとギリシアを例にとって概観してみる．自治を達成したセルビア公国および独立したギリシア王国は，なお国外に多くの同胞，ギリシアの場合は200万人をかかえていたため，19世紀を通じてそれらの同胞を組み込むと同時に領域の拡大が目指された．その基礎となるのが，過

去の栄光の歴史に基づく「大セルビア主義」であり，「大ギリシア主義（大理念，メガリ・イデア）」であった．

セルビアでは，1830年にスルタンの勅令によってセルビア正教会の独立も認められ，33年にはセルビア公国の国境が画定され，人口70万人の公国の地位は安定した．ミロシュは集権的な支配体制により近代化を進めようとしたが，35年に議会が自由主義的色彩の強いセルビア初の憲法を制定すると，自由主義を嫌うハプスブルク帝国やロシアを後ろ盾としてこれを破棄した．そのため，立憲制の導入を掲げた反対勢力の動きが活発になる．38年には，ロシアとオスマン帝国および反対勢力の圧力のもとで，ミロシュはスルタンの勅令の形で，いわゆる「トルコ憲法」を受け入れざるを得なかった．この結果，旧来の議会は廃止されて4人の大臣を任命し，スルタンに責任を持つ17人の終身員からなる国家評議会を設置しなければならず，権力が分散されることになった．ミロシュはこれに反対したが，39年には退位に追い込まれた．公位をめぐる対立が続くなか，憲法擁護を主張する勢力が優勢となり，1842年に第1次セルビア蜂起の指導者カラジョルジェの息子アレクサンダルが公位に就いた．これ以後，58年までのアレクサンダルの時代はナショナリズムが前面に掲げられ，セルビアの近代化や国民統合が大きく進展した時期として知られている．民法が制定されたほか，行政組織や軍隊や教育の整備も行われた．

この時期，国家の政策全般に重要な役割を果たしたのが「バルカンのビスマルク」と称される内相のガラシャニンであった．1844年，セルビアの外交および国家政策の基礎として公表されたのが，かれの手による「ナチェルターニエ（指針）」であった．ガラシャニンはオスマン帝国内だけでなく，ハプスブルク帝国内にもセルビア人が居住する状況を考慮して，反オスマン，反ハプスブルクの立場を鮮明にして強力な南スラヴ国家の建国を求めた．「ナチェルターニエ」では，14世紀中世セルビア王国の時代に最大の版図を誇ったドゥシャン王の治世が想起され，セルビアを核とする南スラヴ国家，具体的にはブルガリアと友好関係を維持しつつ，周辺のボスニア・ヘルツェゴヴィナ，モンテネグロ，アルバニア北部からなる新たな国家の建国が目指された．これ以後，ガラシャニンはさらに南スラヴの統一を考え，ハプスブルク帝国内のセルビア人居住地であるダルマツィアやセルビアとの境界に位

置する「軍政国境地帯」をも視野に入れて外交活動を展開した．「ナチェルターニエ」は「大セルビア主義」の基礎に据えられ，第1次世界大戦期まで領土拡大を求めるセルビア・ナショナリズムの支柱となった．

セルビアは国内的にも発展を遂げ，1866年には人口が公国発足時の倍近くの122万人に増大し，69年には初めて自前の憲法を制定した．この結果，3分の1の議員は公の任命ながら男子普通選挙が実質化され，責任内閣制が確立して政党政治が進展した．さらに，1888年の憲法（立憲君主制の基礎とされる31年のベルギー憲法がモデル）により，男子普通選挙による議会政治が確立した．78年のベルリン条約により独立を承認されたセルビア王国は，ボスニア・ヘルツェゴヴィナの行政権がオスマン帝国からハプスブルク帝国に移行されると，まだオスマン帝国支配下にある南のマケドニアとコソヴォに領土的関心を向けた．

(3) ギリシアのナショナリズム

一方，王国として独立が承認されたギリシアでは，1833年に18歳のオットー（ギリシア名オトン）が3人の摂政とともに，バイエルンからギリシアに到着した．セルビア人を公あるいは国王としたセルビアは例外だったが，王国として独立を達成したバルカン諸国の国王はほとんどの場合，適格者の多かったドイツの王家から迎え入れられて即位した．内陸部のアルタとヴォロスを結ぶ線を国境とするギリシアの人口は80万人にすぎず，まだオスマン帝国支配下におかれた国境の北側の地方や小アジア，そしてイギリス統治下のイオニア諸島には200万人ほどのギリシア人が居住していた．当時のギリシアはセルビアと同様に完全な農村国家であり，独立戦争による国土の荒廃が続いていた．血縁や地縁に基づく伝統的な社会と農民の生活が継続しており，加えて地域間の対立も大きかった．西欧の知識人や在外のギリシア人が思い描く「ギリシア」とはかけ離れた貧しい小国にすぎなかった．

国王オトンは成人に達して以後もバイエルンからの側近の補佐を受けて，強権的な手法で近代化を進めた．これに対して，保護国である英仏露と結びつく地方ごとの政治勢力がそれぞれの立場から立憲制の確立を要求して対立した．オトンは立憲制の導入をなかなか受け入れようとしなかったが，1844年には憲法が公布されて選挙に基づく下院と終身制の上院からなる二院制の議会政治が歩み始めた．首相に選出されたコレッティスは，古代ギリシアか

らビザンツ帝国を経て近代ギリシアが成立したとする歴史観にのっとり，ギリシア文明のおよんだ地域，あるいはすべてのギリシア人居住地域の統合を主張した．国民議会でのコレッティス演説で述べられたのが「大理念（メガリ・イデア）」であり，この「大ギリシア主義」は領土回復主義とあいまってギリシア・ナショナリズムの支柱となり，トルコとの戦争でギリシアが敗北する 1922 年まで，ギリシア外交の基本に据えられる．

国王オトンは「大ギリシア主義」に基づいて対外政策を進めた．1850 年にはロシアの仲介でイスタンブルにある世界総主教座からのギリシア正教会の独立が承認されたが，62 年には反国王派の後押しによるアテネ守備隊のクーデタが生じ，国王夫妻は国外に追放された．翌 63 年，今度はデンマーク国王の第 2 子ウィルヘルムがゲオルギオス一世としてギリシアの新国王に指名された．新国王の即位に伴い，イギリスはイオニア諸島をギリシアに割譲した．1864 年に発布された新憲法は国民主権を謳い，男子普通選挙制に基づく一院制の議会による議会政治を確立した民主的な憲法であった．

しかし，ギリシアの政情は相変わらず不安定であり，1864 年から 1910 年までの時期に 58 回も内閣の交代劇が繰り返された．外交面でも，「大ギリシア主義」に基づく領土回復は思うようには進まず，穀倉地帯のテッサリアとイピロス南部がオスマン帝国から割譲されたのはベルリン会議後の 1881 年であった．人口は約 250 万に増大したものの，クレタ島とマケドニアがなお獲得すべき領土として残った．イスラームへの大量改宗が進んだクレタ島ではギリシアとの統合を目指すキリスト教徒の反乱が生じていた．オスマン政府はクレタ島総督にキリスト教徒を任命し，ギリシア語を公用語とすることなどを認めていたが，その実施は遅々として進まなかった．1908 年，ハプスブルク帝国によるボスニア・ヘルツェゴヴィナ併合直後の混乱期に，クレタ島で蜂起が生じギリシアとの統一を宣言するに至った．セルビアと同様に，ギリシアの領土的関心はマケドニアに集中した．

3. 変質する国家

(1) 国民国家への再編

19 世紀後半から 20 世紀初頭にかけて，ギリシアやセルビアだけでなく，

オスマン帝国支配下の他のバルカン地域にも自他を区分する基準としてネイションという考えが入りこみ，バルカン諸国の独立が相次いだ．独立したバルカン諸国ではムスリムとキリスト教徒との共存関係は崩れ，難民となったムスリムがオスマン帝国内に流入する事態がすでに生じていた．さらに事態が悪化したのは，1912～13 年の 2 度にわたるバルカン戦争であった．この戦争においては，バルカン諸国の軍隊がナショナリズムの名のもとに，オスマン帝国に対してだけでなく，帝国軍の撤退に伴い権力の真空地帯となったマケドニアの領有をめぐって相互に激しい戦闘を繰り広げた．近代国家の軍隊が侵攻した地方の住民を報復措置として殺害する事件が生じただけでなく，強制改宗を迫ることにより大量の難民も発生した．

　第 1 次世界大戦はオスマン帝国だけではなく，ハプスブルク帝国やロシア帝国の崩壊をもたらした．この結果，敗戦国となったブルガリアを除き，バルカン諸国は領域を拡大したり，ユーゴスラヴィアのように新国家を建設したりして新たな国境を画定した．この時期，ハプスブルク帝国内の東欧諸民族向けに提唱されたウィルソン米大統領による民族自決の原則が，この地域では国民国家の建設と密接に結びついて捉えられた．もともと，ウィルソンの民族自決の原則は国際連盟という国際機関の創設を前提として，少数民族とくにユダヤ人を保護する目的で提唱されたのだが，バルカン諸国ではもっぱら多数民族の自決権が主張され，単一の国民国家への再編成が進められた．ナショナリズムが国家の政策として掲げられ，自決権を与えられない少数民族の問題は逆に先鋭化してしまう．

　西欧諸国と比べて少数民族の数が圧倒的に多いバルカン諸国は，この問題に対処するため 2 つの政策を模索することになる．1 つは国際連盟がポーランド，チェコスロヴァキア，ユーゴスラヴィア，ルーマニアなどの国とは少数民族保護条約を結び，その権利を保護しようとした．ブルガリアのような敗戦国には，講和条約のなかに少数民族保護規定を盛り込んだ．国際連盟はこれらの新生国家に対して少数民族保護の名目で内政干渉を積極的に行ったが，英仏など主要国は国家主権を掲げて自国への内政干渉を嫌った．主要国はむしろ少数民族の同化政策を推進することで，国民統合を進めることができると考えていた．英仏によるこうしたダブルスタンダードの保護政策は 1920 年代末には崩壊した．

もう1つは，隣接する2国が国家の政策として，相互にかかえる少数民族を入れ換える住民交換である．国際的な承認のもとで行われた，1923年のローザンヌ条約によるギリシア・トルコ間の大規模な住民交換がその典型的な例である．英仏はこれが対立関係の続いていた両国の関係を改善する合理的な方策と考えた．また，当事国のギリシアとトルコは異質な集団を排除して国民統合を進める最善の手段として住民交換を捉えた．一番の犠牲者は，数世紀におよび住み慣れた「故郷」やコミュニティーから強制的に移住させられた住民であった．いずれにせよ，強制移住による住民交換は国家や政治を優先させた政策にすぎず，住民のあいだに培われてきた共生の伝統を破壊するものだった．1990年代のユーゴスラヴィア紛争でみられた「民族浄化」は，住民交換の延長線上に位置づけられる政策と言える．

(2) よみがえる民族自決権

　少数民族や異質な集団を排除したり抹殺したりする政策はバルカン諸国固有の属性に基づくものなのだろうか．そうでないことは，第2次世界大戦期のナチス・ドイツによるユダヤ人，ロマ，スラヴ人に対する絶滅政策を引き合いに出すまでもなく，第1次世界大戦初期にハプスブルク帝国軍が規模は小さいが敵国セルビア人の絶滅政策を行使したことを思い起こしてみれば明らかだろう．また，1945年にナチス・ドイツが敗北すると，ポーランド，チェコスロヴァキア，ルーマニア，ユーゴスラヴィアなど東欧諸国で，今度はドイツ人が報復措置として大量に追放された．「民族浄化」というおぞましい現象はバルカン固有のものなのではなく，ヨーロッパ現代史を貫く1つの特徴なのである．

　1990年代のユーゴスラヴィア紛争に伴う凄惨な民族対立もバルカン固有のものと考え，19世紀後半から20世紀初頭にかけて展開されたバルカン諸国の激しいナショナリズムと対立の再現という観点からのみ理解しようとする傾向がある．たしかに，歴史を道具化して人々を動員する方法，例えばセルビアのミロシェヴィチがオスマン軍により中世セルビア王国が敗北した1389年のコソヴォの戦いを利用したり，クロアチアのトゥジマンが中世クロアチア王国の栄光を強調したりしてナショナリズムを煽った政治手法は，近代のバルカン・ナショナリズムの高揚期以来，一貫して政治指導者のあいだにみられる．

しかし，政治による歴史の道具化もバルカンという地域に固有の現象と言うことはできない．ユーゴスラヴィア紛争時のナショナリズムの特色を考える上で重要なのは，多様な社会を前提にして築かれたユーゴ自主管理社会主義が求心力を失い，連邦が解体して社会が混乱するなかで，人々が喪失したナショナル・アイデンティティーに代わるものを中世の王国に求めざるをえなかったことである．ミロシェヴィチ，トゥジマン，ボスニアのイゼトベゴヴィチといった政治家はこうした人々の心理を利用して，巧みにナショナリズムを操った．昨日までの隣人が，一気に敵に変化する様子は異様なほどであった．

東西冷戦後の 1990 年代に，社会主義連邦が解体したのはユーゴスラヴィアだけではなく，ソ連やチェコスロヴァキアも同様だった．これらの国では共和国が新たな国家として連邦から独立した際，第 1 次世界大戦後と同じように，国民国家の建設と結びついた多数民族の自決権が国家の正当性の論拠として一様に主張された．民族自決の原則が 70 年を経てよみがえったが，現在問題になっているのは新国家内の少数民族の自決による独立である．

(3) 民族に代わる自決の主体

セルビア共和国コソヴォ（自治州）のアルバニア人問題がその典型的な例である．コソヴォのアルバニア人は人口の 90% を占めており，この地方の多数民族だが，セルビア共和国のなかでは少数民族と言える．ボスニア内戦終結後，1998 年から先鋭化したコソヴォのアルバニア人武装勢力とセルビア政府の治安部隊との衝突は，人道的介入を理由とする 99 年の NATO 軍のユーゴスラヴィア（現在のセルビアとモンテネグロ）空爆によって和平を迎えた．以後，コソヴォは国連（UNMIK）の暫定統治下におかれて NATO 主体の国際部隊（KFOR）が展開し，実質的にはセルビアの統治から離れた．2002 年にはコソヴォ民主同盟のルゴヴァ（2006 年 1 月病死）が大統領に選出され，議会，大統領，政府からなるコソヴォ暫定自治政府機構が整備された．

その後，コソヴォの最大の問題はその最終的地位，すなわち独立か自治かに移った．コソヴォ問題には，アメリカがセルビアの少数民族アルバニア人に認めてきた民族自決権と，セルビアが 1999 年の国連安保理決議 1244 に基づいて主張する国家主権に伴う領土保全の原則との矛盾が集約されている．民族自決権に基づいて少数民族のアルバニア人が国家を建国することになる

と，その影響は周辺のバルカン諸国だけにとどまらず，国際的に拡大しかねない．ボスニアのセルビア人やクロアチア人が，マケドニアのアルバニア人がふたたび民族自決権を声高に掲げる事態が考えられるし，スペインのバスク地方，ロシアのチェチェン共和国，グルジアのアブハジアや南オセチア，中国のチベット自治区にも波紋が広がる可能性がある．

しかし，アルバニア人の諸政党は独立以外に選択肢を持たず，国連暫定統治のもとで独立が既成事実化してしまった．2006年2月からウィーンで断続的に行われたセルビア政府代表団とコソヴォ政府代表団との直接協議でも妥協点を見いだすことはできず，国連事務総長のコソヴォ地位交渉特使アハティサーリ元フィンランド大統領は2007年2月にコソヴォの独立を容認する「コソヴォの地位解決のための包括提案」を公表した．ロシアが国際法遵守の立場からコソヴォの独立に強く反対したため，国連の安保理でこの提案を決議することはできなかった．

アルバニア人はなぜこれほど独立にこだわるのだろうか．この問いに対しては，独立の根拠を歴史に求めて，両者の一方的とも言える説明がなされてきた．セルビア人が中世セルビア王国の中心であったコソヴォを揺籃の地と考え，コソヴォを自らのアイデンティティーの基礎に据えるように，アルバニア人にとってもコソヴォは19世紀末に展開されたネイション形成を目指す運動の中心地であっただけでなく，アルバニア人の祖先とされるイリリア人による古代イリリア王国内の先進的な地方だったとの説明である．さらに，1913年にアルバニアがオスマン帝国から独立した際，当時セルビアの占領下におかれていたコソヴォは新国家の領域に組み入れられなかった．これが，コソヴォのアルバニア人の「悲劇」の始まりだとの説明が続く．しかし，歴史に独立の根拠を求める説明は感情論に陥りやすく，ナショナリズムを焚きつけるだけであった．

最近では，コソヴォの独立問題を感情論ではなく，欧米諸国に受け入れられやすい合理的な立場から説明しようとする試みも見られた．例えば，コソヴォのアルバニア語日刊紙の編集長から新党「オラ（時）」党首となり，コソヴォ議会の議員であるスロイ（2007年11月の議会選挙で議席を失う）はウィーンでのアルバニア政府交渉団の団長を務めたが，独立を求める理由を次のように説明している．「コソヴォの独立は国旗，国歌，国章の問題ではない．

コソヴォの戦いや古代イリリア人のダルダニア（コソヴォを含む領域）以来の連続性の問題でもない．自己と他者とを分ける問題でもない．21世紀において，コソヴォの独立は管理能力（マネージメント），安全保障，繁栄の問題なのである．」(Veton Suroi, "Why Kosovo needs independence", http://www.kosovakosovo.com, 15 October, 2005)．合理主義者の論客スロイらしく，ナショナリズムの観点からではなくコソヴォの独立を提起している．コソヴォという領域が自決の主体として十分に成熟していること，国家として機能していないセルビアのもとでは安全保障を脅かされかねず，経済的発展も望めないことを述べて，独立国コソヴォのすべての住民の意志によるEUやNATOへの加盟を強調する．

おわりに

　自決権をアルバニア人という民族に結びつけるのではなく，コソヴォという領域に結びつけて独立を提起するスロイの視点は重要である．1990年代初めにユーゴスラヴィア，ソ連，チェコスロヴァキアといった連邦国家が崩壊した際，そこから独立した共和国は民族自決を論拠とし，国際社会はこれを正義として支持した．独立国家の建国は当然の権利と考えられた．しかし，民族自決が一様に正義ではありえないことは，クロアチア内戦やボスニア内戦の過程で明らかになる．ボスニア内戦を終結させた1995年11月のデイトン和平合意に盛り込まれたボスニア・ヘルツェゴヴィナ憲法（現在でも，憲法として存続）は「多元的な社会」，つまり多民族，多宗教，多文化の社会の再構築を課した．

　アハティサーリ・コソヴォ地位交渉特使の「包括提案」でも，コソヴォがすべての市民の平等に基づく「多民族社会」となることが述べられていて，多数民族アルバニア人の自決権が規定されているわけではない．国連の暫定統治下にあるコソヴォという地域を，国際監視のもとで独立させること以外に現実的な選択肢はないとの判断がなされている．安全保障や経済的繁栄という観点から独立国家を捉える現実主義的な考え方は，先に示したスロイの見解と符合していて興味深い．2006年6月のモンテネグロの独立も民族自決を掲げてのものではなく，経済的な理由が大きかった．EUによる統合が

進むなかで，独立国家を求める大義が変化していることがわかる．

　2月17日のコソヴォの独立宣言（"Full text: Kosovo declaration", http://news.bbc.co.uk/2/hi/europe/7249677.stm, 17 February, 2008）は基本的にアハティサーリ特使の「包括提案」に基づいており，12項目からなる宣言の第2項で，コソヴォはこの地に住むすべての市民の平等を実現する，民主的で世俗的な多民族の共和国であることが規定されている．1990年代のような多数民族の自決権に基づく国家とはされていない．そのことは，「鷲の子」を自認するアルバニア民族の象徴である隣国アルバニアの国旗（赤地に双頭の黒い鷲を中央に配する）ではなく，EUの旗を模した青地に6つの星を配した新国旗によく表されている．コソヴォ政府のこうした方策はアメリカに主導されたものだろうが，新たな考えに基づく国家の独立であることは確かである．

　新たな独立国家にとって，経済的な発展は不可避の課題であり，EUとの関係がその鍵を握っている．コソヴォの場合，今後問題となるのは国家の安全保障の観点よりも，人間の安全保障の観点から独立国のセルビア人など少数者の諸権利を保障する「多民族社会」をいかに構築するかであろう．コソヴォの住民すべてが，スロイの言うような地域に対する帰属意識を共有できる市民社会をつくってゆくためには，経済的な発展と同時に教育の果たす役割も重要であろう．

【読書案内】
柴宜弘『図説バルカンの歴史』（河出書房新社，2006年）．
　＊　バルカンの歴史を中世から現在まで扱った概説書であり，バルカンの現状が理解できる．
水野博子「「マイノリティー」を「保護」するということ──国際連盟によるシステム化と支配の構図」高橋秀寿・西成彦編『東欧の20世紀』35-60頁（人文書院，2006年）．
　＊　国際連盟による「マイノリティー保護」という考え方とそのシステム化の問題を検討．この問題はきわめて現代的な意味を持っている．
柴宜弘「連合国家セルビア・モンテネグロの解体──モンテネグロの独立とEU」『海外事情』2006年6月号，88-101頁．
　＊　2006年5月の国民投票によって独立国となったモンテネグロが国家を求めた理由を分析．
村田奈々子「ギリシア独立戦争と匪賊クレフテス──コロコトロニスに見る「地域」と「国家」」歴史学研究会編『社会的結合と民衆運動（地中海世界史5）』283-315頁（青木書店，1999年）．
　＊　ギリシア独立戦争を担った主要な勢力の国家イメージと地域イメージとを分析している．

柴宜弘「民族自決から地域自決へ——旧ユーゴスラヴィア」蓮實重彦・山内昌之編『いま，なぜ民族か』134‐152頁（東京大学出版会，1994年）．
　＊　多民族地域のボスニア・ヘルツェゴヴィナを事例として，自決のあり方を検討している．

アンダーソン，ベネディクト著，白石隆・白石さや訳『想像の共同体——ナショナリズムの起源と流行』（リブロポート，1987年）．
　＊　想像の共同体であるネイションが人々の心のなかにどのように生まれ，世界に広まったのかを解明．

ジェノサイドという悪夢

石田勇治

ジェノサイドは，人間の尊厳を否定し，集団としての人間の存在を破壊する行為である．文明と民主主義の時代といわれる現代世界において，なぜジェノサイドが各地で頻発するのだろうか．本章では，21世紀の人間の安全保障のあり方に深い影をおとすこの問題に，歴史的な視点からアプローチしてみよう．

はじめに

　ジェノサイドをめぐってこれまでに行われてきた多くの議論では，憎しみを抱く人への虐待や殺害を人間の性と捉え，自分たちと異なる特徴をもつ人間集団への暴力は避けがたいものであるかのように扱われてきた．たしかに，わずか2, 3年の間に約600万人もの命を奪ったナチ・ドイツによるユダヤ人虐殺（ホロコースト）は，中世以来のキリスト教世界におけるユダヤ教徒への敵愾心・反ユダヤ主義の広がりなしには説明がつかないし，冷戦後の旧ユーゴスラヴィアやルワンダで生じた大量殺害も集団間の憎悪の感情がなければ起こらなかっただろう．だが，ジェノサイドは単に集団間の差異や憎しみだけが原因となって引き起こされるわけではない．

　後述のとおり，ジェノサイドの要因は多様である．ほとんどすべてのジェノサイドは，相互に関連する複数の要因から生じる「複合ジェノサイド」と言ってよい．にもかかわらず，集団間の差異や憎悪がジェノサイドの決定的原因として強調されるのは，それらを煽ってジェノサイドが遂行されたことの結果に他ならず，ジェノサイドの首謀者が描く対立の構図をなぞっているにすぎない．現代のジェノサイド問題を考えるさい，この点を最初におさえておく必要があろう．

1. ジェノサイドとは何か——ラファエロ・レムキンの取り組み

(1)「名称なき犯罪」

　ジェノサイドとは，古代ギリシャ語で種を表す genos と，ラテン語に由来し殺害を意味する cide を組み合わせた造語であり，一般に「集団殺害」ないし「集団殺害罪」と訳されている．ポーランド出身のユダヤ人国際法学者ラファエロ・レムキン（1900〜59年）が，ナチ支配の不法性を告発する目的で刊行した著書『占領下ヨーロッパにおける枢軸国支配』（1944年）でこの言葉を用いたのが，嚆矢となった．その後，1946年の国連総会決議96(1)，48年のジェノサイド条約（集団殺害罪の防止および処罰に関する条約，国連第3回総会で採択）によって，ジェノサイドは公人，私人を問わず，それを犯した個人の刑事責任が問われる国際法上の重大犯罪となった．

　ジェノサイド条約が想定した常設の国際刑事裁判所はながらく実現しなかったが，1993年に旧ユーゴスラヴィア国際刑事法廷（ICTY）がハーグに，94年にはルワンダ国際刑事法廷（ICTR）がタンザニアのアルーシャに，それぞれ国連安保決議に基づいて設置された．こうした成果を踏まえ，2002年にはついに常設の国際刑事裁判所（ICC，ハーグ）が設置され，03年から活動を開始した．

　ジェノサイド条約の制定当初，ジェノサイドは「名称なき犯罪」（チャーチル）といわれた．それは，集団の破壊をめざす残虐行為は昔から数多く存在したが，そうした行為に適切な名称が与えられることも，それを処罰の対象とすることもなかったという意味である．

　そもそもこの用語の産みの親となったレムキンは，帝政末期のロシアで頻発したポグロムのような，主権国家領内の民族的，宗教的少数派に対する組織的な暴力をいかに食い止めるべきかという問題に関心を寄せていた．第1次世界大戦下のオスマン帝国で大規模なアルメニア人虐殺が生起したことも，レムキンにとって衝撃となった．英仏露の協商三国はこの虐殺を「人類と文明に対する犯罪」と断じ，トルコ政府を糾弾する共同声明（1915年）を発するとともに，トルコ政府とこれに関わった犯人の処罰を求めた．戦後，戦勝国の圧力を受けたトルコは被疑者を捕らえ，裁判も行ったが，新生トルコをめぐる戦後処理と列強間の利害調整の結果，被告全員に恩赦が言い渡された．

虐殺の首謀者がなぜ厳格な法の裁きを受けないのか．法の不条理に憤りを覚えたレムキンは，重大犯罪者が国家主権を盾に処罰を免れる状態に終止符を打つべく，国際法学界に働きかけた．

ドイツにヒトラー政権が成立した1930年代，レムキンは国際刑事司法の整備に向けて奔走した．だが法律家の反応は鈍く，国際社会も主権国家領域内の犯罪への介入を「内政干渉」とみなして関心を示さなかった．やがてナチの魔の手から逃れて米国に移り住んだレムキンが，世論喚起のために先の著書を発表したころ，ホロコーストは累々たる屍だけを残してすでに最終局面を迎えていた．レムキンの叫びに世界の注目が集まるようになるのは，ナチ・ドイツの爪痕が明るみにでた，第2次世界大戦終結後のことである．

(2) ニュルンベルク裁判とジェノサイド

ニュルンベルク裁判は史上初の国際軍事法廷となった．そこでは，侵略戦争とホロコーストを実行したドイツの指導者の責任を追及するため，従来の戦争犯罪の他に平和に対する罪と人道に対する罪が新たに導入された．レムキンが検察団顧問として裁判に関与したこともあって，訴状ではジェノサイドの用語が使用された．親族の大半をホロコーストで失ったレムキンは，この裁判に大きな期待を寄せた．しかし，結果は満足のゆくものではなかった．ユダヤ人虐殺の責任者が裁かれたとはいえ，その事例は戦争に関連するもの，つまり第2次世界大戦下の事例に限られ，開戦前のドイツ国内で進行したユダヤ人迫害の過程はすべて不問に付されたためである．しかも被告のなかには，ユダヤ人虐殺を戦争遂行と関連づけて説明し，一般的な戦争法規違反として扱われることを求める者もいた．結局，ニュルンベルク裁判は，ホロコーストを含むナチの広範なジェノサイドを裁く法廷としては十分な成果を挙げることができなかったのである．

こうした経緯と反省を踏まえ，ジェノサイドは戦争とは関係のない犯罪として，また平和に対する罪や人道に対する罪とも異なる独立犯罪として位置づけられることになった．ニュルンベルク裁判の閉廷から2カ月たった1946年12月，国連は「殺人が個々の人間の権利の否定であるように，ジェノサイドは人間諸集団全体の生存権の否定である」とする総会決議96 (1) を満場一致で採択し，ジェノサイド条約の制定に道を拓いた．

2. 国際法上の定義

(1) ジェノサイド条約

　条約の制定に向けて，国連作業部会で検討が進められた．ジェノサイドの対象集団に「政治的な集団」を含めるべきか否かをめぐって，またレムキンが当初，ジェノサイドとして念頭においた「文化的，言語的な破壊」の扱いをめぐって議論は紛糾したが，最終的にはいずれも条約に盛り込まないことで決着した．以下，ジェノサイド条約の第1条と第2条を引用しよう．

　第1条　締約国は，ジェノサイドが<u>平時に行われるか戦時に行われるかを問わず</u>，国際法上の犯罪であることを確認し，かつこれを防止し処罰することを約束する．

　第2条　この条約においてジェノサイドとは，<u>国民的，民族的，人種的または宗教的な集団</u>の全部または一部を集団それ自体として破壊する意図をもって行われる次のいずれかの行為をいう．

　　(a) 集団の構成員を殺すこと．
　　(b) 集団の構成員に重大な肉体的または精神的な危害を加えること．
　　(c) 集団の全部または一部の身体的破壊をもたらすことを意図した生活条件を故意に集団に課すこと．
　　(d) 集団内の出生を妨げることを意図した措置を課すこと．
　　(e) 集団の子どもを他の集団に強制的に移すこと．

　　　　　　　　　　　　　　　　　　　　　　　　　（下線部，引用者）

　第1条ではジェノサイドが戦争とは関係のない犯罪であることが明記され，第2条ではジェノサイドの定義が示されている．第2条の条文は，行為（a）～（e）を含めて，先述の国際刑事裁判所の設立を決めたローマ規程（1998年7月）第6条（ジェノサイド）に字句どおり引き継がれており，ジェノサイドを定義する最も重要な法規定である．

(2) 人道に対する罪との違い

　ローマ規程では，ニュルンベルク裁判で導入された人道に対する罪が再定義されている．その定義をジェノサイドと比較すると，両者には一見して，殺人，殲滅，奴隷化，住民の強制移送など処罰行為において重複する部分が

見られる．だが人道に対する罪とジェノサイドには，次の2点で明白な違いが存在することを確認しておこう．

第1の違いは，対象に関するものである．つまりジェノサイドには，国民的，民族的，人種的，宗教的な集団という4つの集団が特定の対象（保護集団）として明記されているのに対し，人道に対する罪にはそのような特定はなく，「文民たる住民」，つまり非武装の民間人を対象としている点である．

第2の違いは，犯罪を構成する「破壊する意図」に関するものである．つまりジェノサイドは，先の4つの集団いずれかの全部または一部を破壊する意図をもって行われる上記（a）〜（e）の行為を指すのに対し，人道に対する罪はこの意図の存在を犯罪の要件にしていない点である．

(3) 破壊の意図と「集団の一部」の意味

ジェノサイド条約第2条は，ジェノサイドの要件として，集団を破壊する意図の存在を求めている．これは偶発的な出来事の帰結としての破壊はジェノサイドとは見なさないということだが，意図を証明することは容易ではない．20世紀最初のジェノサイドと目される，旧ドイツ領西南アフリカ（現ナミビア）におけるドイツ軍による先住民族ヘレロ・ナマの虐殺（1904〜05年）では，ドイツ軍司令官フォン・トロータ将軍が発した「ドイツ権益内に留まるヘレロを全員射殺するよう」命じた文書の存在が決め手となった．だが，こうしたケースは珍しく，ジェノサイド犯は自らの命令を明示的な形で残さないのが普通である．したがって研究者は，実行者の一連の体系だった行動様式から，破壊の意図の存否を推し量ることになる．

では，「集団の全部または一部」の破壊という文言をどう考えればよいのだろうか．集団の全部と一部とでは大きな隔たりがあるが，そもそも集団の全部の破壊は不可能に近い．ホロコーストでさえ，標的にされたユダヤ人はヨーロッパ在住の者に限られていた．ジェノサイド条約の策定に携わった国連作業部会でもこの問題は争点となったが，あえて「全部または一部」という曖昧な表現をすることで，集団殺害罪の適用範囲を広く設定したといえよう．

付言すれば，近年の解釈によると，集団の一部，例えば集団の指導者層の殺害，あるいは男女どちらか一方の集団殺害であっても，それが集団としての存立を不可能にする場合，ジェノサイドと認定されうる．その根拠となる

判例が，先の旧ユーゴスラヴィア国際刑事法廷によって示されている．ボスニア紛争のさなかに起きたスレブレニツァ事件（1995年7月）では，ムスリムの男性7〜8千人（行方不明者を含む）がセルビア軍の犠牲になった．法廷は，この事件に関して2001年8月，首謀者のひとりとされるラディスラフ・クルスティッチ元司令官にジェノサイド罪（禁固46年）を宣告した．この判例に基づけば，必ずしも万単位の犠牲者を数えるような規模でなくても，ジェノサイドは成立することになる．

3. 広義のジェノサイドと文化的ジェノサイド

(1) 恣意的につくられる破壊対象集団

これまで国際法上のジェノサイドの定義をめぐって検討してきたが，さまざまな形態をとって出来するジェノサイドの要因をさらに掘り下げて考えるためには，国際法上の定義から外れる事例にも光をあてることが必要であろう．すでに見たとおり，ジェノサイド条約は対象集団を国民的，民族的，人種的，宗教的な集団の4つに限定しているが，そのことの当否をめぐって研究者の間では長い議論が続いている．

一例を挙げよう．1975年にカンボジアで権力を奪取したポル・ポト派（クメール・ルージュ）による大規模虐殺の犠牲者は，その大半が「都市住民」（新住民）と呼ばれた人びとである．彼らはジェノサイド条約が規定する4つの集団のいずれにも該当しない．そうだとすれば，ポル・ポト派の大虐殺はジェノサイドでないことになるが，それは果たして妥当な見方であろうか．

筆者の見解によれば，ジェノサイドの実行者は破壊対象となる集団を恣意的に定義する傾向が強い．つまり実行者はいかなる種類の人間集団を殺戮するかをあらかじめ定め，その集団に属する者を選り分けて抹殺しようとする．ナチ支配下のユダヤ人を例にとれば，彼らはユダヤ人であるがゆえに殺害されたように見えるが，実際は全員が同じ運命をたどったわけではない．ナチはユダヤ人を自分勝手に定義し，その定義に基づいてホロコーストを実行した．またナチ体制下では「反社会的分子」と呼ばれた人びとも絶滅の対象となった．彼らは決して所与の集団ではなく，むしろ多様な出自の人間をナチが独自の基準に照らして一括した集団に他ならず，「劣等遺伝子の保有者」

はその最たるレッテルとなった．

　このように，ジェノサイドの実行者は所与の集団の破壊を意図するばかりでなく，破壊すべき集団の範疇をもつくり出すことがある．こうした実行者の恣意性に着目したジェノサイドを，国際法上のジェノサイド（＝「狭義のジェノサイド」）に対して，「広義のジェノサイド」と呼ぼう．この広義のジェノサイドを視野に入れたジェノサイドの定義を，フランス改正刑法（1994年）はすでに定めているので，参考までに同法第211-1条を引用しておこう．

　「国民，民族，人種もしくは宗教上の集団またはその他すべての恣意的な基準によって定められる集団の構成員に対して，その全部または一部を根絶することを目的とする謀議に基づき，次に掲げる行為をすることはジェノサイドとする．

　　1　生命に対する故意による侵害，
　　2　身体的又は精神的な完全性に対する重大な侵害，
　　3　集団の全部又は一部の根絶をもたらす性質を有する生存条件に服させる行為，
　　4　出産を妨げることを目的とする処置，
　　5　子どもの強制的移送」（下線部，引用者）

　恣意的な基準で定められる集団をジェノサイドの対象集団に加えることで，カンボジアの「都市住民」やスターリン体制下の「クラーク」（富農）のような社会的集団，あるいは同じくスターリン体制下の「人民の敵」や中国の文化大革命下の「走資派」のような政治的集団，またナチ体制下の「反社会的分子」のような似非科学（人種衛生学）によって定義づけられた集団への破壊行為に対して同じ枠組みでアプローチすることが可能になる．また，戦争・内戦下では，破壊されるべき集団の恣意的な範疇づくりがいっそう頻繁に行われる．それは，国内では敵に通じる「危険分子」として，占領地では「ゲリラ」や「パルチザン」として根絶の標的にされるのである．

(2) 文化的ジェノサイド

　ジェノサイド条約の制定過程では，処罰行為を先の（a）〜（e）の5つに限ることにも異論が唱えられた．条約草案には，ジェノサイド行為として，集団に対する「身体的ジェノサイド」（集団虐殺・処刑，身体切断・人体実験，生存を不可能にする生活条件の強制など），「生物学的ジェノサイド」（強制断種・強

制中絶，両性隔離，結婚禁止）の他，「文化的ジェノサイド（cultural genocide）」が掲げられていた．前の2つは最終的に (a)～(e) にまとめられたが，文化的ジェノサイドは採用されなかった．その最大の理由は，自らの植民地支配が問題視されることを列強が恐れたためと考えられている．

　文化的ジェノサイドを処罰行為に含めた草案起草者の念頭には，何があったのだろうか．草案は，子供の強制移送，集団の文化を代表する者の強制出国，国民言語の使用禁止，国民言語による書物や宗教書の体系的破壊，歴史的・宗教的記念碑の破壊，文化財や歴史的文書の破壊などの行為を「文化的ジェノサイド」として記している．

　たしかに，集団の文化的な破壊は，身体的な破壊と同じ性質のものではないが，集団としての存在を抹消しようとする意図から引き起こされた場合は，ジェノサイドのもう1つの形態として，またジェノサイドの随伴現象として捉えるべき行為といえよう．これまで2～3節で述べてきたことを，マトリックスにして示そう．

対象 ＼ 行為	殺人など5つの破壊行為	文化的な破壊行為
4つの集団（国民的，民族的，人種的，宗教的な集団）	国際法上のジェノサイド（狭義のジェノサイド）	文化的ジェノサイド
政治的，社会的な集団の他，実行者によって恣意的に定義された集団	広義のジェノサイド	文化的ジェノサイド

4. ジェノサイドの多様な目的

　克服しがたい集団間の憎悪や歴史的反目が根本原因であるかに見えるジェノサイドも，実際は多様な要因によって引き起こされており，単一の因果律で説明できる事例は皆無に等しい．また，集団殺害それ自体を自己目的とする事例も存在せず，ジェノサイドを実行する側には必ず何らかの別の目的があるとみるべきである．ここでは，その目的に着目して4つの類型を指摘しておこう．

　第1は，国民国家とくに民族的に均質で一枚岩的な国家の建設を目的に，

その妨げとなる集団を排除するなかでジェノサイドが引き起こされるタイプである．これには，帝国とよばれる伝統的な多民族国家秩序の崩壊過程で生じる国民国家形成への動きのなかでジェノサイドが引き起こされるケースと，既存の国民国家を人種主義や優生思想など新たな選別と淘汰の論理によって「浄化・再編・強化」する動きのなかでジェノサイドが生起する2つのケースがある．

前者の例としてオスマン帝国下のアルメニア人虐殺を，後者の例としてユーゴスラヴィア王国（セルビア＝クロアチア＝スロヴェニア王国）解体後に生まれた「クロアチア独立国」でのセルビア人虐殺，ナチ・ドイツによるジェノサイド（以下，ナチ・ジェノサイド）を指摘しておこう．

第2は，革命やクーデターあるいは合法的手段で権力を奪取し，新体制を手にした政治勢力が，自らの権力基盤の強化・安定化を目的にジェノサイドを引き起こすタイプである．全体主義体制下では，独裁者が軍・警察・治安組織を動員して「反対派」や「階級敵」など多様な集団の破壊をはかる事例が繰り返されてきた．スターリン体制下ソ連の「大粛清」，中国の「文化大革命」，ポル・ポト支配下カンボジアでの虐殺がこれに該当する．

第3は，戦争や内戦に勝利することを目的にジェノサイドが行われるタイプである．これにも，戦争下・内戦下の国内社会で「敵に通じる」と目された集団への警戒心が極度に強まり，それを煽る権力者が彼らを「敵性集団」として隔離・排斥するなかでジェノサイドが引き起こされるケースと，軍事的に支配下においた地域で占領体制を維持・強化するために特定の住民を「敵性集団」として破壊するケースがある．

オスマン帝国下のアルメニア人虐殺，ナチ体制下ドイツでのユダヤ人虐殺，グアテマラでの先住民虐殺，ルワンダ内戦下のトゥチ虐殺などは前者の例である．グアテマラでは反政府左翼ゲリラがマヤ民族と結びつけられ，ルワンダでは国外から侵攻するRPF（ルワンダ愛国戦線，トゥチ）が国内のトゥチと結びつけられ，ジェノサイドを引き起こす条件が生じた．また後者のケースには，アジア太平洋戦争期の日本軍によるシンガポール・マレー半島での華人虐殺，第2次世界大戦期のドイツ軍によるバルカン戦線・東部戦線でのユダヤ人，スラヴ系民間人の虐殺が含まれる．

第4は，植民地や入植地において領土・勢力圏の拡大・保全を目的に先住

民へのジェノサイドが行われるケースである．これは開発や経済資源の確保という目的と結びつくことが多い．帝国主義時代，「文明化」と称して列強が世界各地で繰り広げた先住民虐殺はその典型例である．ここには19世紀末に日本軍が台湾植民地化戦争にさいして行った台湾先住民虐殺，20世紀初頭にドイツ軍がドイツ領西南アフリカ（現ナミビア）で行ったヘレロ・ナマの虐殺などが含まれる．

5．複合ジェノサイド

前節で多様なジェノサイドの目的を「理念型」的に整理したが，実際のジェノサイドの事例が複数の類型に該当することからも明らかであるように，ジェノサイドにはたいてい複数の目的がある．それらが同時並行的に追求されることもあるが，状況の変化に応じて力点を移すことも多い．そこで本節では，このメカニズムについて，オスマン帝国下のアルメニア人虐殺，ナチ・ドイツのホロコースト，グアテマラにおける先住民族マヤの虐殺を例に検討しよう．

(1) オスマン帝国下のアルメニア人虐殺

第1次世界大戦期オスマン帝国で生起したアルメニア人虐殺では，帝国解体期に権力の座についた「統一と進歩委員会（CUP）」が，それまで宗教や民族の差異に比較的寛容であった帝国のあり方を否定し，より均質的で統一的なトルコ国民国家を創設しようとしたことがジェノサイドの主要な動機・目的となった．この過程で，宗教的，民族的な違いが強調され，自らとは異なるアイデンティティをもつアルメニア人が「異分子」として排除されたのである．

だが，それだけなら大虐殺に至らなかったかも知れない．アルメニア人虐殺につながるもう1つの要因は，第1次世界大戦がつくりだした．開戦は，オスマン帝国の場合，CUPの独裁体制の強化に寄与しただけでなく，国内のアルメニア人をいっそう危険な存在，つまり敵国のロシアに通じ，トルコを内側から破壊しかねない勢力として際立たせることになった．アルメニア人は少数民族としてロシア領内にも居住しており，自国内のアルメニア人とのつながりが，ロシアと交戦中のトルコ政府の態度を先鋭化させたのである．

(2) ナチ・ドイツによるジェノサイド

　ドイツの場合，国民国家としての制度的な枠組みはすでに帝政時代に出来上がっており，国内ユダヤ人の大多数は国民としてドイツ帝国に忠誠を誓っていた．だが第1次世界大戦に敗れ帝国が崩壊すると，帝政派・急進右翼は，敗戦と戦後の混乱の全責任をユダヤ人に押しつけ，「ヴァイマル共和国はドイツ民族の利益を貪(むさぼ)るユダヤ人に牛耳られている」と攻撃した．ヒトラーは，こうしたユダヤ人への反発を，自らが率いるナチ党の躍進に結びつけた．

　政権に就いたヒトラーは，ドイツの国家と社会を人種主義・優生学・反ユダヤ主義を利用して再編しようとした．そして，この新たな「人種共同体」の基準に適合しない者を「共同体異分子」と呼んで排斥した．ユダヤ人は公職から解かれただけでなく，国外への移住を求められた．むろん排除された者はユダヤ人に限らなかった．ジプシーと呼ばれたシンティ・ロマもユダヤ人と同じ運命をたどった．さらに同性愛者，労働忌避者，「常習犯」などナチ社会の規範に従わない者も「反社会的分子」として共同体から排除されていった．

　ドイツの場合も，戦争の要因は重大である．戦争を完遂するために，いっそう効率的な社会の建設が求められ，心身障害者や「不治の患者」など戦争に役立たないと見なされた人びとが真っ先に排除の対象となった．「障害者ジェノサイド」がホロコーストに先立って実行に移された．そして国内のユダヤ人は，オスマン帝国内のアルメニア人同様，内乱や革命を引き起こしかねない危険な存在として，またソ連（ボリシェヴィズム）や米国（「国際金融資本」）に通じる「危険分子」として見なされ，厳しい監視下におかれた．

　しかし，それだけではなかった．ナチ・ジェノサイドのもう1つの要因が，ヒトラーが企図した東ヨーロッパの民族秩序再編計画とその破綻である．開戦直後，ドイツは東ヨーロッパ在住の「民族ドイツ人」（ドイツ国外のドイツ系住民でドイツ国籍をもたない人びと）の本国への帰還と，ユダヤ人を含む大規模な民族移住計画を実行に移した．当初，計画は比較的順調に進んだが，戦争の思わぬ展開と対ソ戦の始まりによって，どこにも追放することのできないユダヤ人を大勢抱えこむこととなった．すでに非人間的存在に貶められたユダヤ人の殺害政策は，こうした状況のもとで実行されたのである．

(3) グアテマラでのジェノサイド

　グアテマラでは 1960 年から 36 年間続いた内戦で死者・行方不明者合わせて 20 万人が記録されている．そのうち 83% が先住民族マヤの人びとであった．この内戦は，政府軍と左翼ゲリラとの権力闘争として始まったが，やがて政府がマヤ民族を「国内敵」つまり左翼ゲリラに通じる危険な存在と見なしたことから，内戦の性格が反ゲリラ闘争から先住民族を巻き込んだ大規模なジェノサイドへと変化した．

　1970 年代後半の中米では，ニカラグアでサンディスタ民族解放戦線が権力を奪取し，エルサルバドルでも左翼ゲリラの活動が活発化していた．グアテマラでも都市貧困層や農村部を中心に「解放の神学」が浸透し，それが過激派ゲリラとマヤ民族を結びつけていると考えられるようになった．

　1982 年に軍事クーデターで政権を握ったリオス・モント将軍は，左翼ゲリラ掃討作戦を大々的に展開すると同時に，ゲリラに協力していると目されたマヤの部族を一掃し，その居住地域・村落を焼き払う焦土作戦を実行した．マヤの共同体を根こそぎ破壊・殲滅する作戦が政府軍の手によってグアテマラ全土で繰り広げられた．ここには山間部の開発というねらいもあった．焦土作戦と並行して，政府軍の攻撃を生き延びたマヤ民族の人びとは反ゲリラ闘争へ協力するよう強いられた．マヤの村々には政府軍の命令で「自警団」が組織され，人びとは厳しい相互監視の下におかれた．左翼ゲリラとマヤ民族との接触を遮断するため各地に「モデル村」と呼ばれる実質上の強制収容所が設置され，マヤ民族の伝統や文化をまったく無視した画一的で全体主義的なイデオロギー教育・洗脳教育が実施された．収容されたマヤの人びとには対ゲリラ戦闘要員，つまり一切の躊躇なしに敵を殺すことのできる国家主義的「殺人鬼」になるための教育が行われたのである．

おわりに

　かつて米国の政治学者ダニエル・ゴールドハーゲンは，ナチ・ドイツによるユダヤ人虐殺はドイツ国民に広く浸透していた「抹殺的な反ユダヤ主義」の産物に他ならないと述べた．たしかに反ユダヤ主義がなければホロコーストは起きていなかっただろう．だが，それだけでは複雑な経緯をたどるホロ

コーストの全過程を説明することはできない．そもそも近代ドイツでキリスト教徒とユダヤ教徒が長い共存の歴史をもつことを忘れてはならない．このことは，オスマン帝国におけるムスリムとアルメニア人の関係についても当てはまる．

その一方で，当該社会における日常的な偏見や微温的な差別・敵対意識の広がりには注意を払う必要があろう．それらは穏健であるがゆえに普段は表面化しにくいが，上からの強い扇動や，戦争・内戦といった外的要因によって活性化し，ジェノサイドの素地を用意することがあるからである．さらに言えば，ジェノサイドには実際的な利益の享受者が社会の各層に数多く存在しうるという点である．民衆の中にも強奪資産を手にした者が少なくなかった．CUP によって煽られ，自ら略奪に加わることで受益者となったムスリムの民衆は，ジェノサイドの完遂に直接・間接的に貢献することになったのである．

ジェノサイドは，人間の集団としての存在を根底から否定する行為である．文明と民主主義の時代といわれる 20 世紀になった後も，こうした非道な行為が世界各地で頻発している．人類は国際人道法や国際刑事司法制度を整備するなど，ジェノサイドを防ぐための手立てを重ねてきているが，これらがいっそうの成果をあげるためには，実際に起きたさまざまなジェノサイドとそれに類する行為を実証的に明らかにし，そこに見られる共通のメカニズムを析出することが必要となろう．

【読書案内】
クーパー，レオ著，高尾利数訳『ジェノサイド——20 世紀におけるその現実』（法政大学出版局，1986 年）．／Kuper, Leo, *Genocide: Its Political Use in the Twentieth Century* (New Haven: Yale University Press, 1981).
  * ジェノサイド研究の先駆けとなったレオ・クーパーによる研究入門．

前田朗『ジェノサイド論』（青木書店，2002 年）．
  * 国際法の観点からジェノサイド問題に迫る入門書．ジェノサイド，人道に対する罪と戦時性暴力の関係について掘り下げている．

多谷千香子『「民族浄化」を裁く——旧ユーゴ戦犯法廷の現場から』（岩波新書，2005 年）．
  * 旧ユーゴスラヴィア国際刑事法廷元判事による，現場での実践を踏まえたジェノサイド，戦争犯罪論．

城山英明・石田勇治・遠藤乾編『紛争現場からの平和構築――国際刑事司法の役割と課題』(東信堂, 2007年).
　* 研究者と実務家による本格的なコラボレーションの成果. 最前線の議論がわかりやすく紹介されている.

Schabas, William A., *Genocide in International Law: The Crimes of Crimes* (Cambridge: Cambridge University Press, 2000).
　* ジェノサイド研究者の必携本.

日本学術振興会「人文・社会科学振興プロジェクト研究事業」「ジェノサイド研究の展開」のウェブサイト http://www.cgs.c.u-tokyo.ac.jp/研究雑誌 *Comparative Genocide Studies*.

II

8
文化の潜勢力

差別・暴力の表象と他者
エドワード・サイードのメッセージ

林 文代

●人間の安全保障(ヒューマン・セキュリティー)に対して人文学(ヒューマニティーズ)は何ができるか．グローバル化現象という圧倒的力に，人はどのように対抗しうるのか．「2001年9月11日」以降を生きる人々のために綴られた，中心と周縁を越境した知識人の重要なメッセージ．

1. 人文学の可能性

　世界が複雑なのは今に始まったことではないが，21世紀に入り，いわゆるグローバリゼーションが一般化するにつれて，ますます複雑さの度合いが強まっていると思われる．特に「2001年9月11日」，ニューヨークの摩天楼の中でもとりわけ高くそびえる2つの高層ビルが晴れ渡った青空を背景に崩壊した事件は，その光景がテレビで世界中に流されたことにより，前代未聞の形で世界情勢の大きな変化を人々に示すことになった．このようにして，ほとんど一瞬のうちに世界中の多くの人々の目前で歴史的大事件が起こったことが，そして彼らを同じ事件の目撃者にしたことが，かつてあっただろうか．現場に居合わせた人々は勿論のこと，たまたまテレビのライブ中継を見た人々にとっても，いったい何が起こったのか，そしてその原因は何なのか，わけがわからなかったはずである．
　そんな風に人々が茫然自失し，判断停止の状況に陥っている間に，ブッシュ政権はイラクに侵攻し，当時の小泉政権も自衛隊をイラクに「平和目的」で送り込んだ．その結果フセイン政権が倒され，2003年5月，ブッシュ大統領が「イラク戦争」終結を宣言し，占領統治を開始したのは周知の通りである．ニューヨークを攻撃したアルカイダはその後も複数の国でテロ行為を続け，また各地でいわゆる自爆テロも頻発した．今後もいつ，どこで何が起こるかわからないという恐怖感から人々は自由になることができない．憎悪

と悲しみは新たな憎悪と悲しみを生み出し，報復の連鎖は今も連綿と続いている．

(1)「9.11」後の世界を生きる

　個人の主張と言論の自由が保障された「自由の国」であり，世界における「民主主義」のリーダーを自負していたはずの合衆国は，「9.11」の後，国中に星条旗が翻り，「イラク戦争」に反対しようものなら「非国民」の烙印を押され，大統領の支持率が90%を記録するという，どこかの独裁国のような状態に陥った．多数派意見にあえて異を唱える姿勢こそ合衆国国民の誇りであったはずであり，実際大統領の決断に反対した少数意見も存在したものの，そんなものはあっという間に威勢のいい大声にかき消されてしまったのである．あれから6年以上経った今，状況はかなり変化しているように見える．2006年11月の中間選挙で民主党が圧勝し，ブッシュ大統領はラムズフェルド国防長官を更迭する事態に追い込まれた．そしていろいろな情報が国民に知られるにつれ，大統領の支持率は低下の一途を辿ったのである．なにより2008年の大統領選候補者選びの最大の関心が民主党候補者の指名争いであり，「あの時イラク戦争に賛成したかどうか」が争点の1つであるところに国民感情の大きな変化がうかがえる．それでもまだ，いったいなぜ，どうして，あのような悲惨な事件が起きたのか，そしてその後に起こった多くのことをどう判断すべきかについて，納得のいく説明がなされたとは言えない．

　そういう状況にあって人々に求められているのは，テレビや新聞などを通して，これまで提示されてきた「客観的」で「統計的に正確」な「事実」であるはずの情報が，実際はいかに「主観的」で「虚偽」に満ちた「虚構」であるかを見抜くことであり，また，たとえある程度「事実」が明らかになったとしても，それだけで軽々に全体を判断することは危険であること，換言すれば複雑な事件の全貌を知ること（ができるとして，それ）がどれほど難しいかを認識することだろう．そのためには社会科学的アプローチを始め，いろいろな対応の仕方が可能であり，そうしたアプローチは，より現実的で実際的な例証を可能にしてくれる．だが，はなはだしい暴力や差別や理不尽な状況を前にして思考力や判断力が衰えたとき，何らかの方向を自力で見つけ出すためには個別の現象を超える思考の方向性を辿ることも必要である．そ

のような方法はすぐに答を出してくれるようなものではないが，物事を多角的に見ることの重要性や，人々の意識・無意識のなかに潜む複雑な要素に気付かせてくれるはずである．

(2) サイードと「人間の安全保障」

そこで以下において，人文科学をその学問の基礎とし，アメリカ合衆国のメンバーであると同時に自身をその周縁に位置付ける代表的知識人であった故エドワード・サイードが，暴力や差別の問題についてどのような思考を展開しているかについて確認しようと思う．イスラエルと強い絆をもつアメリカ合衆国において独特の活動をしたパレスチナ出身の批評家であったサイードは，周縁に位置するものでなければ見られない，あるいは見ようとしない不可視の権力／パワーの一面，すなわちアメリカ合衆国（および西洋文明）を世界のスーパーパワーたらしめる言説のからくりを露呈させ，可視化したと考えられるからである．

とはいえ，サイードがサバルタン的状況に置かれた真に「周縁」に属する人の声を代弁していると言えるかという批判もあるかもしれない．伝統的にアメリカ合衆国のエリート層と考えられてきたWASP（アングロサクソン系白人のプロテスタント教徒）の，そのまたエリート層からみれば「周縁」に位置すると看做されるだろうが，彼自身の個人的出自や経歴は合衆国の中でも知的エリートに属するからである．さらに彼の「政治的活動」に対しても，多様な意見が予想される．したがって，いうまでもないことだが，無批判に彼の発言を受け容れればよいというのでない．そのような姿勢は，サイードの言説とも一致しない．サイードからわれわれが学ぶことができるのは，サイードの言説をも批評の対象としながら批評という行為について考えることであり，そしてそれを実践することなのである．

ところで，サイードの著作のなかでも，ここで取り上げる『人文学と批評の使命』という文献は，直接的に「人間の安全保障」の問題を扱っているわけではない．もし「人間の安全保障」という概念が実際に病気の人を治療したり，具体的な差別行動を告発したり，暴力行為を止めさせたり，子供に文字を教えたりするといった活動に目に見える形で貢献することのみを指すのだとすれば，この著作をここで論じることはあまり適当でないかもしれない．いうまでもなく，そうした活動がいかに重要であるかはいくら強調してもし

すぎることはない．人の命を助けること，さらにその命を永らえるためのさまざまな救援活動が，まずなによりも優先されるべきことは，いつの時代においても，地球上の何所（どこ）においても変わることはないのだから．だが「人間の安全保障」(ヒューマン・セキュリティ)を，そうした直接人類に貢献する実際的活動を支える思考をも含むものと考えるなら，アメリカ合衆国の人文学(ヒューマニティーズ)について論じるサイードの論考もまた「人間の安全保障」について考える資料となりうる．原題に示されるように「ヒューマニズムとデモクラティックな批評」であるこの論考は，合衆国という特定地域と合衆国の人文科学アカデミズムという限られた組織について語りながらも広がりを見せ，多くのことをわれわれに考えさせてくれるからである．

　ここに提示される彼の発言が，差別や暴力の発生する現場で直接的な力を発揮することは難しいかもしれない．だが，この論考を読む人は，複雑で困難な暴力や差別や他者の問題にどう対応すべきかを自分の問題として引き受けるだろう．そしてその間接的な力は，差別や暴力の現場にも影響を与える力となるだろう．そうだとすれば，サイードの論考を「人間の安全保障」に貢献するものとして読むことができるはずである．

2. サイードの思想――『人文学と批評の使命』を通して

　『オリエンタリズム』(*Orientalism*, 1978) により一躍世界的脚光を浴びたエドワード・サイード (Edward Wadi Said) は，2003年9月，ニューヨークにおいて67歳で亡くなった．サイードは，イギリス委任統治時代のエルサレムに生まれ，幼少期をエジプトのカイロで過ごし，1951年にアメリカに渡り，東部の名門，プリンストン大学やハーバード大学で教育を受けたパレスティナ人であるが，アメリカ市民権を取得し，1963年以来ニューヨークに拠点を置いて，長年にわたり合衆国のメトロポリスから刺激的な批評活動を展開し続けたのであった．

　サイードの著作は多く，先にあげた『オリエンタリズム』の他に『始まりの現象』(*Beginnings*, 1975)，『パレスチナ問題』(*The Question of Palestine*, 1979)，『イスラム報道』(*Covering Islam*, 1981)，『世界・テキスト・批評家』(*The World, the Text, and the Critic*, 1983)，『パレスチナとは何か』(*After the*

Last Sky, 1986),『音楽のエラボレーション』(*Music Elaborations*, 1991),『文化と帝国主義』(*Culture and Imperialism*, 1993),『知識人とは何か』(*Representations of the Intellectual*, 1994),『遠い場所の記憶　自伝』(*Out of Place: A Memoir*, 1999),『故国喪失についての省察』(*Reflections on Exile and Other Essays*, 2001),『フロイトと非ヨーロッパ人』(*Freud and the Non-European*, 2003) など，文学や音楽を論じたものから実践的政治論にいたるまで非常に幅広い．そしてその多くが，アメリカのみならず世界中に影響を与えたことは特筆に価する．

サイード著『人文学と批評の使命』(岩波書店，2006 年)

『オリエンタリズム』,『イスラム報道』,『パレスチナとは何か』といった著作に示されるように，時に過激な政治的発言もいとわず，メディアにも多く登場したサイードであるが，その学問的出発点は意外にも英文学（ポーランド出身の英国作家，ジョゼフ・コンラッド研究）であり，1963 年以来教鞭をとったのはコロンビア大学の英文学部・比較文学部であった．したがって亡くなるまで文学の教授であり続けたサイードの視点は，政治学者やジャーナリストのものと重なる部分があると同時に，人文科学者としてのものであったのである．多岐にわたる著作のどれをとってもサイードらしさが現れているが，彼のほとんど最後の著作と言える『人文学と批評の使命』(*Humanism and Democratic Criticism*, 2004) には，文学と政治という異質な分野を自由に往復したサイードの視点が明確に示されている．

(1) アメリカ人文学の現在

サイード自身が記した「まえがき」によると，『人文学と批評の使命』は 2000 年および 2002 年に，それぞれコロンビア大学とケンブリッジ大学において行われた講演を元にしたものである．結果的に 2001 年 9 月 11 日の事件をはさんだ形でなされたと同時に，亡くなる前年に当たる時期における講演であることから，最晩年のサイードがアメリカ合衆国を取り巻く政治的，学問的現状をどのように考えていたかをうかがい知ることができる貴重な資料となった．

1章でサイードは，さっそく人文学と政治的なものとの関連を指摘する．

「人文学がなんらかのかたちで対峙しなければならない状況の変化はさまざまあって，対テロ戦争と中東の大規模軍事行動，つまり先制攻撃という新しい米軍の原則もその1つだ．しかも，最近の言説ではじつに多くのことばが「人間(ヒューマン)」を核にしている（そして「人間的」「人道的」なのを暗示している）以上，人文学(ヒューマニズム)の意義を考察するよう，たえず迫られることになる．たとえば1999年のNATOのユーゴスラヴィア爆撃は，ひどく非人間的でショッキングな結果をもたらしたが，「人道的な介入」と呼ばれていた．（中略）どうして，ユーゴスラヴィアへの介入は「人間的」「人道的」で，ルワンダやトルコといった，民族浄化や大量虐殺がもっと大規模に起きているところへの介入はそうではないのか．（中略）学者として教師として，自分たちのやることを「人文的(ヒューマニスティック)」と呼び，教えているものを「人文学(ヒューマニティーズ)」と呼ぶ権利がわたしたちにはあるはずだ．これはまだ使えることばなのか，だとしたらどんなかたちにおいてなのか．人文主義という活動を，その過去と，あるべき未来に照らして，どのように見ることができるのだろうか．」（村上敏勝・三宅敦子訳，岩波書店，2006年，9-10）

こうして「人文学研究(ヒューマニティーズ)」と現実世界の人間(ヒューマン)を取り巻く政治的状況の密接な関係をサイードは指摘するが，それは単なる言葉遊びではなく，合衆国の人文学研究の歴史と現在の問題と関わっている．

近年におけるアメリカ合衆国の人文学研究の大きな流れをまとめれば，1960年代以降，主にフランスの思想・文学環境の変化から大きな影響を受けて，構造主義，フェミニズム，ディコンストラクション，ニューヒストリシズム，カルチュラル・スタディーズ，ポストコロニアリズム，クイア・セオリーといった批評理論が次々と生まれ，一世を風靡したと言える．そうした動きは人文学研究の新しい可能性を広げるものとして大方において熱烈に歓迎されたのだが，同時に，アラン・ブルームの『アメリカン・マインドの終焉』（1987年）に代表されるように，そうした傾向に対する反動も噴出した．

ブルームに代表される勢力は，簡単に言えば，白人中心主義的，男性中心主義的であるのみならず，西洋中心主義的な古き伝統への回帰を叫ぶと同時に，（白人男性エリート層支配による）アメリカ合衆国中心主義でもある．つま

りサイードによれば，ブルームの言説が示すのは「好ましからざる非ヨーロッパ人たち」が我が物顔にアメリカの良き伝統を踏みにじっているといった感情的反応なのである．サイードが指摘するように，「アメリカは移民社会であり，この社会を形作っているのはいまや，北ヨーロッパ人よりラティーノ，アフリカ系，アジア系」であること，アメリカは「究極の混交社会であり，アメリカが奉ずるイデオロギーとは可能な限り広い共和主義であり，（中略）エリートと貴族性に対立している」(25) という現実を直視するならば，ブルームに代表されるような非ヨーロッパ人に対する差別意識がいかに非現実的なものであり，いかに懐古趣味以上のものでないかが理解できるはずである．「ほとんど聖化された過去（「より良き秩序」があった頃）崇拝において，また読者のみならず作者についてもごく少数のエリートを規定する態度において」(23)，ブルーム的姿勢はアメリカの反近代主義と同義であるとサイードは指摘している．

　とはいえ，そういう反動的動きはブルームが最初というわけではない．「60年前のいわゆる新人文主義者」も，過去において「アメリカの教育，文化，学問は古典的な世界観」，つまり「西洋古典やサンスクリット，ごく少数の文学的記念碑や言語を典型とする世界観をなおざりにしている」(21-22) と批判したことをサイードは挙げている．このような，ブルームなどに代表される閉鎖的，排他的，エリート主義的な人文学研究に対して，サイードは真っ向から反論する．

> 「文学が人間の歴史と労働の世界から切り離されているかのようにいまだに語り，女性学やジェンダー研究，アフリカ文学やアジア文学の存在をののしり，人文学と人文主義は英語で教育を受けた選ばれた一握りの特権であって，進歩とか自由とか近代といった幻想には騙されないのだというふりをする文章を読んでいくと，どうしてこうした台詞がアメリカのような根源的多文化社会であきもせずに繰り返されているのか，説明に窮してしまう．（中略）人文学の実践と参加型の市民行動の実践のあいだには，なんの矛盾もないからだ．[人文学の] 目的は，人間の労働の産物，解放と啓蒙へ向かう人間のエネルギー，そして同じぐらい大事なことだが，集合的な過去と現在における人間の誤解と誤読を，いっそうの批判的な吟味にさらすことである．（中略）あらゆる歴史はある程

度まで回復され，その苦しみと達成が共感され，理解されてきた．逆に，恥ずべき隠れた不公正や，残虐な集合的処罰，あからさまに帝国的なもくろみは，かならず明るみに出され，語られ，批判されてきた．これこそが人文学の教育の中心にあることはまちがいない．階級とか人種とかいったものはもはや古色蒼然とした考えだと非難するいわゆる新保守主義哲学によれば，自由市場においては，無知で貧しく病んで遅れた状態にいてもしかたがない人もいるし，（中略）エリートに仕立てられる人もいることが，最悪のダーウィニズム的意味において証明済み（中略）らしいが．」(26-27)

サイードにとって「人文学とは，歴史における言語の産物，他の言語や他の歴史を理解し，再解釈し，それと取っ組み合うために，言語のさまざまな力を行使すること」であり，「われわれの記念碑の美点を愛国的に高らかに唱えるだけのものは，決して真の人文学ではない」(33)のである．

(2) サイードのメッセージ

サイードのこうした言説は，彼の長年の経験に基づくものである．40年以上にわたりニューヨークの真ん中にあるコロンビア大学で教鞭をとってきたサイードは，まさに合衆国の人文科学研究のアカデミアで起こった変化の目撃者なのである．

「コロンビア大学でのわたしの教室や学生も，大きく変わった．わたしが1963年に教師になった頃は，学生の大半が白人男性だったが，いまでは，さまざまな民族のさまざまな言語を母語とする男女がいる．人文学はかつて，古代ギリシャやローマ，ヘブライ文化の息吹を伝える古典テクストを研究することだったが，いまでは，じつにさまざまな文化を背景にもつ，変化に富んだ聴衆が，かつてはヨーロッパ文化が支配していた無競争空間に押し入ってきて，以前は無視されて耳にすることもなかった多くの民族や文化に注意を向けるよう要求しているし，実際その要求は聞き入れられている．」(54-55)

コロンビア大学の教室に集う学生たちに見られる変化は，既に述べたように，20世紀後半に起こった人文科学研究の動向の変化を如実に反映したものである．そうした変化の一例としてアフリカ系アメリカ人研究に言及し，「人文学という概念全体が，これまで，長いあいだ，アフリカ系アメリカ人

や女性，恵まれず周縁化された集団の歴史的経験を必要としてこなかったこと，そしてそれがナショナル・アイデンティティという概念の作用によって補強されてきた」と述べるサイードは，次のように続ける．

「ナショナル・アイデンティティの概念は（中略）事実上ごく少人数の集団に限定されていたわけで，（中略）じつは社会の大きな部分が見落とされていて，その部分を国民に含めるほうがほんとうは正しいのだ．アメリカが移民からなる多文化国家であるという現実を反映して，絶え間ない変遷やときには不快な暴力が存在してきたのだから．」(57)

ブルームに代表される閉鎖的，排除的，白人中心的見方からすれば，こうした動向こそ排除されるべきものなのだろうが，「わたしたちが生きている社会は，その歴史的かつ文化的アイデンティティを，1つの伝統，民族，宗教に限ることができないような社会である」(59)というサイードにとって，「起源の真正さとか先住民の優先権を主張する土着主義的文化の伝統はいまでは，時代の原理主義的なイデオロギーであり，歴然と虚偽とまやかしを産むものとして認識できるということにほかならない」のであり，「周りの人々が，そしてわたしたち自身の一部が，元に戻せないほどに混じり合ってしまっているのだから，わたしたちはみなある程度アウトサイダーであり，度合いは少し弱いがほとんど同じくらいインサイダーでもあるというのが，実情であるはず」なのである．

ところで，このサイードの意見の大方に賛同する人も，その一部に対し異論を唱えたくなるかもしれない．それは「起源の真正さとか先住民の優先権を主張する土着主義的文化の伝統はいまでは，時代の原理主義的なイデオロギーであり，歴然と虚偽とまやかしを産むものとして認識できるということにほかならない」という部分である．人が誰であり，どんな社会に属するか，そして何所に安住の地を得られるかという問題は，あらゆる人にとっておそらくもっとも重要な，しかももっとも現実的で，日常的な問題である．だから，サイードのこの言説は，人を不安にさせてしまうかもしれない．そもそも人類の歴史は，極めて単純な動機としては，自分は誰であるか，どの集団に属すのか，何所に定住するのかといったことをめぐって展開してきたからである．だがサイードの真意が何所にあるかは，次の引用から明らかになるだろう．

「[今日のアメリカの人文学者の]正しい役割は，1つの伝統を他のさまざまな伝統よりも強め，肯定することでは金輪際ないというのは，どんなに強調してもしすぎないだろう．彼らの役割は，むしろすべての，あるいはできるだけ多くの伝統を互いに開き合うことであり，それぞれが他の伝統に対して何をしてきたのかを問うことであり，特にこの多言語国家において，多くの伝統がいかに相互に影響しあい，そして（中略）いまでも相互に平和的に影響を与え続けられることを，示すことである．平和的な方法は簡単にみつかるものではないが，それでも以前のユーゴスラヴィアやアイルランド，インドや中東のような，他の多文化社会では発見することができる．」(61)

とはいえ，平和的に共存することがいかに困難であるかは，世界中のメディアを通して日常的にわたしたちがいやおうなく確認させられることである．サイードも認めるように，「われわれが生きる時代の決定的特徴とは，メディア—政府の正説が主流派となる傾向が強く，オルタナティブは確かに存在していると断言できるとはいえ，知識人が主流派に抵抗するのは事実として難しい」(167)のだから．

それは個人の日常的生活にもあてはまることである．自身の個人的体験に基づく次のような指摘は，われわれの誰もが経験しうることである．

「現在のアメリカにおいて，個人が乗り越えるべき課題がどれほどおそろしく，非行動に落ちこむのがどれほど簡単か，私自身の個人的経験から例をあげてみよう．難病にかかると突然，とてつもなく高価な医薬品，その多くはまだ実験段階で，厚生省の許可を待っている医薬品の世界に突き落とされる．（中略）調べていくと企業原理に突き当たる．つまり，薬の生産コストはそれほどでもない（ふつうはきわめて小さい）が，研究開発費は巨額であり，後から売り上げでその分を回収しなければならないのだ．ところがさらに調べると，ほとんどの研究開発は政府助成金というかたちで，つまり市民の誰もが払う税金から企業に入ってきていることがわかる．（中略）進歩的傾向の議員候補に質問状を送ってみるが，（中略）彼らは（中略）巨額の選挙資金を[企業から]受け取って[いるので助けてくれない]．（中略）治療費は保険会社が払ってくれるだろうとあてにして[いると]，（中略）巨大な収益を上げる保険企業が倦むことな

く圧力をかけている以上，真に患者の権利を保護するような基本法案は，今のところ議会を通りっこないのだと理解する.」(170-171)

サイード自身の個人的な経験は，単にアメリカ合衆国の問題でなく，何所にでも存在しうることは容易に想像できる．だが，サイードはそのような個人的困難も乗り越え，更なる闘争を提案する．

「第1の闘争は，過去の消滅を防ぎ，過去を保護することだ．急速な変化，伝統の再編，単純化と改竄による歴史のでっちあげなどのなかで，(中略) 知識人の役割は，公的記憶，国家アイデンティティ，伝道の戦士たちが語るのとは異なる歴史の視点と，オルタナティヴな語りを提供することである．(中略) 第2の闘争は，知的労働の結果として，戦場ではなく共存の場を作り上げることだ．」(174-175)

第3の闘争はパレスティナ問題に関わる具体的なものであるため省略したが，文字通り本書の最終部分に記されたこれらの提案は，まるでサイードから読者に贈られた遺言のようである．それらは一見抽象的，非現実的なものに見えるかもしれないが，パレスティナ出身者であり，アメリカ合衆国のアカデミズムの中枢に長年存在し続け，影響力を与え続けた知識人であり，学生たちを教え，難病を患い，ニューヨークでの多文化的環境を知悉していたサイードの重要なメッセージとして，「人間の安全保障」について考えるわれわれに届く．

【読書案内】

サイード，エドワード・W. 著，板垣雄三・杉田英明監修，今沢紀子訳『オリエンタリズム』(平凡社，1986年)．／Said, Edward W., *Orientalism* (New York: Pantheon Books, 1978).
  * オリエンタリズムという言葉と著者の名を一躍世界的に知らしめた代表作．人文学的，文化的言説と，歴史，政治，権力の論理がいかに密接な関係にあるかを論じる．

サイード，エドワード・W. 著，大橋洋一訳『文化と帝国主義 1・2』(みすず書房，1998／2001年)．／Said, Edward W., *Culture and Imperialism* (New York: Knopf, 1993).
  * 『オリエンタリズム』でやり残したと著者が言う，文化と帝国主義の関係を具体的な小説などの分析を通して論じる．

サイード，エドワード・W. 著，大橋洋一訳『知識人とは何か』(平凡社，1995年)．／Said, Edward W., *Representations of the Intellectual* (London: Vintage, 1994).

＊　知識人とは「亡命者にして周辺的存在であり，またアマチュアであり，さらには権力に対して真実を語ろうとする言葉の使い手」という著者の定義に，本書の特徴が示される．
サイード，エドワード・W.著，村山敏勝・三宅敦子訳『人文学と批評の使命——デモクラシーのために』（岩波書店，2006年）．／Said, Edward W., *Humanism and Democratic Criticism* (New York: Columbia University Press, 2004).
　　＊　アカデミックな人文学と現実的な批評精神の融合が見事になされた最晩年の論考．

このテーマに関する参考資料として，サイード同様，コロンビア大学で活動を続けるインド出身のガヤトリ・スピヴァクの代表的著作も以下に掲載する．

スピヴァク，ガヤトリ・C.著，上村忠男訳『サバルタンは語ることができるか』（みすず書房，1998年）．／Spivak, Gayatri Chakravorty, "Can the Subaltern Speak?" in Cary Nelson and Lawrence Grossberg eds., *Marxism and Interpretation of Culture*, pp. 271-313 (Urbana: University of Illinois Press, 1988).
　　＊　西洋的言説がいかに「人種—階級—ジェンダーの重層決定」によるものであるか，「サバルタン」という言葉と概念を元に論じる．ジェンダー論，ポストコロニアル論の必読書．
スピヴァク，ガヤトリ・C.著，上村忠男・本橋哲也訳『ポストコロニアル理性批判——消え去りゆく現在の歴史のために』（月曜社，2003年）．／Spivak, Gayatri Chakravorty, *A Critique of Postcolonial Reason* (Cambridge, Mass.: Harvard University Press, 1999).
　　＊　「哲学」「文学」「歴史」「文化」の4章からなる本書は，具体的テクストの読みと，現在世界で進行中のグローバリゼーションの状況とを関連させながら，フェミニズム，ポストコロニアリズムなどに関する刺激的批評を展開する．
スピヴァク，ガヤトリ・C.著，上村忠男・鈴木聡訳『ある学問の死——惑星思考の比較文学へ』（みすず書房，2004年）．／Spivak, Gayatri Chakravorty, *Death of a Discipline* (New York: Columbia University Press, 2003).
　　＊　「人間らしくあるということは，他者へと関心をさし向け」ることという視点から，グローバル化する世界において，「決定不可能な形象を応答可能な文字形態へと脱形象化する」ために，「ひとは読み方を学ぶべきだ」と論じる．

読み書きと生存の行方

中村雄祐

「人が生きていくためには読み書きが重要である」という考え方は現在，多くの人々が共感する重要な考え方である．しかし，読み書きと生存の関係は水や食料の場合ほどに直接的なものではなく，両者の関係が問題になり始めたのは歴史的に見ても最近のことである．本章では，この新しい課題の意味について考えてみよう．

はじめに

「人が生きていくためには，基礎教育，特に読み書きが重要である」という考え方は，多くの人々が共感する，現代世界では広く共有される考え方である．理念としては国連の人権憲章や各国の憲法に表明されているし，国際統計上でも（後で検討するようにデータの質については問題があると指摘されながらも），就学率や識字率と収入や平均余命の間に緩やかな相関関係があることが認められている．読み書き（ないしリテラシー）は，流行の変化が激しい国際協力・開発援助業界にあって地味ながらも常に顔を出し続ける定番テーマの1つである．

最新の国際統計によると，現代世界には後発発展途上国を中心に15歳以上の「非識字者（illiterate people）」が8億6千万人もいるという．事の重要性を鑑み，国連は2003年から「自由としてのリテラシー（Literacy as Freedom）」というスローガンのもと「国連リテラシーの10年（UN Literacy Decade）」を開始し，途上国の読み書き問題に積極的に取り組んでいる．ほかにも，「万人のための教育目標（EFA goals）」，「ミレニアム開発目標（the Millennium Development Goals, MDGs）」，「国連女子教育イニシアチブ（the UN Girls' Education Initiative, UNGEI）」，「国連持続可能な開発のための10年（the UN Decade for Education and Sustainable Development 2005-2014）」などが読み

書きを開発の最重要項目の1つとして掲げている．

　しかし，「人が生きていく上で読み書きが重要である」という一般論のレベルでは多くの人々が賛同するとしても，いざ「何をいかに読み書きすべきか？」という具体的な話になると，議論百出で単純明快な処方箋は見つからないのが現実である．重要でありながら（いや，重要だからこそ，というべきか）簡単な答が見つからない問題は読み書きに限ったわけではないが，読み書き問題に関しては1つ重要な特徴がある．それは，ほんの半世紀ほど前までは現在のように地球上のすべての人の生活にかかわりを持つような事柄ではなかった，ということである．

　ホモサピエンスが図的な表現を始めた時期はおおよそ7万年ほど前まで遡るといわれる（Blombos Cave Project. http://www.svf.uib.no/sfu/blombos/; cf. ミズン，1998）．その後，図的な表現の一部が言語の視覚的表現に特化した機能を担うようになったのは6千〜5千年ほど前，しかもメソポタミアや少し遅れて東アジアや中央アメリカなど一部の地域でのことに過ぎない．その後も近代に至るまでは，日常的に読み書きをしながら生活していたのは世界の一部の地域の一部の人々に過ぎなかった．衣食住のように生存そのものに直接的に影響を与える要素とは違って，「紙やペンの取り扱い」が人間の生存に少なからぬ影響を及ぼすという事態が世界規模で現出してから，大目に見積もってもまだ1世紀程度しかたっていない．20万年にも及ぶホモサピエンスの歴史の中ではごく最近のことである．

　人類史上では最近の発明とはいえ，今日，読み書きに関する研究は，以下に示すように，文書と人間という2つの焦点を持つ楕円形の広がりとして豊かな蓄積を持っている．

1. 読み書きの道具——文書や筆記用具——の研究

　　古来，人間が読み書きのための道具に施してきた様々な工夫に対応するように，考古学，技術史，書誌学，工学など，多様な研究が行われてきた．近代以降，その中心的位置を占めてきたのは印刷物であるが，近年，コンピュータなどの電子メディアの比重が高まりつつあり，その進展につれて次第に「読み書き」という言葉がそぐわない使い方も増えつつある．

2. 読み書きという行為の研究

こちらについても，絵，図表，数字，文字など，書面上に展開する視覚記号の多様性に応じて多彩な研究が行われてきた．どれほど意識的であるかはともかく実質的に人文系の学問のほとんどが何らかの形で読み書きの研究に関わってきたといってもよいであろう．また，読み書きの心理学，認知科学，神経科学のように定量的，応用的な側面を持つ研究も進められており，それらの関心は道具への関心とも密接に連動している．

しかしながら，これらの長い伝統を持つ研究群の中で，地球規模で読み書きが私たちの生存とかかわりを持つという新しい事態に積極的に取り組もうとする動きはまだ少ない．私たちは近代化と呼ばれる大変化に伴って生じた「読み書きと生存」という新しい課題に対していったいどのように対処すべきか，いまだ試行錯誤を続けているというのが現状である．

そのような全体的傾向の中で，読み書きと生存という課題を積極的に追究してきたのは，1970年代以降に発展してきたいわゆる「リテラシー・スタディーズ（Literacy Studies）」である．リテラシー・スタディーズとは体系だった専門領域というよりも「リテラシー」を共通のキーワードとする極めて学際的な性格の強い雑多な研究群であるが，開発援助や国際協力もその重要な研究テーマの1つとして位置づけられている．リテラシーというアプローチによる開発研究はいろいろあるが（Rassool, 1999; Wagner, 1995），近年の動向は2005年にUNESCOが公表した *Education for All-Global Monitoring Report 2006: Literacy for Life*（『万人のための教育報告2006——生きるためのリテラシー』）にまとめられている．

「読み書きと生存」という主題を考える際には，上記のUNESCO報告書に代表されるようなリテラシー・スタディーズの動向を軸に考察を進めるのがいわば定番の展開であろう．しかしながら，以下では，従来のリテラシー・アプローチではあまり注目されることのない観点からこの問題について考えてみたい．それは，読み書き・印刷用紙の消費動向と生存の関係である．手始めに，人々の暮らし向きを示す指標としてよく参照される人間開発指標（Human Development Index, HDI）を見てみよう．

1. 国際統計からみた読み書きと生存

　「人間開発」とは，1990 年，マブーブル・ハク（Mahbub ul Haq）によって提唱された概念で，その基本にあるのは「開発の目標は人々により多くの選択肢を提供することである」という考え方である．そのための手段として収入の重要性は認めつつも，開発が長寿，知識の獲得，政治的な自由の保持，社会への参加，人権の保障など多様な選択肢を包括するものであることを重視している．そして，世界の人々の暮らしを人間開発という観点から分析するための実際的な指標として考案されたのが HDI である．

　HDI は公表以来，賛否両論交えた様々な評価の対象となり，細かな修正も加えられてきたが，その基本的な枠組みは一貫している．すなわち，各国および国際機関から提供される統計データに基づいて以下の指標を算出し，それらの平均値を HDI とするのである．

1. 長寿で健康な生活＝出生時の平均余命を平均寿命指数（0〜1）に変換したもの
2. 知識＝成人（15 歳以上）識字率と総就学率（基礎，中等，高等の三段階）の 2：1 の重みつき平均（0〜1）
3. 人間らしい生活水準＝1 人当たりの GDP（平均購買力 PPP）を GDP 指数（0〜1）に変換したもの

　本章にとって重要なのは，HDI の主要構成要素として「知識」が入っており，その指標化のためのデータとして「成人識字率（adult literacy rate）」および総就学率が用いられていることである．周知のごとく，学校とは現代世界において読み書き技能を授ける中心的な制度であり，初等教育段階程度の就学率をもって識字率として提示している国も少なくない．つまり，HDI が想定する「知識」においては読み書きが大きな位置を占めているのである．

　なお，考察を進める前に断っておかねばならないが，HDI で用いられる成人識字率は原則として各国のセンサスや家計調査のデータを UNESCO 統計局が人口推計値によって補正した数値を使っており，その妥当性，信頼性には少なからず問題があるという．具体的にいうと，まず，途上国では識字率に関するデータは，初等教育段階程度の就学率をもって識字率として提示するか，センサス等の「読み書きができるかできないか」という問いに対す

る回答に基づいて算定されている．他方，多くの先進国ではもはや識字率に関する調査は行っておらず，HDI では 99.0% として計算されているのである（UNDP, 2004, pp. 137-138, cf. OECD, 2000）．

　HDI はもとになった人間開発という考え方が持つ奥深さと比べると思い切り単純化された指標であり，このように弱点を突き始めれば確かにきりがない．しかしながら，かなり大雑把な分，現代世界における収入，健康，知識の間の関係の全体像を垣間見させてくれるという利点があるのも事実である．中でも興味深いのは，第 1 回報告書以来，3 つの指標の間に緩やかな正の相関関係が見出されることである．

　ただし，相互に影響しあう関係にあるとはいっても，人間の生存にとっての直接的な影響力の相対的な大きさという点から見れば，3 つの要素は対等ではない．生存という観点に立った場合，基本に据えられるべきは当然，健康であり，そのおおよその指標として平均余命が使われていることは妥当であろう．

　その健康の前提である最低限の衣食住を確保するための手段は，人類史というスケールで見れば採集狩猟を始めとして多様な方法が存在してきたが，近現代世界においては交換，特に貨幣を通じた市場経済の比重が飛躍的に高まっている．市場経済が住民の健康維持・促進に貢献しうるためには，加えて公共政策の充実も必須であるが（Easterlin, 1999; Fogel, 2004），諸個人にとっては収入が健康を実現するための主要な手段であることにかわりはなく，その意味において 1 人当たり GDP は有力な指標である．

　最後に知識についていえば，知識一般は私たちが生存していくために常に必要不可欠な要素であり，これまた人類史というスケールで見れば多様な知識が人々の生存に貢献してきた．そのような中，HDI が重視しているのは上に述べたとおり読み書きというやや特殊な知識である．読み書きが生存に関わりを持ちうるのは基本的に，健康を維持するための手段である衣食住を確保するための手段として，のはずである．つまり，本来は副次的な手段であり，それが生存維持に正の影響を持ちうるのは，人々が読み書きを習得し，読み書きするに十分な文書が流通し，しかも，読み書きと健康の間をつなぐ市場や学校や行政機構などの社会的な制度がきちんと構築されていればこそのことである．

このように三要素の特徴を考えると，HDIにおいて読み書きが重視され，3つの指標の間に強い相関関係が認められるという事実は，読み書き自体に内在する価値を示すというよりも，読み書きと生存との間の関わりを強めるような人工的な制度群が急速に地球上を覆い尽くしつつあることを示唆するものとして捉えるべきであろう．このことを踏まえて，読み書きに関する制度群の普及ぶりを示す有力な指標として紙の消費量に注目してみよう．

2．人間開発と読み書き用紙の消費

電子化が著しい先進国はともかく，世界全体を見渡すと紙は読み書きの道具として現在もなお重要な役割を果たしている．紙は中国を起源としてすでに2千年以上の歴史を持つ古い道具で，特にアジアでは衣類，家具，建材など，様々な用途に使われてきたが，大量生産が可能になったのは機械生産された木材パルプの化学処理が実用化された19世紀半ばのことである（ドゥ・ビアシ，2006）．それ以降，紙の生産は種類も量も驚異的に増大して現在に至っており，そこそこの質のノート類であれば今ではたいていの場所で手に入るようになっている．その意味では，読み書き用紙（そして，ペン）はすでに一種の「公共インフラ」として世界中を覆っているといってもいいのかもしれないが，使用量にはまだ大きなばらつきがある．

現代世界における読み書き用紙の普及ぶり，その生存にとっての意味を考えるために，国連食糧農業機関（FAO）のデータをもとに国別の1人当たりの印刷・筆記用紙および新聞用紙の年間消費量を計算し，同じ年のHDIと比べてみることにした．

まず，FAOによる読み書き用の紙，及びその消費量の定義は以下のとおりである．

印刷筆記用紙（Printing and Writing Paper）

印刷，ビジネス，筆記，スケッチ，描画などに適した紙．ただし新聞用紙を除く．様々なパルプ・ブレンド，仕上げのものがある．以下のものを含む：書籍や雑誌用の紙；壁紙基本材；内張りおよびカバー；計算用紙；ロトニュース；グラビアニュース用紙；複写用紙；ラベル；リソグラフ用紙；紙幣；統計機カード用紙；バイブル・ペーパーおよびその

模造紙；便箋；複写用紙；半透明用紙；タイプライター用紙；ポスター用紙など．

新聞用紙（Newsprint）

　コーティングを施されず，にじみ止めされていない（あるいはほとんどにじみ止めされていない），少なくとも60%の機械パルプ（繊維分のパーセント）を含む紙．主に新聞紙の印刷に使われ，重さは通常40～60平方グラム．

「消費量」の計算

　FAOのデータ・ベースの「印刷筆記用紙（printing and writing paper）」，「新聞用紙（newsprint）」の「生産量+輸入量－輸出量」として，データが揃っている国に関してのみ計算．

　FAOの印刷筆記用紙の定義を見ると，見慣れない名前もたくさんあるなど私たちの日ごろの「読み書き」がいかに多様な紙を介して実現されているのかを改めて考えさせられるが，それはさておき，ここでの「消費量」とはFAOが直接統計を取っている生産量と輸入量から輸出量を引いたものである．つまり，識字率と同様，かなり大雑把なデータなのだが，それでも，現在手に入る最新の2003年のデータに基づいて，印刷筆記用紙と新聞用紙年間消費量を合算したものを国民総人口で割り（以下，「1人当たり年間紙総消費量」と省略），HDI指標との関係を，両方のデータが得られた166カ国について調べてみた．すると，2つのデータの間に密接な相関関係があることが明らかになった．すなわち，HDIが上がるにつれて1人当たり年間紙消費量の方は加速度的に増大する傾向が認められるのである（なお，データを得られなかった国の中には，アフガニスタン，イラク，リベリアなど戦乱によって基礎的な統計データの提供も困難であろうと思われる国があることも忘れないでおこう）．

　図1，2，3は，HDIの三要素を横軸，1人当たり年間紙総消費量の自然対数を縦軸に取ってデータをグラフ化してみたものである．GDP指標と1人当たり年間紙総消費量の相関性が強いことは（相関係数=0.872），紙が基本的に大量生産される商品であることを考えればそれほど意外なことではない．しかしながら，紙幣に代表されるように近代経済制度がかなりの程度まで紙に支えられてきたことを考えれば，ことは単純に「経済発展しているから紙もたくさん消費するのだ」といい切って済む話ではないことに思い至る．む

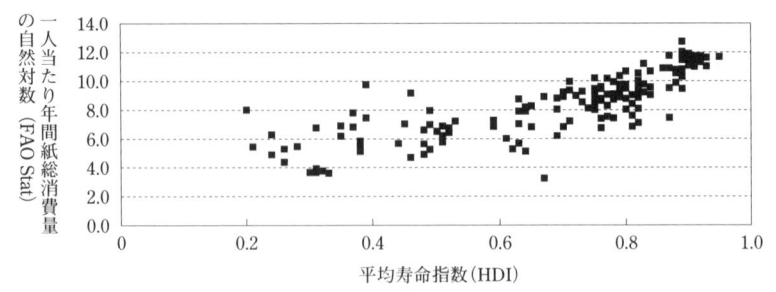

86——II 文化の潜勢力

出所）FAO と HDI のデータをもとに筆者作成．
図1 平均寿命指数（HDI）と1人当たり年間紙総消費量の相関（2003年，166カ国）

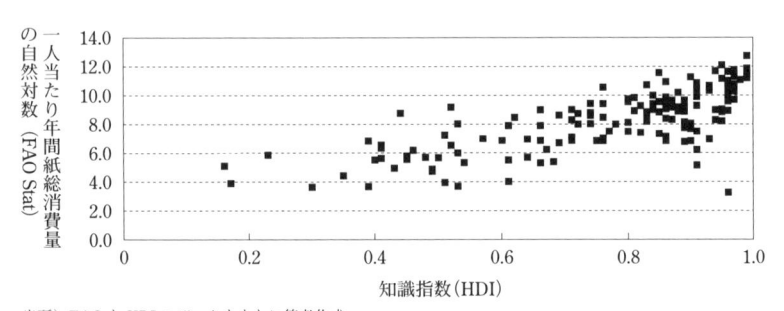

出所）FAO と HDI のデータをもとに筆者作成．
図2 知識指数（HDI）と1人当たり年間紙総消費量の相関（2003年，166カ国）

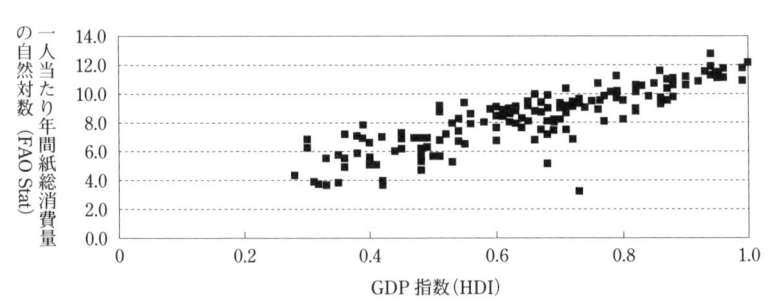

出所）FAO と HDI のデータをもとに筆者作成．
図3 GDP 指数（HDI）と1人当たり年間紙総消費量の相関（2003年，166カ国）

しろ，興味深いのは，1人当たり年間紙総消費量と平均寿命指数の間に強い相関が認められることである．

大雑把なデータにふさわしくあえて大雑把なストーリーを作ってみると，「貨幣経済的に豊かな国ほど紙をたくさん使って読み書きしながら暮らしており，その方が長生きできる」ということになりそうである．それ自体は食べられるわけでも夜露をしのぐのに使えるわけでもない印刷筆記用紙が，具体的な使われ方は千差万別でありながらも日々の暮らしと深く関わっている，という現代世界の特徴がぼんやりと浮かび上がってくるようである．おそらく読み書き用紙の消費と平均余命との間には，ところどころ危うい部分も含んだ，長くもつれた因果の連鎖があるのであろう．

なお，1人当たり年間紙総消費量の166カ国中の上位，下位それぞれ20カ国の平均値を計算してみると，最上位20カ国の平均が約122kgもあるのに対して，最下位20カ国のそれは0.13kgしかない（紙幅の都合上リストは割愛するが，上位には主要先進諸国，下位にはサハラ以南のアフリカ諸国をはじめとする低開発国が並んでいる）．仮にこれらの紙がすべてA4サイズのコピー用紙（1枚＝約4.2g）だとすると，最下位20カ国1人当たり年間総消費量の平均は約31枚となる．正直いってにわかには信じられない数字だが，先進諸国と同じような印刷筆記用紙を使っているとはいっても，その使われ方，生存にとっての意味が著しく異なっていることを想像させる数である．

ちなみに，UNESCOの報告書 *Literacy for Life* には紙の消費量への言及はほとんどないが，数少ない分析として「囲み記事8.9――印刷物，マスメディア，先進技術の普及は識字率に影響を及ぼすだろうか」（UNESCO, 2005, p. 211）がある．100カ国以上の国々を対象に試験的に「識字率」と「文字的環境（literate environment）」の相関を調べてみたところ，以下のような傾向が明らかになったという．

　1．初等教育純就学率をコントロールして分析したところ，IT（テレビ，ラジオ，PC）の普及と成人，青年双方の識字率の間に正の相関が認められた．特に強い相関が認められたのは，成人識字率とテレビ普及率の間で，理由はまだ不明だが，特に途上国においては，聴覚メディアよりも視覚メディアの方が相関性が高い可能性を示唆している．

　2．1人当たりの新聞の普及率と識字率の間には有意な正の相関が認め

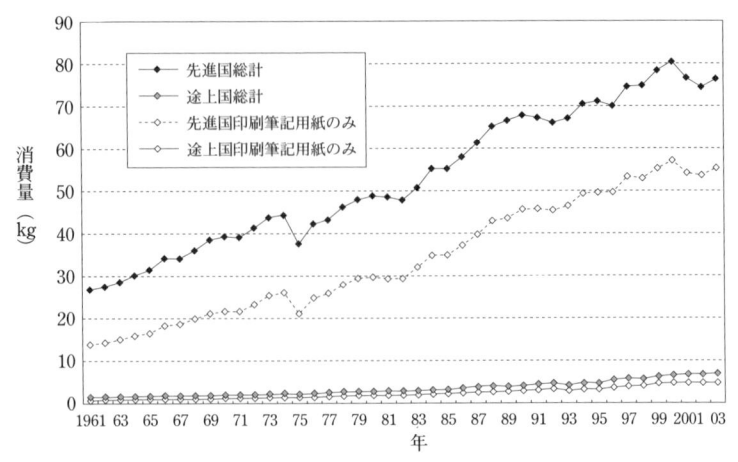

出所）FAOとHDIのデータをもとに筆者作成．
図4　1人当たり年間紙総消費量の変化（1961-2003 年）

られたが，書籍生産に関しては弱い相関しか認められなかった．後者の理由としては，専門的な文学作品や教科書類よりも，「ありふれた」印刷物や手書き文書（例：申込書，パンフレット，標識，横断幕，手紙，医療関係の説明書）の遍在の方がリテラシーにより強い影響を及ぼしているからかもしれない．
HDI と 1 人当たり年間紙総消費量の相関に照らし合わせても，納得できる推測である．

　続いて，長期的な変化を見てみよう．1960 年代以降の 1 人当たり年間紙総消費量のグラフを見ると，世界的にほぼ一貫して増え続けていることがわかる．日常での実感はともかく，途上国においても身の回りの紙の量が日を追うごとにじわじわと増えてきているようである．

　なお，先に述べたように，先進諸国において紙の大量生産・消費が本格化したのは製紙技術の革新が起こった 19 世紀後半以降のことである（ドゥ・ビアシ，2006, 97-126 頁）．ちょうど第 2 次産業革命期にあたる時期だが，この間の西欧の人々の健康状態の変化がいかに大きなものであったかを如実に示す研究として，Fogel らによる近現代の歴史人口学的研究がある．彼らの分析によれば，産業革命期以降，西欧の住民の身体の大きさは 50% 以上，寿命は 100% 以上増大し，生命維持臓器の頑健さも著しく向上しているという

表1　7カ国における平均寿命の変化（1725-2100年）

	1725	1750	1800	1850	1900	1950	1990	2050？	2100？
英国	32	37	36	40	48	69	76		
フランス		26	33	42	46	67	77		
アメリカ合衆国	50	51	56	43	48	68	76	(87)	(98)
エジプト						42	60		
インド					27	39	59		
中国						41	70		
日本						61	79		

出所）Fogel (2004, p.2) をもとに筆者作成．

(Fogel, 2004)（表1）．Fogelはこれらの注目すべき変化の要因として栄養状態や衛生環境の改善，医学の発展，基礎教育の普及などを指摘しているが，残念ながらその過程に介在していたに違いない大量生産された印刷筆記用紙の役割までは踏み込んでいない．

3. 文書の増大と生存の圧迫

　これらの分析の国際協力への含意を考える際に注意すべきは，現代世界においては印刷筆記用紙の増大がつねに住民の暮らし向きの向上につながってきたというわけではないという事実である．煩雑な書類仕事に振り回される経験は先進諸国ではありふれたものだが，振り回されるばかりか，膨大な文書の作成・処理がむしろ人々に災厄をもたらす過程に深く関わる場合もある．
　その極限的な例として，「ジェノサイド」とも総称される国家による計画的な大量虐殺がある．ジェノサイドという語が普及するきっかけともなったナチ・ドイツによるホロコーストの場合，わずか10年足らずの間に600万人近くものユダヤ人が虐殺されたといわれるが，この途方もないユダヤ人絶滅政策における政府・軍・産業界・党の官僚機構の共同行動の役割の研究を行ったヒルバーグは，降伏を見越して大量の文書が組織的に焼却されたにもかかわらず，戦争終結時にアメリカ合衆国が押収したファイルは中央統治機関のものだけでも箱に入れると長さ12km分の棚を占める量に達したと述べている（ヒルバーグ，1997，下巻411頁）．20世紀のジェノサイドにおける官僚機構の介在については，このほかカンボジアやグアテマラなどでも報告されている（イェール大学・カンボジア・ジェノサイド・プロジェクト http://

www.yale.edu/cgp/，グアテマラ：歴史的記憶の回復プロジェクト編，2000）．

　ただし，これらの事実は，独裁者のもと部下たちが膨大な数の法律や条令を介してまるで精緻な歯車のように相互に機能しあっていたということを必ずしも意味するわけではない．ヒルバーグは絶滅政策が展開する過程で「多くの官僚は，古くからの法的手続き上の原則や条件における障害を認識し」，「無制約な行動」を望んだ結果，「形式的な書類による命令が徐々に手続きとして廃棄されていく雰囲気を醸成していった」と述べている（ヒルバーグ，1997，43 頁）．その際，過酷な現実の前に官僚たちは大きな心理的葛藤に直面していたというが（ヒルバーグ，1997，249-269 頁），結果的に信じられないほどの数の犠牲者を出したことに変わりはない．これは文書主義と自由裁量の最悪の組み合わせというべきものである．

　しかし，時に悲惨な出来事に深くかかわる一方で，自由裁量で作成された行政文書が人々の命を救うこともあることは忘れないでおこう．第 2 次世界大戦中，一部の外交官が自身の独断で発行した保護証書や通過査証がその不確かな効力にも関わらず少なからぬ数のユダヤ人の亡命を助けたことはよく知られている．

4．人間の安全保障と読み書き

　結局，印刷筆記用紙は，現代文明の輝かしい躍進にも絶望の極みにも等しく関わってきたというべきであろう．そして，読み書きと人間の生存の間のこれら一筋縄ではいかない関係を考えると，「人間開発」という考え方，特にそこでの知識指標はやや一面的に過ぎると思われる．文書使用が人々の生存にとって時として負の効果も持つことを考慮に入れうる概念としては，人間開発を 1 つの出発点として構想された「人間の安全保障（Human Security）」の方がよりふさわしいのではないだろうか．これまで述べてきたように，現代世界において読み書きは「恐怖からの自由」「欠乏からの自由」の双方に深く関わっており，しかもその効果は必ずしも明るく生産的な方向へ向かって発揮されてきたとは限らない．人間の安全保障とは，生きることへの強い意志を根底に据えながらもどこか 20 世紀の栄光と悲惨を潜り抜けたゆえの翳り(かげ)を感じさせる概念であるが，同じような翳りは読み書きにも当

てはまるはずである．

　真新しい概念ながら，人間の安全保障の指標化の試みもすでに始まっている（Michel, 2005）．筆者が調べた範囲では今のところ読み書き技能や文書使用を積極的に取り入れたものは見つからないが，たとえば，ジェノサイドなどの極限状況においては，印刷筆記用紙の消費と「恐怖からの自由」の間に強い逆相関を見出すということも十分ありえる．ただし，水や食糧へのアクセスと違って，紙の場合，それ自体，物理的存在としては人間の生存にとって深刻な欠乏も恐怖も，それらからの自由ももたらすことはない．中途半端に紙の消費量を数えてみたところで人間の安全保障の確立にはたいして役に立たないことは肝に銘じておこう．読み書きと生存の関係を追究するためには，もっと繊細なアプローチを考えなくてはならない．

おわりに

　読み書きと生存の関係は時代とともに変化してきた．現代世界において，両者の関係が強まるような状況が広まりつつあることは確かである．その際，個々の状況に焦点を合わせてみると，関係のメカニズムもその帰結も一様ではないのだが，HDI と 1 人当たり年間紙総消費量の比較が示しているのは，それでもなお大局的に見れば文書を読み書きすることによるメリットを多くの人々が享受しているという現状である．であればこそ，やはり私たちは文書という道具，読み書きという技能が持つ可能性を今後も追究し続けるべきであろう．人間の安全保障という考え方は，そのための重要な示唆を与えてくれるものであるが，両者を繋ぐ試みはまだまだ足りない．

　現代世界における読み書きと生存の関係を考えるためには，読み書きに関するこれまでの研究蓄積にもっと注目する必要があるだろう．筆者はとりわけ，文書・読み書きに関する歴史研究や，近年急速に発展してきた認知科学や脳科学との連携に注目している．一見すると，いずれも人間の安全保障や開発援助とは縁の薄そうな研究領域であり，そもそも「古臭い」人文学と「先端的な」科学の間の交流不足も克服すべき課題ではある．しかしながら，印刷筆記用紙が世界中に氾濫する時代とは，人文的な知と自然科学的な知が思いもよらぬような形で出会い，ともに世界中の人々の生存に関わりを持つ

ような時代でもある.

[文献（読書案内に載せたものを除く）]

ドゥ・ビアシ，ピエール＝マルク著，山田美明訳『紙の歴史——文明の礎の二千年』（創元社，2006年）. /De Biasi, Pierre-Marc, *Le Papier: une Aventure au Quotidien* (Paris: Gallimard, 1999).

Easterlin, Richard A., "How Beneficent is the Market? A Look at the Modern History of Mortality," *European Review of Economic History*, Vol. 3, pp. 257-294, 1999.

Fogel, Robert William, *The Escape from Hunger and Premature Death, 1700-2100: Europe, America, and the Third World* (Cambridge: Cambridge University Press, 2004).

ヒルバーグ，ラウル著，望田幸男・井上茂子・原田一美訳『ヨーロッパ・ユダヤ人の絶滅』（柏書房，1997年）. /Hilberg, Raul, *The Destruction of the European Jews* (New York: Harper & Row, 1979).

Michel, James, "Human Security and Social Development: Comparative Research in Four Asian Countries," Paper for Arusha Conference, "New Frontiers of Social Policy," December 12-15, 2005.

ミズン，スティーヴン著，松浦俊輔・牧野美佐緒訳『心の先史時代』（青土社，1998年）. /Mithen, Steven, *The Prehistory of the Mind: A Search for the Origins of Art, Religion and Science* (London: Thames and Hudson, 1996).

OECD/Statistics Canada, *Literacy in Information Age: Final Report of the International Adult Literacy Survey* (Paris; Ottawa: OECD/Statistics Canada, 2000).

Rasool, Naz, *Literacy for Sustainable Development in the Age of Information* (Clevedon: Multilingual Matters, 1999).

歴史的記憶の回復プロジェクト（REMHI）編，飯島みどり・新川志保子・狐崎知己訳『グアテマラ虐殺の記憶——真実と和解を求めて』（岩波書店，2000年）. *Guatemala, Nunca Más*/Proyecto Interdiocesano de Recuperación de la Memoria Histórica (Guatemala: ODHAG, 1998).

UNDP, *Human Development Report 2004: Cultural Liberty in Today's Divers World* (New York: UNDP, 2004).

Wagner, Daniel A., *Literacy, Culture, and Development: Becoming Literate in Morocco* (Cambridge: Cambridge University Press, 1995).

【読書案内】

シャルティエ，ロジェ，グリエルモ・カヴァッロ編，田村毅ほか共訳『読むことの歴史——ヨーロッパ読書史』（大修館書店，2000年）. /Chartier, Roger and Guglielmo Cavallo, eds., *Histoire de la Lecture dans le Monde Occidental* (Paris: Editions du Seuil, 1997).

＊　西欧における古代から現代に至る読書の歴史の集大成．第一に歴史に学ぶという意味で，また，西欧の読み書き観は現代世界において強い影響力を持っているという点においても，大変示唆に富む論集である．

Pica, Pierre, Cathy Lemer, Véronique Izard, Stanislas Dehaene, "Exact and Approximate Arithmetic in an Amazonian Indigene Group," *Science*, Vol. 306 (15 October 2004), pp. 499-503, 2004.
　＊　数詞が5までしかない言語を話すブラジル・アマゾンの先住民を対象とした心理実験を通じて，音声言語，数量認知，読み書き，算術の間の関係を分析した研究．認知科学と開発研究の連携の可能性，必要性を感じさせる．

Schriver, Karen A., *Dynamics in Document Design: Creating Text for Readers* (Hoboken, NJ: Wiley, 1996).
　＊　文書作成の世界でデザインが読者にとって単なる飾り物を越えた重要な意味を持つことが広く認識されるようになったのは最近のことである．本書は読者の観点に立った文書デザインのマニフェスト的論考．

UNESCO, *Education for All-Global Monitoring Report 2006: Literacy for Life* (Paris: UNESCO, 2005).
　＊　開発援助におけるリテラシー・アプローチの歴史を包括的にまとめた報告書．これまでの取り組みの概要を摑むことができる（UNESCO のホームページから無料でダウンロードできる）．

吉本佳生『金融広告を読め——どれが当たりで，どれがハズレか』（光文社，2005年）．
　＊　国際金融，マクロ経済の専門家による金融広告の分析．「当たりの金融商品」を見抜くための指南書という体裁をとっているが，現代世界における金融文書の読み書き論としても大変優れている．

点字の歴史と構造
声調言語と盲人をめぐるリテラシー

吉川雅之

フランスでラテン文字に基づいて発案されたブライユ式6点点字は，後に音節構造や表記体系の異なるアジアの声調言語に対して導入され，そこでダイナミックな翻案を経験している．その歴史を略述し，設計上の特徴を概観する．目的は「人間の安全保障」から言語・文字を論じるさいに何が必要かを考えてもらうことにある．

はじめに

　本章は東アジア，東南アジア諸国で使用されている声調言語の点字を取り上げ，その点字表記法——特に音的要素・文字要素と点字記号との対応規則——の歴史を略述し，構造を概観するものである（以下，点字表記法を点字法と称する）．

　「人間の安全保障」の概念は，国連開発計画が1994年に『人間開発報告』でこれを打ち出した当初の生存や尊厳に始まり，続いて人権を広範囲に扱うものへと拡張し，近年に至り拡張の波が言語・文字にまで及んできた感がある．2004年に多言語・多文化が共生する社会を目指して，言語政策の立案・実践・評価を「人間の安全保障」の基盤に位置付ける動き（平高史也「「ヒューマンセキュリティの基盤」としての言語政策」）が現れるが，「人間の安全保障」という概念に言語への問いを取り込むことを初めて明言したこの慶應義塾大学21世紀COEプログラムが取り組んでいるのは言語政策である．「人間の安全保障」の成り立ちからすれば，言語「政策」は確かに「人間の安全保障」と最も馴染みやすい研究領域と言える．またその中に識字問題，言語教育，危機言語の救済，少数民族文化の保存といった問題を含めて論じる傾向も今後は顕著になってくると筆者は予想している．しかし言語政策研究は社会言語学の下位部門に過ぎず，社会言語学が必ずしも「人間の安全保

障」が掲げる問題を扱うわけではないし,「人間の安全保障」と共有可能な視座を用意しているとも限らない.言うまでもなく言語学のほとんどの分野は「人間の安全保障」が掲げる構想とは無縁である.そもそも「人間の安全保障」と言語・文字研究とに接点が存在することを誰もが所与のものとして是認しているわけではない.換言すれば,「人間の安全保障」が言語・文字に関わる事象を扱うことの可否と是非,これ自体が未だ問われざる課題ということになる.

　ならば今後「人間の安全保障」が言語・文字をも論じることの可能な枠組みに成熟していくためには何が必要であろうか.逆説的な言辞になるが,筆者は時事的なあるいは巨視的な視座とは対極に位置する,言語・文字の「歴史に対する知識」と「構造に対する微視的かつ分析的な視点」だと考えている.本章の意図は,点字を例に取り上げることで,この種の知識と視点の必要性について読者に考えてもらうことにある.言語・文字の個々の歴史を捨象した言語政策が存在し得ないことは誰しもが首肯するところであろう.ならばリテラシー1つを論じるに当たっても,言語・文字の構造に対する素養——内的言語学の知識——から切り離された議論は意味を持つのだろうか.

　点字は盲人をして晴眼者が読み書きで享受しているのと同様な情報の送受信を可能ならしめる手段であり,リテラシーを「保障」する道具と言ってよい.「読み・書き」による情報の送受信能力という意味でリテラシーは,晴眼の非識字者だけでなく盲人にとっても異なる形で存在し,そして獲得されるべき重大な問題である.World Braille Usage 1990 年版（以下 WBU, 1990）には約 80 の言語について点字法が記載されている.80 という数字は全世界に存在する言語の総数からすればごく僅かであるが,現在点字を有していない言語社会であっても将来盲人の権利に対する意識が高まれば点字が必要とされ,考案される可能性はある.点字を有する言語社会であっても,公用語がその地位を失うような言語改革の過程では,従来使用されてきた点字が否定され,別の点字に取って代わられることもあろう.また音韻変化により音声言語と点字記号（以下,記号と称する）との間にずれが生じ,点字法の改定を余儀なくされる事態が起きることも考えられる.そこでの取り組みに求められるのは,音韻体系や文字体系の精確な分析であり,それらとの整合性が十分に配慮された点字法を考案する姿勢ではなかろうか.

1. 点字の制約

(1) 盲人用文字と点字

18世紀末以降に欧米で発案，実用化された盲人用文字はいずれも「浮き出し文字（凸字）」であり，紙や金属板に有意味に突出した図形記号の集合体として存在している．「浮き出し文字」は突起の形状が線状のものと点状のものに大別することができ，線状の浮き出し文字（線凸字）はアルファベットをそのまま浮き彫りにした形式（アルストン式など），アルファベットを簡略化して浮き彫りにした形式（ムーン式など），速記文字を浮き彫りにした形式（リューカス式など）に分類される．点状の浮き出し文字（点凸字）は広義の「点字」であり，突起点が6つであるブライユ式の他に，8つのニューヨーク・ポイント，12のバルビエ式などが存在した．本章で扱うのはブライユ（Louis Braille）が1829年に発表した6点点字であり，特に断りがない限り「点字」とはこれを指す狭義のものとして用いる．

6点点字における記号表現（signifiant）は縦3点横2点の空間（マス）内の突起点の排列である．各点とも突起する・しないの2通りしかないため，1マスでは2の6乗64通りの記号表現しかない．6点全てが突起しないマスを無意味なものと見なして除外すると63通りである．ブライユはaには⠁，bには⠃と，アルファベット1字母に1記号を与えることでフランス語を表すことに成功したが，ラテン文字が63以下の字母から成る文字体系でなければこれは不可能であった．

(2) 声調言語と点字表記法の設計

本章で取り上げるのは中国語（厦門語，広東語などを含む），ベトナム語，タイ語，ビルマ語の点字である．これらは互いに系統を異にする言語ではあるものの，音節声調を有するという共通点を持っている．その音節構造はいずれも「音節頭子音＋韻母／声調」で表され，「韻母」は「母音部分」と「音節末音」とに分かれる（以下，音節頭子音を頭子音，韻母を韻，音節末音を末音と称する．韻は厳密には韻母とは異なる概念を表す語彙であり，両者は混同されるべきではないが，本章では便宜上「韻」と称する）．「母音部分」は「渡り母音」と「主母音」とに細分されることがある．言語間で異なるのは音節の各部分に許される音素目録（phonemic inventory）や音素配列であり，声調を例に末音

が閉鎖音である音節を調類として独立させる解釈に立つならば，中国（共通）語は4，廈門語は7，広東語は9，ベトナム語は8，タイ語は8，ビルマ語は4となる．

ところが表記に中国語は漢字，ベトナム語はラテン文字，タイ語はタイ文字，ビルマ語はビルマ文字と相異なる系統の文字を用いているため，音声言語の音節構造が近似しているにもかかわらず点字法ははるかに異なったものとなっている（ただし後述のとおり廈門語点字と福州語点字は漢字音を表記するために創られたローマ字を正書法として設計されている）．このことは点字法が音韻だけではなく墨字にも制約を受けて成り立っていることを示唆している．各言語の点字には共通点を見出すことすら困難であり，フランス語点字がラテン文字を用いるベトナム語で大幅な変形を免れている以外は，どの点字でも独自のダイナミックな翻案を経たものとなっている．

とはいえ，点字の設計が点字触読における理解の速度や効率と背離して存在し得ないことも自明である．そこで設計の要点を図1のように提案したい．

```
統合的問題：記号の組み立て
        a. マスを担う単位
        b. マスの配列順序

選択的問題：記号の割り当て
        a. アルファベットに対する英仏語点字との整合性
        b. 当該言語の音韻体系・文字体系に照らした合理性
        c. 同一音素・字素に関する整理
```

図1　声調言語の点字設計の要点

統合的問題は点字記号の組み立てに関わるもので，(a) 何を単位にマスを与えるか，(b) 何に従ってマスを配列するか，に分かれる．(a) については，後述のとおり「音的要素にマスを与える」と「文字要素にマスを与える」とが挙げられるが，いずれにしてもマスを担う単位の決定は必然的に統合体を構成するための所要マス数の決定をも意味する．

点字触読における理解の速度や効率を至上とするならば，(a) では所要マス数がより少ないこと，(b) ではマスの配列規則がより単純・単調であること，を最優位に立てた設計がなされねばならない．すると音節構造が近似

する言語の点字法は互いに近似したものになって然るべきである．しかし現実にはそうなってはおらず，共通点を見出すことすら困難である．この大きな差異を生み出しているのは，(a) における「音的要素にマスを与える」のかそれとも「文字要素にマスを与える」のかという選択による点字記号の記号内容（signifié）の違いと，(b) における個々の点字法が設けている変則による配列の複雑・不規則化，である．しかしこれら，特に後者は，一見不合理に見えるものの，盲人をして晴眼者と同じ「読み・書き」を享受させる——同時に晴眼者が思惟に有するのと同じ文字配列を受容させる——という点字の役割と密接に関わっている．

選択的問題は音的要素・文字要素に対する記号の割り当て，すなわち個々の記号の表す値に関わるもので，外圧である (a) 英仏語点字との整合性，内圧である (b) 当該言語の音韻体系・文字体系に照らした合理性，そして (c) 同一音素・字素に関する記号の整理，に分かれる．タイ文字のようにアルファベットに比べ字母のはるかに多い体系では (a) と (b) が深刻な課題となってくるが，(c) で音韻論・文字論を踏まえた適切な処理を行えば深刻さは緩和される．

以下に導入史と統合的問題について述べる．そこには時代時代の言語政策と考案者の分析法が透けて見えることがある．

2. 点字の導入

(1) 東アジア（中国・台湾・香港）

点字が中国語圏にもたらされたのは，ブライユが6点点字を発表してから半世紀が経った19世紀第4四半世紀のことである．当時すでに中国大陸に進出していたプロテスタント・ミッションは各地で教会や学校を設営していたが，その中に視覚障害児を集めて盲教育を行う団体が現れる．Couling (1917, p.51)，Mackenzie (1947, pp.62-63, 134-139)，『中華基督教會年鑑』，『中國教育年鑑』など諸文献の記述を総合すると，中国最初の盲学校は1874年に北京に設立された瞽人院（Mission to the Blind and Illiterate Sighted）であり，次いで1888年には湖北省漢口に訓盲書院（David Hill School for Blind）が，1891年にはナイルズ（Mary W. Niles）によって広東省広州の芳村に明心書院

(Ming Sam School for Blind) が，1898 年には中華聖公會によって福建省閩侯に靈光學堂（Lin Gwan Fu Tang）が設立されている．西洋式盲教育の展開はその遂行手段として盲人用文字の導入を前提とした．当時中国，特に東南沿岸部で活動していたプロテスタント・ミッションでは布教上の理由から活動地域の現地語について研究を行い，現地語で記された聖書や教義書，現地語の辞書を刊行することがしばしばあった．その過程で上海語，廈門語，福州語，広東語，客家語といった現地語のローマ字表記が考案されていった．国家語といえる言語が確立されていなかった当時，現地語で布教活動を行うことは最も有効な手段であったし，教育現場においても現地音で漢字を教えることが最も現実的な手段であったのである．点字についても現地語を表すものが考案されたのは自然な流れであった．

最初の6点点字はスコットランド聖書協会（The National Bible Society of Scotland）のマレー神父（William Hill Murray）が瞽人院の設立と同時期に考案した「Numeral Type」を点字記号化したものである（Gordon-Cumming, 1898）．「Numeral Type」は一種の完全音節文字と見なしてよい．その点字では北京語の「頭子音＋韻」408 個に順番を割り振り，10 個を1グループとして1マス目の記号表現を共通させ，2マス目の記号には英仏語点字の筆頭10記号を順に割り当てていく，もしくは2マス目を共通させ，1マス目に10記号を順に割り当てていく設計がなされていた．連続する2グループ（20個）を挙げると，⠐⠃, ⠐⠉, ⠐⠙, ⠐⠋, ⠐⠛, ⠐⠓, ⠐⠊, ⠐⠚, ⠐⠅, ⠐⠇, ⠰⠃, ⠰⠉, ⠰⠙, ⠰⠋, ⠰⠛, ⠰⠓, ⠰⠊, ⠰⠚, ⠰⠅, ⠰⠇, のようになる．異なる声調については，（i）1マス目と2マス目を入れ替える，（ii）記号表現を微妙に変える，ことで表した．すなわち，⠐⠃（2マス目が共通する）に対しては⠃⠐, ⠐⠆, ⠐⠘で，⠐⠃（1マス目が共通する）に対しては⠃⠐, ⠆⠐, ⠘⠐で表した．音的要素にマスを与えている点では後続する各種点字法と同じであるが，音節を部分に分解しなかった点が根本的に異なる．声調が加わった 1600 以上の音節全てを2マスで表すことができたが，408 もの音の順番を記憶せねばならず，習得には多大な労力を要するという欠点を有していた（WBU, 1954, p. 30；滕・李，1996，9-26 頁）．この点字法には「康熙盲字」という中国語名の他に，俗称の「408」も含め複数の呼称が通用している．

1888年頃にはアメリカ北長老教会（Presbyterian Church in the U.S.A. North）のクローセット（J.F. Crossette）とウェズレアン・メソジスト伝道会（The Wesleyan Methodist Missionary Society）のヒル（David Hill）がマレー式点字の反省に立った点字法を考案し，訓盲書院で使用していた（MacGillivray, 1907, p. 91；Fryer, 1914, p. 320, 付表）．Emberley（1896, pp. 101-102）によると漢口方言に合うように，頭子音を表す記号20個と「主母音＋末音」を表す記号18個を用意し，主母音の直前に現れる「渡り母音」を表す記号は一律に韻の記号に後置するというものであったが，Clayton（1909, p. 249）によると声調を表す5つの記号も備え，漢口方言のみならず広く官話で出現する音を表すことができるものであったらしい．郭（2006, 114頁）はこれが後に「五方原音」と呼ばれる点字法に発展したとする．「五方原音」は『第二次中國教育年鑑』第九編・第八章にその名が見えるのみで，詳細は不明である．

　台湾で少数の使用者がいる台湾語点字は，イギリス長老教会伝道局（Presbyterian Church of England）のキャンベル（William Campbell）によって1889年までに考案されていたと考えられる廈門語点字をその遠い前身とする．キャンベルは台湾で1880年代に活字体のアルファベットをそのまま浮き彫りにした線凸字を用いて盲教育を行う一方で，6点点字の導入も検討していた（Campbell, 1889, pp. 655-665）．廈門語線凸字は台湾語と同系統の言語である廈門語に則して考案されたものであり，1850年代以来廈門語の表記に用いられていた「教会ローマ字」を正書法として設計がなされていた．1888～89年の間に4種類のテキストが刊行されているが，少なくとも『馬太福音』と『廟祝問答』は現存している．Campbell（1889, pp. 657-658）に「19の字母」と「4つの声調記号」と記されているとおり，（ⅰ）音節を頭子音／韻／声調に三分して表すのではなくアルファベットを一字母ずつ表す，（ⅱ）声調の表記も教会ローマ字に従う，ものであった．アルファベットを一字母ずつ表すことで，26字母から教会ローマ字で使用しない9字母を差し引き，教会ローマ字に特有の2字母「（鼻音化を表す）ⁿ」と「o̊」を加えた計19個の記号での表示が可能となる．そしてCampbell（1889, p. 661）に「我々が教会ローマ字版の書籍でやっているのと同じように，ブライユの点字を用いて19の字母を表し，それを発音に従って組み合わせるやり方の点字本をも作成してもらう計画が進行中である」と述べられていることから，

導入が検討されていた厦門語点字も線凸字と同様に，教会ローマ字を一字母ずつ表すものであったと推測される．厦門語の聖書（福音書など章区分の刊行も含む）は漢字版に対するローマ字版の比率が高く，教会の活動方針に合致する設計であったと考えられる．1896 年に刊行された『聖諭廣訓』(The sacred edict) が最初のテキストであろう．なお厦門語の韻の総数は一般に 76 とされ，6 点点字の記号表現の総数である 63 を超えているため，韻を単位にマスを与えても全ての韻を 1 マスで表現することは不可能である．

　香港と澳門（マカオ）で現在に至るまで公的地位を保っている広東語点字（以下 CB）は，1891 年にヒルデスハイム伝道会（Hildesheim Mission）の孤児院からナイルズの要請で教員として招かれた盲目の少女のために，ライン伝道会（Rhenish Missionary Society）のゴットシャルク（R. Gottschalk）が用意した点字聖書（MacGillivray, 1907, p. 591）に遡る．Mackenzie（1947, p. 95）や WBU（1954, p. 31）には「UMB と CB はともに今でも相当に使用されている」と記されていることから，20 世紀中葉までは中国大陸でも一定の影響力を誇っていたと考えられる．明心書院で全ての学童を対象に UMB（後出），英語点字とともに CB が教えられていた（Mackenzie, 1947, p. 69）事実はこのことの証左である．点字法を記載した資料として WBU（1954）と WBU（1990）があり，ともに音節を頭子音／韻／声調に三分して表すことが記されているが，一部の頭子音と韻について不一致が見られる．この不一致は 20 世紀初頭以降に進行した音韻変化を反映するものであり，1954 年の香港ではまだ古い音韻体系の点字法が使用されていた（吉川，2007，113-116 頁）．WBU（1990）に記載されている新しい点字法への改訂が香港で行われたのは 1965 年のことである．

　1896〜98 年の間には英国教会宣教会（Church Mission Society）のオクスリー（Amy Oxley）によって福州語点字が考案されている．その 1896 年 4 月 6 日付けの書簡には「福州語ローマ字を点字に翻訳するためクック（Cooke）の助けを借りに厦門へ赴いた」こと，1899 年 1 月 18 日付けの書簡には「盲学校が開校され 5 人の盲目の男生徒がいること．その中の 1 人は独力で聖書を読めるようになっていること．自分は点字の成功に十二分の喜びを感じていること」が記されている（Project Canterbury）．黄（1994，8 頁）によると，考案当初の福州語点字は 30 余の記号を使ってアルファベットを一字母ずつ

表すものであったが，表記にマスを多く要したため，1911年に53個の記号に編成し直し，音節を頭子音／韻／声調の3マスで表す点字法に改編したらしい．WBU（1954, p.31）にそれぞれ14／34／5個の，滕・李（1996, 28-29頁）に14／34／6個の記号が用意されていたとあるのが改編版を指すことは明らかで，（ⅰ）福州語の韻の総数は48であるため，15ある入声韻については母音部分を同じくする舒声韻の記号で代替した，（ⅱ）福州語の調類は7であるため，調類のうち1つか2つについては声調のマスを加えないことで表した，と推測される．連読に伴う音変化の扱いについては不明である．

　20世紀最初の点字は，1901〜07年の間にヒリアー（Edward Guy Hillier）が北京で考案したものである．有名なメドハースト（Walter Henry Medhurst）の外孫にあたるこの人物の手に成る点字法は，次の3点で特筆に値する．1点目は点字法そのものに特徴があることである．まずHillier, E.（1908, pp.2-5）に記されているとおり，音節の分解は王照が1900年に発案した表音文字「官話字母」に従っている．「頭子音＋渡り母音」に50個の記号を用意し，その中の12個には「主母音＋末音」の記号をも兼ねさせている．この50個に，声調を表す記号4個などを加えた計57個の記号が用意されていた．そしてマスの配列については声調を表すマスを「頭子音＋渡り母音」のマスに先行させるようになっており，Hillier, E.（1908）の巻末に付されている『聖諭廣訓』点字本では，「興」の漢字音［ɕiŋ］（陰平）は「⣿／陰平／→⣿／ɕi／→⣿／əŋ／」の順序で表されている．超分節音素である声調を表すマスを先頭に配列するのは，東アジア，東南アジアを通じてこの点字法のみである．2点目は中国でまだ国家語といえる言語が確立されていなかった当時において，基づく言語を「official language」とした唯一の点字であることである．3点目はこの点字法が中国人の間に浸透しなかった印象を禁じ得ないことである．ヒリアーが点字法を考案したことは，管見の限りでは欧米側の文献でHillier, E.（1908）とHillier, W.（1914），Mackenzie（1947）のみに見られ，中国側の文献では現在に至るまで現れてこない．このことから実用には至らなかった可能性があると思われる．中華民国になると1918年に「注音字母」が教育部から公布され，官話字母およびその音節分解法が顧みられなくなってしまったことと関係があるのではなかろうか．

　1913年には内地会（China Inland Mission）のガーランド（S. J. Garland）によ

って南京語に基づいた「心目克明」が考案され（Garland, 1919, p. 251），1911年成立の上海盲童學校をはじめ比較的多くの盲学校で採用されていた（滕・李, 1996, 9-10 頁）．これが WBU（1954, pp. 95-97）で「Union Mandarin Braille System（Existing）」と称されている点字法であり，現在では台湾で「國語點字」の名で使用されている（以下 UMB）．WBU（1954）では声調を表す記号を記載していないが，上海盲童學校での採用後の 1925 年に補充がなされており，頭子音／韻／声調にそれぞれ 18／36／5 個の記号が用意されていた（滕・李, 1996, 26-27, 31 頁）．

UMB にはその変形とも言える「心目克明両方字」が存在する．これは1920 年代末に上海盲童學校の教師王湘源が UMB を基礎に「康熙盲字」の点字法を加味して考案したもので，音節を 2 マスで表すものであった（滕・李, 1996, 31 頁）．しかし，より少ないマス数での表現を可能とする代償として，1 マス目を「韻」2 マス目を「頭子音＋声調」とする，同じ頭子音の記号表現が声調毎に異なるなど，複雑化は避けられず，かつ UMB に熟練した者のみしか習得できなかったため，普及しなかった．

以上の点字法以外にも次の 3 つが存在していたが，いずれも詳細は不明である．

- 福建省建寧方言の点字：音節を頭子音／韻／声調に三分して表すものであり，それぞれ 14／35／5 個の記号が用意されていた（WBU, 1954, pp. 27, 31）．
- 客家語の点字：「客話心目克明」と呼ばれ，広東・広西の若干の盲学校で使用されていた（『第二次中國教育年鑑』第九編・第八章）．
- 甘粛省秦州で試みられた点字：ヒル式点字を中国北部に広く分布する官話に対応させたものであった（Fryer, 1914, pp. 329-330；Garland, 1919, p. 254）．

6 点点字以外では，1909 年に直隷省保定府に設立された盲啞小學（Mang Yia Hsiao Hsioh）で 8 点点字が採用されていた．これはアメリカで点字戦争を巻き起こしたウェイト（William Bell Wait）の方式，ニューヨーク・ポイントであると考えられている（Fryer, 1914, p. 328, 付表）．一方，官話と上海語，寧波語についてはムーン式線凸字を用いた聖書が刊行されていたことが Sharp（1912, p. 107）に記されている．

ここまで見てきたとおり，清朝末期から中華民国にかけての中国は相容れない点字法が地理的な割拠を呈する状況にあった．1933 年に南京市立盲啞

學校の葉炳華(ようへいか)が盲人の言文一致と言語統一を目指し,「注音符号」(1930年に注音字母より改称)に則して「國音盲字」を考案,当校の他に江蘇省の南通盲啞學校や陝西省(せんせい)の西京盲啞教養院盲啞學校で十数年間試用されていたが,全国的な普及には至らなかったようである(『第三次中國教育年鑑』第十編・第八章).

中華人民共和国建国間もない1952年,教育部盲啞教育處の黃乃(こうだい)らはUMBに手を加え北京音に従った「新盲文」(以下NB)を考案,翌年に教育部が公布して急速に全国に広まり(『中国残疾人手册』272頁),ここに中国大陸の点字は統一を見ることになる.中国大陸で現在使用されている点字はこのNBであり,「現行盲文」とも呼ばれている.NBではUMBとは異なり,頭子音を表す記号の多くについて英仏語点字との整合性を保つよう工夫がなされている.黃乃は失明以前に「拉丁(ラテン)化新文字」を信奉しており,表音文字の原則を活かそうとしたが,音素レベルまで踏み込んだ設計には至らなかったため,周(1956)や潘(1957)などNBに対する改良の議論が続けられた.WBU(1990, pp.18-19)に記載されているのは改良以前のNBと思われ,周(1956, 22-23頁)に掲げられている点字法とは一致するものの,滕・李(1996, 45-48頁)に掲げられている改良を経た姿――「漢語拼音(ピンイン)盲字方案」1960年使用稿や1964年修正稿――との間には不一致が目立つ.

その後1975年に黃乃は扶良文(ふりょうぶん)と1マス目を「頭子音+渡り母音」2マス目を「主母音+末音+声調」とし,計2マスで表す「帯調双拼盲字」を考案している.「帯調双拼盲字」は1980年代の改良を経て,1991年に北京で開かれた全国第三次漢語盲文改革研討会で「漢語双拼盲文方案」として公表されている(滕・李, 1996, 49-55頁).音節の分解について従来の頭子音/韻/声調という三分法からの大転換がここで起きている.頭子音/韻/声調という三分法は東アジアにおいて最も長く採用されてきた.にもかかわらず「帯調双拼盲字」が異なる分解を敢行した背景には,マス数の増加が点字触読における理解の速度や効率を削ぐという認識が切実に存在し,マス数の縮減が優先されたのだと思われる.

(2) 東南アジア(ベトナム・タイ・ミャンマー)

ユネスコの記録では点字のインドシナへの伝来は1897年にまで遡ることができ,当時ショロン(Cholon)の盲学校の校長であったチー(Chi N. Y.)が

ベトナム語点字（以下 VB）を考案したとある（WBU, 1954, pp. 31-32, 134）．ラテン文字による表記を信奉する者がいたとはいえ，まだ漢字が公式の文字であった時代のことである．『世界盲人百科事典』（pp. 208, 454）によると盲学校は 1903 年に設立されたもので，VB はチー自身がフランスで学んだ点字をベトナム語式に直したものであったらしい．VB は洗練された音素文字と評されるチュー・クォックグー（ベトナム語アルファベット）の綴字そのままに設計がなされており，音素数に関係なく 1 字母は 1 マスで，2 字母は 2 マスで表される．ph/f/ や ngh/ŋ/ など複数字母で表記される音素が少なからず存在するため，音節を頭子音／韻／声調に三分する点字法はおろか，実際の音素数よりもさらに多くのマスを要することになるが，ベトナム語では韻の総数が 100 を超すため，韻を単位にマスを与えることは現実的な方策ではない．

　VB を記載した資料として WBU（1954）と WBU（1990）があるが，両者の間には若干の不一致が認められる．（ⅰ）⠝が前者ではチュー・クォックグーの d に，後者では đ に割り当てられ，⠵が前者では z に，後者では d に割り当てられている．（ⅱ）後者ではチュー・クォックグーで使用されない f, j, z が記されていない（w は両者ともに記されていない）．（ⅲ）後者では声調を表す記号が記されていない．ベトナムでは点字法が統一されておらず，地域や盲学校ごとに相異なる点字法を用いているため，互いの点字が読めない事態を招いているという批判があるが（VIETNAM NET），両者の不一致はこうした不統一の一端を覗かせるものであろう．

　タイ語点字（以下 TB）は WBU（1954）と WBU（1990）に記載が見え，Tiengladdawong・Robinson（1986）では点字法の特徴が部分的に紹介されている．3 資料の記す記号は基本的に一致しており，WBU（1990）で ฤ /rɯʔ/ や ฦ /lɯʔ/ を表すものなど 4 個の記号が追加されている以外は WBU（1954）のものと大差はない．TB は 1939 年に盲学校（Bangkok School for the Blind）を設立したことで知られているアメリカ人のコールフィールド（Genevicve Caulfield）によって 1938 年頃に考案されたものであり（WBU, 1954, p.32），後述のとおり結合音節文字であるタイ文字の文字要素に則した設計がなされている．

　ビルマ語点字（以下 BB）を記載した資料には WBU（1954）と Garthwaite

(1899) がある．両者は全く異なる点字法である．WBU（1954）の BB は 1914〜18 年の間にジャクソン神父（William Henry Jackson）が考案したものであり，結合音節文字であるビルマ文字の文字要素を基調としつつ，ビルマ語の音的要素を部分的に反映させた設計がなされている．神父は 1919 年にケメンダイン（Kemendine）に聖ミカエル盲学校を設立したことで知られている（『世界盲人百科事典』205 頁）．Garthwaite（1899）の BB は記号の音素化を追求した設計がなされている．

3．統合的問題

(1) マスを担う単位

ここでは導入の歴史を紹介した点字法から NB と TB を取り上げる．理由は両者が「マスを担う単位」に関して対照的な様相を呈するからである．表 1 はその比較である．

表1　点字法の比較

	NB（WBU, 1990）	TB（WBU, 1954 など）
音声言語	中国語	タイ語
文字言語	漢字（表語文字）	タイ文字（結合音節文字）
マスを担う単位	音的要素 （頭子音，韻，声調）	文字要素 （子音文字，母音符号，声調符号）

中国語は漢字で表記される．漢字は表語文字であり，（声調も含め）発音を字形から窺い知ることはできない．また字数が厖大であることから，マスを担う単位に設定することは現実的ではない．そのため NB では文字要素にマスを与えるのではなく，音的要素にマスを与えている．記号内容は音節の三分された各部分（頭子音，韻，声調）であり，記号の統合体が表すのは漢字ではなく，漢字音である．⠆⠒ が表すのは [i]（去声）であり，[i]（去声）という音を持つ「意」や「義」，「異」，「益」ではない．このタイプの点字法を「音素型点字法」と呼ぶことにする．

タイ文字は頭子音を表す子音文字を中央に，母音を表す符号をその上下左右に，声調を表す符号を上に，末音を表す子音文字を右に配することで音節を表す仕組みになっている．TB は音的要素ではなく，これら文字要素に逐

一マスを与える設計がなされている．記号内容は文字要素（子音文字，母音符号，声調符号）であり，記号の統合体が表すのはタイ語の音節ではなく，綴字である．⠅が表すのは ก であり，⠛ が表すのは ท であり，⠅⠛ が表すのは ธ である（ก と ท，ธ はともに /th/）．⠗ が表すのは常に ร である（ร は /r/ だが，รร では /a/ か /an/）．このタイプの点字法を「字素型点字法」と呼ぶことにする．このタイプでは音韻に従った合理性は必ずしも追求されない．例えば，タイ文字には少数ながら ◌ํา /am/ のように「母音部分＋末音」を表す文字要素が存在する．母音部分と末音とが異なる文字要素で表されるという標準から外れているため，/am/ は母音部分 /a/ と末音 /m/ に分解されそれぞれにマスが与えられてもよいはずだが，そのような配慮はなされていない．結果として TB では統合体に要するマス数とタイ語の音的要素の数の間，さらには文字要素の数の間に一対一の対応関係は成り立たず，マス数の不揃いな統合体を抱え込むことになる．ทำ と ธรรม の音価は同じ [tham] であるにもかかわらず，点字では前者は 2 マス（⠞⠍），後者は 5 マス（⠞⠗⠗⠍⠍）となる．

(2) マスの配列順序

次に NB と TB について「マスの配列順序」を見ることにする．

NB では声調を表すマスを義務とはせず，必要な場合を除いては頭子音と韻の 2 マスで済ます規則になっているが，配列順序は「頭子音→韻（→声調）」である（滕・李，1996，33 頁）．分節音素（およびその組み合わせ）である頭子音と韻についてはマスを音声言語の線条性に従って配列し，超分節音素である声調についてはマスを末尾に配列するこの順序が反映しているのは，「声，韻，調」という中国語の音節に対する伝統的な分解法である．

音節に対する伝統的な分解法の他に配列に影響を及ぼしたものとして，NB では言語政策を挙げることができる．韻を表すマスの省略という変則にそれは現れている．NB では [tsɿ], [tsʰɿ], [sɿ], [tʂɻ], [tʂʰɻ], [ʂɻ], [ʐɻ] の 7 音については韻 [ɿ], [ɻ] を表すマスを加えず，頭子音のみで済ますことになっているが，これは 1918 年に中華民国教育部が公布した「注音字母」や，1931 年にソ連領内で制定された「北方話拉丁化新文字」の表記規則と一致する．注音字母や北方話拉丁化新文字ではこの 7 音については韻を表す字母を加えない．滕・李（1996，33 頁）でも指摘されているように，

NBの設計にはこの2種類の単音文字が参考にされていると考えてよい．細川（2001, 651頁）ではマスを加えない理由を，[ㄧ]と[ㄨ]が「一般のiと違ってそのまま自然に出る母音である」ことに求めているが，調音面での特徴が直接投射されたものとするこの解釈では，注音字母の公布より早くに考案されたUMBでこの7音について韻を表すマスが加えられ，[ə]を表す記号が当てられている事実を説明できない．注音字母は漢字音を表記し統一させるための手段として登場し，北方話拉丁化新文字は将来正書法となることが期待されていた単音文字であった．NBが考案された1950年代は，文字改革の要として識字や表音化が盛んに議論されていた時代である．一見変則に見えるこの設計には，まさに当時の言語政策の末端が具現しているのである．単にマスの縮減だけが目的であったわけではないだろう．

　TBでは配列順序は一般的に「（頭）子音文字→母音符号→（末）子音文字→声調符号」であるが，母音符号ั，า，อを子音文字の右に書く綴字では声調符号のマスを母音符号のマスに先行させることになっている（Tiengladdawong・Robinson, 1986, p.144）．タイプライターの打ち方に由来するというこの順序に従うと，ข้าว [kha:u] は「（頭）子音文字ข /kh/→声調符号 ้ →母音符号 า /aa/→（末）子音文字ว /w/」の順に表されることになる．この順序はタイ文字の筆順と一致している．またTiengladdawong・Robinson (1986, p.148) の掲げる表によると，เやโなどの母音符号を子音文字の左に書く綴字では母音符号のマスを子音文字のマスに先行させるようである．โจ๊ก [tʃo:k] がもし「母音符号 โ /oo/→（頭）子音文字จ /c/→声調符号 ๊ →（末）子音文字ก /k/」の順に表されるのであれば，これもタイ文字の筆順と一致する．さらに，末音が後続する母音符号เ◌็やแ◌็については，เやแを表すマスが子音文字のマスの前に，็を表すマスが子音文字のマスの後ろに，別々に配列されるようである．これに従うと，เด็ก [dek] は「母音符号 เ /e/→（頭）子音文字ด /d/→母音符号 ็ /e/→（末）子音文字ก /k/」の順に表されることになる．組み合わせを分解した点字記号化が行われているわけだが，分解されていることでこの配列もタイ文字の筆順と同じとなっている．つまり，これらの配列は全て音声言語の線条性に対する無秩序さとは裏腹に，文字言語の線条性を遵守したものとなっているのである．同時に，二次元的に展開する墨字の視覚形象が強く投射されている点も見逃

すことはできない.

おわりに

　点字記号は語や意味を表すものではない．しかし盲人をして晴眼者と同じ「読み」を可能ならしめることを目的として誕生した点字は，墨字の綴字や文字要素を強く意識した設計がなされることがある．英語の ng は 2 字母で単音 [ŋ] を表すが，英語点字では ng を 1 マスで表すことはせず，n と g の記号 2 マスを用いて表す．「文字要素」が前面に出，「音的要素」は背後に隠れることで晴眼者が脳裏に浮かべるのと同じ視覚形象を享受させる仕組みになっているのである．この仕組みは音節構造や表記体系を異にする声調言語の点字にも持ち込まれていると言ってよいだろう．「音素型点字法」である NB でさえも設計の一部分に（公式の文字ではないとは言え）単音文字が参考にされていることは先に述べたとおりである．ならば墨字が国家語や公用語としての位置付けを与えられているものである限り，点字は盲人の「読み・書き」をして自ずと当該公共圏の標準的なリテラシーに従属もしくは同化させる役割をも演じてしまうことになる．国家主義的な画一化とどう向かい合っていくのかが不可避な課題でもある「人間の安全保障」にとって，安易なリテラシーを標榜することは，晴眼の非識字者を対象とする識字教育の場合と同様に，自戒されねばならないのではないか．

[付　記]
　本章には平成 16-18 年度科学研究費補助金基盤研究（B）「香港におけるリテラシーの変遷と変異に関する社会言語学的研究」（代表者：吉川雅之）［課題番号：16320048］の成果が含まれている．
　資料収集では阿部典子さん（古，1993），古泉達矢さん（黄，1994），Truong Thi Hoang Lan さん，金子肇さん，櫻木美穂さん（ベトナムの点字使用状況）にご協力いただきました．ベトナム語の音韻については清水政明さんにご意見をいただきました．謹んでお礼を申し上げます．

[文　献]
世界盲人百科事典編集委員会編『世界盲人百科事典』（日本ライトハウス，1972 年）．

細川由起子「点字」河野六郎・千野栄一・西田龍雄編著『言語学大辞典　別巻　世界文字辞典』641-655頁（三省堂, 2001年）.

吉川雅之「広東語点字の表記法」平成16-18年度科学研究費補助金基盤研究（B）［課題番号：16320048］研究成果報告書『香港におけるリテラシーの変遷と変異に関する社会言語学的研究』97-118頁（2007年）.

Campbell, William, *An Account of Missionary Success in the Island of Formosa* (London: Trubner, 1889).

Clayton, George A., "Work Among the Blind," *The Chinese Recorder*, Vol. 40, No. 5, pp. 249-255 (1909).

Couling, Samuel ed., *The Encyclopaedia Sinica* (Shanghai: Kelly and Walsh, 1917).

Emberley, William H., "School for the Blind, Hankow," *Work & Workers in the Mission Field*, Vol. 5, pp. 100-105 (1896).

Fryer, George B., "Work among the Blind of China," in MacGillivray, D. ed., *The China Mission Year Book being the Christian Movement in China 1914* (fifth year of issue), pp. 312-330 (Shanghai: Christian Literature Society for China, 1914).

Garland, Susie J., "Home Teaching of the Blind China," *The Chinese Recorder*, Vol. 50, No. 4, pp. 251-256 (1919).

Garthwaite, Liston, *The teacher's key to a Burmese first spelling book and reading primer for the blind (incomplete system, without contractions or abbreviations), to which is added a Burmese second book for the blind (complete system, with contractions for the double letters, and scheme of abbreviation)* (Chester: Printed for the author by G. R. Griffith, 1899).

Gordon-Cumming, Constance F., *The inventor of the numeral-type for China: by the use of which illiterate Chinese both blind and sighted can very quickly be taught to read and write fluently* (London: Downey, 1898).

Hillier, Edward G., *Chinese braille: or, the braille system of reading and writing for the blind, adapted to the Chinese Official language* (Peking: [s. n.], 1908).

Hillier, Walter, *Memorandum upon an alphabetical system for writing Chinese, the application of this system to the typewriter, and to the linotype or other typecasting and composing machines, and its adaptation to the Braille system for the blind* (London and Beccles: William Clowes, 1914).

MacGillivray, Donald ed., *A century of Protestant missions in China (1807-1907): being the Centenary Conference historical volume* (Shanghai: American Presbyterian Mission Press, 1907).

Mackenzie, Clutha N., *Blindness in China: report to the Government of China* (Great Britain: Stanhope Press, 1947).

Mackenzie, Clutha N., *World Braille Usage: a Survey of Efforts towards Uniformity of Braille Notation* (Paris: UNESCO, 1954).

Sharp, John ed., *The Gospel in many tongues, enlarged and revised edition* (London:

British and Foreign Bible Society, 1912).

Tiengladdawong, Manot and Robinson, Mary L., "The Thai Braille Writing System," *Crossroads*, Vol. 3, No. 1, pp. 134-153 (1986).

World Braille Usage (Paris: UNESCO; Washington, D. C.: National Library Service for the Blind and Physically Handicapped, 1990).

郭卫东「基督教新教传教士与中国盲文体系的演进」『近代史研究』第 2 期, 110-124 頁 (2006 年).

黄加尼「汉语盲文统一的日子该到来了」『中文信息』第 4 期, 8-9 頁 (1994 年).

潘山「漢語盲文音素化和系統化的改進」『中國語文』6 月号 [第 60 期], 38-41 頁 (1957 年).

全国残疾人抽樣調查办公室編『中國残疾人手冊』(北京: 地震出版社, 1988 年).

唐子淵編著『國語點字及其標點符号』(台北: 正中書局, 1969 年).

滕伟民・李伟洪主編『中国盲文』(北京: 華夏出版社, 1996 年).

中華民國教育部編『中國教育年鑑』(台北: 宗青圖書出版公司, 1991 年).

中華續行委辦會編訂『中華基督教會年鑑』(上海: 商務印書館, 1914 年).

周有光「漢語盲文的音素化和系統化」『中國語文』9 月号 [第 51 期], 19-23 頁 (1956 年).

[電子出版物]

"「ヒューマンセキュリティの基盤」としての言語政策", 慶應義塾大学「21 世紀 COE プログラム」日本・アジアにおける総合政策学先導拠点——ヒューマンセキュリティの基盤的研究を通して. (online), available from <http://coe21-policy.sfc.keio.ac.jp/ja/project/t_anf.html>, (accessed 2007-10-14).

"Amy Oxley: Letters from China", *Project Canterbury*. (online), available from <http://anglicanhistory.org/asia/china/welch_oxley.pdf>, (accessed 2007-11-10).

"Thống nhất hệ thống kí hiệu Braille cho người mù Việt Nam", *VIETNAM NET*. (online), available from <http://www.vnn.vn/giaoduc/2004/03/54715>, (accessed 2006-10-01).

【読書案内】

木村護郎クリストフ『言語にとって「人為性」とはなにか——言語構築と言語イデオロギー : ケルノウ語・ソルブ語を事例として』(三元社, 2005 年).

* 社会言語学で従来支配的であった「自然」と「人為」の二分法そのものに対して疑問を投げかける気鋭の論考である. 言語の無意識な使用と言語への意識的な働きかけを「自然」と「人為」の二分法で捉えることを批判し, 言語政策から言語態度さらには全ての言語活動を 1 つの軸で捉える視点を提示する. そして「言語使用の堆積」という尺度と「言語イデオロギー」という触媒を掲げることで, 言語活動に働く「人為性」の理論化を目指している. 少数言語の維持・取り替えのみならず言語を社会との関連で考察する上で重要な一書となっている. 特に第 1 部は斯界の研究史や理論発展を辿る上で必読である.

三上喜貴『文字符号の歴史——アジア編』(共立出版, 2002 年).

* アジアで使用されている様々な系統の文字について情報処理の分野から文字符号化を論じた専門書として, 最も貴重な一冊である. 内容は ASCII 以来のコンピューターにおける文

字符号化という本題にとどまらず，文字の歴史と構成，文字符号化以前の活字印刷，言語・文字政策にまで及んでおり，著者の研究の深さと広さを窺い知ることができる．同時に，文字論の最先端と評してよい精密な内容が，無駄のないかつ理解しやすい文章で綴られている．「結合音節文字」や「完全音節文字」をはじめ文字の類型と構造については本書を参照されたい．

日本点字委員会編『日本点字表記法　1990年版』（日本点字委員会，1990年）．
  * 日本語点字の表記法についての総覧であり，文字や符号，語から分かち書きに至るまで，規則と用例が網羅されている．本章で触れなかった日本語点字について，音節文字「仮名」の活かしかたを知る上で重要である．

Tenberken, Sabriye, *Mein Weg führt nach Tibet: Die blinden Kinder von Lhasa* (Köln: Verlag Kiepenheuer & Witsch, 2000).
  * チベットで盲教育を興したドイツ人活動家サブリエ・テンバーケンの活動記録である．邦訳『わが道はチベットに通ず』が2001年に風雲舎より出版されている．著者はチベット語の点字を1992年までに考案しており，点字法の一部が原著の64-65頁に記載されている．これと期を同じくして中国側からは別の点字法が創案として提示されている（古文義「藏語盲文創制方案」（『青海民族学院学報（社会科学版）』第4期，32-39頁，1993年））．両者は異なる点字法であり，統合的問題では相似するものの，選択的問題では懸隔甚だしい．ともに結合音節文字であるチベット文字の綴字に従った設計がなされており，文字要素にマスを割り当てる「字素型点字法」である．前置字，上接字，基字（子音文字），下接字，母音符号，後置字といった各文字要素を担うマスの配列順序にも根本的な違いは見られないが，しかし記号の割り当ては大いに異なっている．

III

経済発展の未来

貧困削減をめざす農業の試練

木村秀雄

●人間が生存するためには，まず食料を確保しなければならない．食料の確保は，人間の安全保障の根本に横たわる問題である．先進国では，体重超過が問題となり，数多くの人々がダイエットに励む一方で，開発途上国では栄養不良や飢餓に苦しむ人々が少なくない．世界の貧困と食料不足の解決を考えるためには，農業の問題を避けて通ることができない．世界の農業の現状と問題点について考えていこう．

はじめに

　世界中で多くの人々が日々の十分な食料を入手することができないでいる．特に，天候不順による旱魃（かんばつ）や洪水，地震や津波などの天災，内戦や他国による侵略などに遭遇すると，人々はたちまち飢餓状態に陥る．この急性かつ致命的な食料不足に加えて，慢性の食料不足に起因する栄養不良も，人々の生命や健康を侵害する．しかし，すべての人に食料が不足しているわけではない．先進国において飽食や肥満が大きな問題となり，フィットネスやダイエットに励む人々が多いことでもそれは明らかである．

　『食料の世界地図』によれば，1999年に世界全体で5.8%の人が体重不足である一方で，8.2%の人々は体重が超過していた．しかし，その割合は先進国と開発途上国で大きく異なっている．開発途上国全体では，体重不足6.9%超過4.8%と，不足と超過の割合が世界全体の場合と逆転しているのである．そして，後発開発途上国（開発途上国の中でも最も開発の遅れた国々）と発展した市場経済システムの国（いわゆる先進国）を比べると，違いはもっとはっきりする．後発開発途上国では，体重不足が8.9%にのぼる一方で体重超過は1.8%にすぎない．反対に，発達した市場経済システムの国々では，体重不足が1.6%に低下する一方で，体重超過は20.4%に達する．

開発途上国で多くの人々が十分な食料を入手できないのは，食料供給が不均衡であり，食料を入手するための富の分配が不平等であることが原因の1つであることは明らかである．食料不足の大きな原因は人々が貧しいことであり，貧困からの脱却が人間の安全保障の大きなテーマである所以である．そして，このような食料分配の不均衡に加えて，食料生産も大きな問題を抱えている．

世界の人口は増大を続け，農業生産の増加が人口の増大に追いつかないから，食料が不足するとずっと言われてきた．そして，現在の世界で食料不足に苦しむ人が多い現状を見れば，農業生産は需要を満たすことができず，世界の飢餓や栄養不足の問題を解決するためには，農業生産の増大が急務であると言われてきたのである．収穫量の多い品種や新たな栽培技術の開発が行われ，遺伝子組み換え作物の登場も，そのような流れの一環である．世界の農業を近代化し食料を増産するための援助も，さまざまな形で行われてきた．

しかし問題は山積している．食料が不足しないためには，自分で生産し消費するという自給農業も1つのやり方であるが，自給農業は世界規模で衰退している．また，農業の近代化という援助政策自身が，世界中で問題を引き起こしてきた．後に述べる「緑の革命」がその典型である．そもそも，農業による食料生産という産業自身が恵まれた立場にはない．人間の生存を支える基本的な産業であり，将来の世界規模の食料不足を想定すれば魅力的な産業であるはずの農業は，苦境にある．これは日本の状況を考えても明らかだろう．貧困・農業・開発に関わるさまざまな問題を，私が長年調査してきた南アメリカにおける具体例をまじえながら論じていこう．

1. 自給農業

まず，自給農業について考えよう．商業化された農業の目標は，利益を最大化することである．そこでは例えば，肥料や殺虫剤を投入することに伴う収穫量の増加と，肥料・殺虫剤購入のコストが秤にかけられる．労働者の雇用と機械化のコスト比較も重要である．他方，自給農業は自らが消費する食料の確保をめざすものであり，農産物の安定供給が最大の目標となるから，農作物が全滅したり大幅な減収に陥ったりしないための方策が求められる．

商業化農業が採用する方策を「利益最大化モデル」と呼べば，自給農業は「安全第一モデル」に即して行われる．

「安全第一モデル」の基本にあるのは，リスクへの対処である．自然に左右される農業は，旱魃・低温・多雨・洪水・強風といった天災・気候変化によって大きな被害を受ける．そしてこれらの災害は，完全に予測したり予防したりすることができないものである．リスクは常に存在し，それから完全に逃れることはできないというのが，自給農民の基本的な認識であり，リスクを分散し被害をできるだけ少なくする方策を準備している．

例えば，南米アンデス地域では，標高によって環境条件は急激に変化し，日照，風，雨，地質などによって土地の条件はさまざまであるため，狭い範囲に非常に多様な環境が併存する．環境が異なる土地をうまく使い分けて，リスクを軽減し農業生産を確保しようとするのが，自給農民の基本的な方策である．

具体的に述べてみよう．アンデス高地の伝統的な主作物は，標高3500 mから栽培限界高度の4200 mではジャガイモ，それ以下2000 m付近まではトウモロコシであり，もっと標高が下がるとトウガラシなどの熱帯性作物を栽培できるようになる．アマゾニア低地にまで至れば，主食はキャッサバ（マニオク）または料理用バナナ（プランテーン）である．このすべてを栽培するような広い領域をもった集団はまずないが，ジャガイモとトウモロコシの双方を栽培する集団は数多い．その他に，生育高度に合わせて，オカ，イサニョ，オユコといった根菜類や，キノアなどの雑穀，カボチャ，トマトなども栽培する．これらアンデス起源の作物の他に，カラスムギ，ソラマメ，エンドウ，タマネギなどのヨーロッパ起源の作物も栽培するなど，1つの集団が利用する栽培作物の種類は非常に多い．

そしてまた，1つの作物でも生育条件に合わせて数多くの品種を同時に栽培する．例えばジャガイモの場合，アンデス全域では1万種を超える品種があると思われるが，耐寒性に優れたもの，収穫量の多いもの，水不足に強いもの，逆に多雨に強いもの，煮くずれしにくいもの，茹でるとホクホクするものなど，1つの農家が30種類以上の品種を栽培することも珍しくない．そして，1人の農家は土地を1カ所に集中させず，村の領域のさまざまな場所に畑を分散させている．自らの農地をさまざまな環境条件の場所に分散さ

せることによって，耕作地の条件を多様化しているのである．作物の種類，品種，耕作地の条件を多様化させ，気候変化に対応するのが，自給農民がリスクを分散するやり方である．

そして飢餓を招かないための方策は，技術面のみに限らない．老齢者，年少者，障害者など農作業をすることができない人々への扶助，土地が不足する人が，労働を提供する代わりに土地の使用権を得る制度，提供された労働力に別の期間や別の種類の労働力の提供をもって応える労働交換など，社会的な相互扶助の社会的ネットワークが構築されていることが，セキュリティを確保するための大きな条件である．

このような自給農業が維持されていれば，少なくとも自らの食料を確保することはできる．アンデス地方は飢饉や餓死者が歴史上記録されたことのない稀有な地域である．しかし，自給農業を成り立たせるためにはいくつもの条件があり，限界もある．ここでは3点だけ指摘しておこう．

第1に，これまで述べたようなリスク分散方式からは，大きな利益は生まれない．現金収入が乏しいから，保健衛生や教育を十分に受けることができず，貧困状態から脱出することは難しい．

第2にリスク分散の基本となる多様性を維持することは，1年中非常に忙しく働かなければならないことを意味する．多様な環境条件の下で多様な植物を栽培し，弱者を保護するネットワークを維持するためには，いつもどこかで働いていなければならないからである．

そして第3に，自給農業が成り立つためには，家族などの社会単位に十分な土地が確保されていなければならず，労働力も潤沢でなければならない．都市部への人口移動が活発な地域や，大土地所有制がはびこっている地域では，自給農業を成り立たせることはきわめて困難である．

2. 労働集約型農業と機械化近代農業

自給農業は典型的な労働集約型の農業生産方式である．これは，農地に集中して労働を投下することによって，農地面積の単位当たり収量を増加させ，耕作面積が狭くても必要な収穫量を確保しようとするものである．この労働集約型の生産方式は，土地が肥沃で生産高が高かったり，販売価格の高い農

産物を栽培したりすれば，かなりの利益を見込むことも可能で，自給農業においてのみ用いられている生産方式ではない．農業以外，例えば日本の牧畜業においても，50ヘクタールの優良な牧草地と50頭の優秀な乳牛を持ち，搾乳や搬送を機械化し，家族だけで労働すれば，労働者の平均収入の何倍もの利益を引き出すことができると試算されている．

しかし，この方式が利益を生むといっても，それを成立させるためには，特別な条件が存在する．それは，労働者を雇用せずに家族が無償で働くという条件である．日本のように労働賃金が高いところでは，1人でも労働者を雇えば利益は消えてしまう．家族が無償で休みなく働くことが必要とされ，それは自給農業であっても利益追求型の農業であっても変わりがない．

そして，家族労働を労働者の雇用によって置き換えようとするとき，労働賃金が低ければ利益の減少は小さく食い止めることができるだろうし，生産規模を拡大して利益を増大させることも可能であるかもしれない．この極端な形が，奴隷制や農奴制のように，労働者を非人間的に扱うことによって労働コストを最小限にしようとする方策である．

家族労働のみ，または最小限の雇用労働を用いて利益を確保しようとするやり方は，家族による休みなしの無償労働が成り立たなくなったり，農業労働者が不足して労賃が上昇したりすれば，成り立たない．その場合には，人間による労働を機械によって代替しなければならない．その場合の問題点は，機械を所有することによるコストの上昇をカバーすることが難しいことである．耕作面積が小さく売上高が少なければ，機械化は決してプラスに働かない．機械化が有効なのは，機械の共同所有や貸与によって，耕作者個人にかかるコストを削減することが可能である場合と，耕地面積を大幅に拡大して，機械の保有コストをカバーできるまで総売上高を増加させることが可能な場合に限られる．

生産者の利益を増大させるその他の方策として，高い収量をあげたり病虫害や自然環境への耐性が高かったりする品種の導入，肥料や殺虫剤の使用，灌漑の整備をあげることができる．生産コストを削減するための遺伝子組み換え作物の導入もその1つである．また，労働効率を高めるために所有農地を1カ所に集中させる方策，農業機械の使用効率を高めるための圃場整備もそれに加えることができる．これに機械化を加えた方策が，農業の近代化と

呼ばれるものである．土地が平等に分配され労働集約農業が卓越している地域では，農業の近代化は生産高の増加につながり，農民の所得を増大させる．農村人口が多く所有地が細分化されて農民が十分な収入を得ることができないところでは，貧困の削減に農業の近代化は寄与するだろう．

　しかし，人口が稠密な地域で，少数の人に所有地が集中すれば，労働者の賃金は必然的に低くなり，大土地所有者に大きな利益を与えることになる．土地所有者と土地なしの農業労働者によって成り立つプランテーション農業がその典型である．また，労働力が稠密でなかった地域で，外部から労働力を導入して暴力的な形で囲い込み，強制的に働かせた奴隷制や，労働者を所有地に囲い込み，自らの食料を生産するための最小限の土地を割り当てた上で，労賃を支払わずに労働させる農奴制でも，同じことが起こる．また，土地所有者が自ら耕作せず，労働集約型の農業を委託し地代をとるかたちの小作制もある．

　このような，奴隷制・農奴制・小作制・プランテーションのもとでは，利益は土地所有者のみのものとなり，農業労働者の手には入らない．土地所有が不平等なところでは，農業の近代化は土地所有者の利益を増大させるだけで，農業労働者には配分されないことになる．さらに，機械化や灌漑の整備によって土地の生産性が増加し利益をあげることが可能になれば，それまでは土地を小作にまわし地代の徴収で満足していた土地所有者が，小作人を追放して直接耕作に乗り出すかもしれない．農業の近代化は貧困を削減しないばかりか，かえって貧困を増大させる効果をもつこともあるのである．農業部門における利益の増大や農業生産の拡大は，貧困の削減，ひいては食料不足の解消と必ずしも相関しない．

3．「緑の革命」の成功と失敗

　食料不足の解消と農業生産の増大をめざして農業の近代化が図られ，研究開発や開発途上国への援助が行われてきた．その中で世界の食料不足を解消し貧困を削減する決定打として賞賛され，やがてその限界が明らかになった有名な計画に「緑の革命」がある．この「革命」は典型的な農業近代化の方策であり，一定の条件の下では農業生産を飛躍的に増大させるが，開発途上

国の貧困の削減に大きく寄与したと評価することはできないのである．すぐ前に述べたような，農業生産の拡大が必ずしも貧困削減につながらなかった典型的な例である．

荏開津典生の『農業経済学〔第2版〕』にしたがって，「緑の革命」はいかなるモノであったのか描いてみよう．「緑の革命」が始まった契機は，「メキシコこびと小麦」やIR8といった新しい栽培品種の開発である．「メキシコこびと小麦」はメキシコに設置された国際農業機関である「国際トウモロコシ・小麦改良センター」で開発された小麦の新品種で，在来種の2倍近い生産量をもっていた．IR8はフィリピンに置かれた「国際稲作研究所」で開発された高収量のイネの新品種で，収量が在来品種より大幅に高いために「奇跡のコメ（ミラクルライス）」とか「驚異の種子（ワンダーシード）」と呼ばれた．HYVと総称されるこれらの高収量品種の導入によって，世界の穀物生産は飛躍的に拡大し，食料不足が解消することが期待されたのである．

しかし，これらの新品種がその能力を発揮するためには，いくつもの条件があった．HYVはおしなべて丈が低い．そのために雑草を効果的に駆除しないと「メキシコこびと小麦」は雑草に埋もれてしまって，生育することができず，洪水によって水田が冠水するところでは，IR8は水没してしまう．雑草がはびこる畑や冠水する水田では，丈の高い在来種や浮稲が適しているのである．HYVの導入には，除草剤の導入や治水設備の整備による洪水管理が不可欠だったのである．

また，HYVの基本的特徴として，その高い耐肥性と肥料反応性があげられている．これは肥料を大量に投入すれば高収量をあげるが，肥料が足りないと在来種ほどの収量をあげることすらできないことを意味する．また，高収量を確保するためには灌漑用水の整備も必要とされる．肥料の大量投入と用水管理が新品種の導入とセットになってはじめて，「緑の革命」は生産の増加につながるのである．

前に述べたように，「緑の革命」は典型的な農業近代化政策であり，また同時に外部からの援助なしには成り立たないものである．農業近代化には生産コストの増大が必然的に伴う．「メキシコこびと小麦」が日本の農林10号とメキシコの在来小麦種の交配から生まれたものであり，IR8が台湾の改良品種とインドネシアの在来品種の交配の産物であることからわかるように，

高収量品種はしばしば一代雑種であり，高収量を保つためには種子を毎年購入しなければならない．

また，「緑の革命」に直接関係するものではないが，アンデス高地で栽培されるようになったジャガイモの高収量品種の場合でも，種イモは毎年オランダの種子会社から購入しなければならない．ジャガイモの在来農法でも病虫害の蔓延を防ぐために別の地域で栽培されたイモを種イモとして使用する傾向があるから，外部からの種イモや種子の導入が在来農業と直接衝突するとは限らないが，新たに導入された品種を利用するためには購入資金が必要であり，特定の種子会社への依存体制ができあがるおそれもある．

「緑の革命」によって，例えばインドネシアにおける農業生産が増大したことは間違いない．しかしこれは，「緑の革命」が農村部における貧困削減に直接つながったことを意味しない．「緑の革命」の実行のためには，生産者の資金負担能力の増大や外部からの資金援助が必要であり，これが円滑に実行されるか否かが，成功の鍵を握っている．上に述べたように，この「革命」は農業生産者の自発的意思によって始まったものではなく，外部世界の研究開発や援助によって支えられてきたのである．高収量品種は国際機関によって開発され，灌漑水路などの施設整備，農業機械の導入，資金の提供は，国家や海外の援助機関の関与なしには行うことができない．

そして，援助の導入はきわめて政治的な行為である．外部からの援助がすべての地域に対して均等に行うことができるものでない以上，どの地域のどの人に援助が届くかの決定には，さまざまなレベルでの政治的思惑や利益誘導が介在し，これがしばしば富める者をますます豊かにし，貧しい人々を置き去りにすることは珍しくないのである．前に述べた小作農の追放によって貧困層が一層拡大した例が，「緑の革命」においても報告されている．

4. 貧困削減と能力開発

「緑の革命」を象徴的な存在とする農業近代化においては，生産コストの増大に対応する生産者の側からの投入資金の増加が当然必要とされる．この資金需要に対しては公的な援助が必要とされるが，しばしば強調されるのは，投入資金を用意するための貯蓄の増大や，生産活動以外に振り向けられる留

保賃金水準の低下である．このために，農民たちに対してセミナーなどを通して貯蓄や投資の重要性を説き，長期的資金運用への理解を涵養することが行われる．また，初等教育システムや保健衛生システムを改善することによって，貧しい人々がそちらに振り向ける資金負担を軽減しようともする．このような方策を通して，貧困からの脱出に寄与する活動への農民自身による投入額を増やそうとするのである．

このような考え方は，「人間の安全保障」において，個人の能力開発の重要性が強調されていることと，軌を一にしている．「人間の安全保障」の提唱者の1人であるアマルティア・センは，開発援助における当事者の自発的参加を強調しており，貧困者の能力開発（エンパワーメント）をはかることが不可欠であると主張している．エンパワーメントの重要性は，いろいろな場面で見て取ることができる．ここでは，農地改革との関連で論じてみたい．

開発途上国の農村部においては，土地所有の不平等がいまなお蔓延しているところが多い．そして，農地改革による土地の再分配が，不平等を是正するための決定的な手段であることは疑いない．農業生産の面でも，伝統的な大土地所有体制における非効率的な農業生産が，農地改革による自営農民の創出による労働集約型農業に転換し，農業生産の増加に寄与するという指摘もある．

しかし，農地改革によって農村部における不平等が是正されることは間違いないとしても，それが農業生産の増加に直接つながると，即断するわけにはいかない．前に，農業生産の増加が貧困の軽減に直接つながるとは限らないと指摘したのと似たような事態が，ここでも起こっている．そのよい例が，南アメリカのペルーとボリビアで行われた農地改革の結果である．ボリビアでは1953年から，またペルーでは1968年から農地改革が行われた．その結果，大規模私有農園（アシエンダ）は解体され，社会的不平等は大きく改善された．しかし，それが農業生産の増加にはつながらなかったのである．

両国とも，前近代的な農業体制を廃止し，アシエンダによって搾取されてきた農奴を解放して協同組合に組織することによって，農業の近代化をはかることを，農地改革の目的であるとした．その結果，旧所有者には領域の一部が残されたのみで，アシエンダは解体され，ほとんどの土地は協同組合という形に組織された農奴たちの手に帰した．

改革前の農奴たちはアシエンダ領主の直轄地で働いたり，領主館における用務に従事したり，家畜の世話をしたり，収穫物を都市まで運搬したりしたのだが，自らの食料を生産するための自留地を与えられていた．改革後も自留地は排他的な保有地（土地の処分権はなく法的に登記されているわけではないので所有地ではない）となり，土地の利用権は改革前と変わらなかった．そして領主の直轄地がアシエンダ単位で作られた協同組合の共同耕作地となったのだが，共同耕作地における農業生産は大きく減少し，自留地における生産も自給の域を出ることがなかった．その結果，ペルー，ボリビア両国の農業生産は減少することになったのである．

　領主の直轄地では単純労働者としてしか働いたことがなく，自留地では自給用に慣習的農業を営んでいたにすぎない農奴たちが，商業的農業を運営できるはずはなく，旧農奴たちを支援するために政府から送り込まれた技術者たちは，ほとんどが能力に乏しく，腐敗した者も少なくなかった．農地改革によって農業生産を増加させるためには，外部からの支援が重要であると同時に，農民自身のエンパワーメントが不可欠である．自らの能力開発によって農業生産を増加させ収入を増加させなければ，貧困から抜け出すことはできず，真の意味での社会的平等を達成することもできないのである．

おわりに

　農業は世界中の人類に食料を供給する重要な産業であるにもかかわらず，決して恵まれた立場に立っていない．世界の農業生産とくに穀物生産は，穀物メジャーと呼ばれる少数の取引業者によって支配されている．カーギル社をはじめとする大企業は，衛星などを使って世界中の天候や農業生産に常に目を光らせ，将来の農産物価格を予測し，買い付けや備蓄の放出によって利益をあげる機会を狙っている．

　このような取引業者が巨大な利益を上げる一方で，中小規模の農業生産者たちは苦しい立場に追い込まれている．現在の食料生産で利益を上げているのは，開発途上国に広く展開する大規模プランテーションか，巨額の補助金によって守られたアメリカ合衆国など先進国の商業農民だけである．世界貿易機構（WTO）における包括的貿易交渉がまとまらない原因の1つは，先進

諸国が自国の農民を保護するための補助金の撤廃や切り下げに応じないことである．その一方で，先進国は途上国に対して，財政赤字を削減し対外債務を返済するために，補助金を削減し財政支出を減少させることを求めてきた．補助金に守られて農作物を低価格で販売することが可能である先進国の農産物輸出に，開発途上国の中小規模の農民たちが対抗することは難しい．

　そしてまた，人間の食料になりえる農作物がそれ以外の目的で消費されることも少なくない．例えば世界の穀物生産のうちで重要な割合を占めるトウモロコシや大豆は，かなりの部分が家畜飼料として用いられる．世界中で，人々が金銭的に豊かになると，肉の消費量が増える傾向がある．かつてトウモロコシや大豆の最大の輸出国であった中国は，国民の収入が増えるにしたがって鶏肉の消費量が莫大に増加し，国内の養鶏が盛んになることによって，トウモロコシや大豆は国内で飼料として消費されてしまい，輸入国に転落したのである．

　また，自動車用の燃料として，石油を補うものとして最近注目されているアルコールの場合，サトウキビなどと並んでトウモロコシやキャッサバが，原料として注目を浴びている．植物を燃料に転換するバイオ燃料は，地球温暖化を食い止めるための手段とされているものだが，トウモロコシやキャッサバは人間の食料になるものである．農産物の多くは売却して利益を上げるために生産される．だから，買い手がなければ農業は成り立たず，食料にまわすよりも飼料や燃料の原料として売却するほうが，その需要があり，価格も高くなるとなれば，農産物は食料とはならないのである．バイオ燃料の開発が地球温暖化の防止に寄与すると言われているのは，燃料という新たな形の需要が作り出されることによって，農業地すなわち緑が増加すると推定されているからである．しかし，これは食料の増産にはつながらない．

　だから，農業生産を増大させることが飢餓や食料不足を防ぐと単純に言うことはできない．農業生産が飼料や燃料に振り向けられてしまえば，農業生産は増大しても食料生産が増大するわけではないし，価格が貧しい人の手に届くほど下落するわけでもないのである．そして同時に，小規模の農業生産者も，貧困状態から抜け出すことができる収入を得るようになるわけではない．消費者であれ生産者であれ，現在の体制のままで農業生産の増加をはかっても，食料の増産にはつながらず，貧困状態をかえって悪化させる可能性

すらあるのである．

　農業をとりまく環境は決して明るいとはいえない．環境条件の厳しい地帯における自給農業は，労働力の集約的な投入によってしか維持することができず，人口移動による過疎化によって，存亡の危機に立っている．作物を自給するより，輸出用作物を栽培して販売し，安い輸入食料を購入したほうが，より豊かな生活を送ることができるという，国際機関の提案に従ったサハラ地区の自給農家は，環境条件の急変を乗り切ることができず，深刻な食料不足に陥り，多数の餓死者を出した．

　こうした事態を前に，貧困者が事業を開始するための小額の資金を無利子・無担保で融資するグラミン銀行などのマイクロファイナンス事業や，消費者との直接取引きを通じて中間搾取を廃し，生産者により多くの利益が残ることをめざすフェアトレード，化学肥料や農薬による土壌劣化を防ぎ持続的開発をめざす有機栽培，被援助者の自発的参加を強調する参加型開発手法など，さまざまな試みが行われている．参加型開発といっても，結局援助側の主導にすぎず，住民の積極的参加とはいったい何か不明であるという議論があるなど，これらの方策がみな成功しているとは言えないが，さまざまな方策を試し組み合わせていかなければ，貧困に立ち向かっていくことはできない．アマルティア・センが，貧困解消や開発にはどこででも通用する方法がないというのは，まさにその通りである．農業や貧困には，さまざまな要因がからまりあっている．具体的な出来事から目を離さず，しかも同時に世界を見渡す目をもつことが，何にもまして重要である．

[文　献]

荏開津典生『農業経済学〔第2版〕』（岩波書店，2003年）．

木村秀雄『リスク処理・相互扶助・歴史変化（亜細亜大学経済社会研究所ディスカッションペーパー第24号）』，1988年．

木村秀雄「アンデスの自給経済とその変化」梅棹忠夫・山本紀夫編『山の世界――自然・文化・暮らし』309-318頁（岩波書店，2004年）．

シヴァ，ヴァンダナ著，浜谷喜美子訳『緑の革命とその暴力』（日本経済評論社，1997年）．／Shiva, Vandana, *The Violence of the Green Revolution* (Third World Network, 1991).

セン，アマルティア著，池本幸生・野上裕生・佐藤仁訳『不平等の再検討――潜在能力と自由』（岩波書店，1999年）．／Sen, Amartya Kumar, *Inequality Reexamined* (Oxford:

Oxford University Press, 1992).
セン,アマルティア著,黒崎卓・山崎幸治訳『貧困と飢饉』(岩波書店,2000年)./Sen, Amartya Kumar, *Poverty and Famines: an Essay on Entitlement and Deprivation* (Oxford: Clarendon Press, 1981).
チェンバース,ロバート著,穂積智夫・甲斐田万智子訳『第三世界の農村開発——貧困の解決—私たちにできること』(明石書店,1995年)./Chambers, Robert, *Rural Development: Putting the Last First* (London; Longman Scientific & Technical, 1983).
原洋之介『開発経済論〔第2版〕』(岩波書店,2002年).
ミルストン,エリック,ティム・ラング著,大賀圭治監訳,中山里美・高田直也訳『食料の世界地図』(丸善,2005年)./Millstone, Erik and Tim Lang, *The Atlas of Food: Who Eats What, Where and Why* (London: Earthscan, 2003).

環境と向き合う知恵の創造
沖縄農業の挑戦

永田淳嗣

●人々が，自らを取り巻く政策環境，社会経済環境，そして固有の生態環境と向きあいながら，より望ましい生のあり方を実現していくための知恵は，しばしば，現実の環境と人間との複雑な相互作用の中から生み出される．そうした知恵を探り出す，1つの研究のアプローチを紹介する．

はじめに

　今日，人文社会科学の様々な分野で，広い意味での「人間の安全保障」と共鳴するような視座の転換や新しい研究アプローチの模索が活発になってきている．端的に言えば，人々のより望ましい生のあり方の実現を重視する立場に立って，従来のアプローチを見直すような動きが，分野やテーマを問わず今まで以上に力を得つつあるということだ．私は人文地理学の立場から，これまで日本や東南アジアを中心に，国土の変容やそれに関わる人間活動，特に農業の変容を研究してきた．私の研究テーマは「人間の安全保障」という言葉から直ちにイメージされるような人間存在を脅かす切迫した問題ではないかもしれないが，研究が目指す方向は，「人間の安全保障」の課題と響きあう面が少なくない．

　本章では，冒頭に述べた視座の転換や新しい研究アプローチを意識した，私達研究グループの沖縄農業研究プロジェクトを紹介してみたい．1972年の日本復帰後の沖縄では政策環境が激変し，政府による政策介入が格段に強化された．しかし，政策と現実の農業変容との関係は単純ではない．復帰後30余年，政策が思い描くような農業変容が起きているとは必ずしも言えず，沖縄農業の模索そして挑戦は続いている．

　以下では，現実に生じている事態に徹底的に向き合う中から，政策と環境と農業変容の間の複雑な関係を読み解き，農業それ自体のあり方や政策介入

のあり方に関して有用な示唆を導き出そうという，私達が試みた研究のアプローチを示してみたい．現実の事態の深い理解に根ざしたこうしたアプローチは，産業としての農業の成長や衰退よりも，農業を通じた人々のより望ましい生の実現を一義的に考える，政策と農業変容を見つめる「人間の安全保障的な」視座の転換を伴うときに，その意義をいっそう増すことになる．

1. 沖縄農業の研究プロジェクト

　日本の国土の最南部に位置する沖縄は，第2次世界大戦後27年間にわたりアメリカ軍の施政権下におかれた．この間，沖縄農業に対する政策介入はきわめて限定的で，農業の「近代化」は遅れ，栽培技術の粗放化が進み，農家経済は厳しい状況におかれていた．一転して1972年の日本復帰後の沖縄では，農業に対する政策介入が著しく強化される．本土のコメに匹敵する「基幹作物」サトウキビの支持価格は大幅に引き上げられ，復帰前にはほとんど行われなかった土地改良事業が，本土に比べて高額の補助を伴いながら次々と実施された．こうした政策介入は，いったいどのような方向をめざしてきたのだろうか．そして実際に沖縄農業は，どのような方向に変化してきたのだろうか．東京から那覇に向かう飛行機が沖縄本島の東海岸にさしかかったとき，整然と区画された農地が広がる小さな離島が雲間に現れ，まるでサンゴの海に浮かぶ空母のようだと息を呑んだことがある．この景観の変化の中身を掘り下げてみたいと考えた．

　2002年で沖縄は復帰後30年を迎える．果たしてこの間，政策は有効に機能し，沖縄農業は望ましい方向に変化してきたと言えるのだろうか．この問いに答えるために，私は新井祥穂氏（東京大学），大呂興平氏（近畿中国四国農業研究センター）とともに小さな研究プロジェクトを立ち上げた．1999年のことである．最初は沖縄本島北部から南は八重山，東は大東島まで現場を広く見て回り，問題関心を共有していった．その一方で，どのような研究のアプローチを採用するか，徹底的に議論したのである．復帰後の沖縄農業は，統計的にみると1980年代初めまでは拡大傾向にあり，その後停滞・後退局面に入っていく．けれども，生産が増えたとか減ったとか，生産性が上がったか下がったかという動向だけから，沖縄農業の変化の本質を見極めること

は難しい.もう少し別の角度から,沖縄農業の変化をとらえることはできないものかと考えた.復帰後の沖縄農業に関しては,沖縄の経済振興といった文脈で,また,土地改良事業や農地開発事業に伴う赤土流出といった環境問題との関係で言及されることも多い.しかし沖縄の経済や環境の議論において,復帰後の沖縄農業の変化に対する深い認識が共有されているとは言い難い.そして沖縄農業自体の議論においても,現実に生じている事態に徹底的に向き合い,その意味を考えるというスタンスが,もっともっと必要だということになったのである.

2. 研究のアプローチ

ある政策環境下での農家の反応を注意深く分析し,復帰後30年を経る中で,沖縄農業に現実に生じている事態の意味を明らかにするために,私達の研究プロジェクトでは,図1のような現象理解の枠組みを考えた.ここでは,この枠組みを少し詳しく説明してみよう.

一般に政府は,政策を通じて農業経営に何らかの変化を生じさせようとするとき,多くの場合,個々の経営に直接介入するのではなく,経営と密接に関連する土地基盤や制度,市場などに介入し,農家群,農業経営群を一定の方向に誘導しようとするだろう.しかし政府が意図する方向での変化が直ちに生じるわけではない.個々の農家は,政府の介入によって生じた新たな状況に反応し,個々の経営を見直し,場合によっては戦略(行動パターン)を変更し,その成果を見ながら経営に対する判断を積み重ねていくだろう.まわりの農家の選択や,参入や撤退による農家群,農業経営群の構成の変化も,個々の農家にとっては新たな状況となり,それぞれの判断に影響を与えていくに違いない.こうした,経験や学習を踏まえた農家の具体的な判断の積み重ねや戦略の変化を丹念に描き,その解釈を通じて,ある政策環境下での農家の反応に論理的な説明を与え,現実の事態を読み解いていこうというのが,私達が採用した研究のアプローチである.

現実に,このような過程を経て農家群,農業経営群に生じる変化は,政府が意図する方向とは大きく異なっているかもしれない.そしてその変化は,農業経営と直接結びつく土地基盤や制度,市場ばかりでなく,多様なレベル

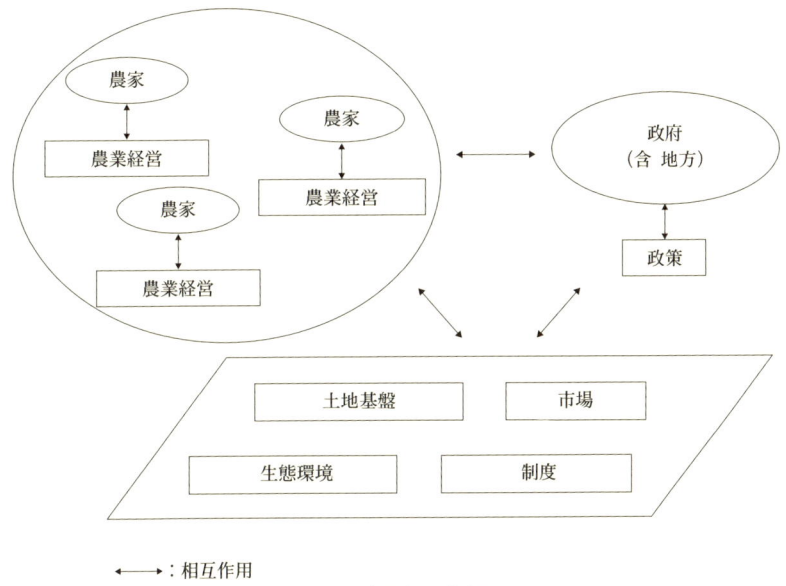

図1 現象理解の枠組み

←→：相互作用

の生態システムや社会システムにも影響を及ぼし，それがまた新たな状況を作り出していくことになる．政府は，こうした事態に何らかの反応をし，それまでの政策を見直し，場合によっては修正を加え，その成果を見ながら政策に対する判断を積み重ねていくことになるだろう．しかしこの過程が円滑に進まなければ，政策は機能不全に陥ることになる．

3．石垣島の土地改良事業の停滞

(1) 石垣島の土地改良事業

　以上に述べたアプローチを用いて，私達の研究プロジェクトでは，復帰後30年を経る中で，沖縄農業の現場に生じているいくつかの具体的な現象を，掘り下げて研究してみることにした．その1つが，石垣島の土地改良事業の停滞である．農業への政策介入が強化された1972年の復帰後の沖縄では，灌漑整備を伴う土地改良事業は，糖業・サトウキビ農業の保護と並んで，沖縄農業政策の大きな柱とされた．アメリカ軍の施政権下での消極的な農業政

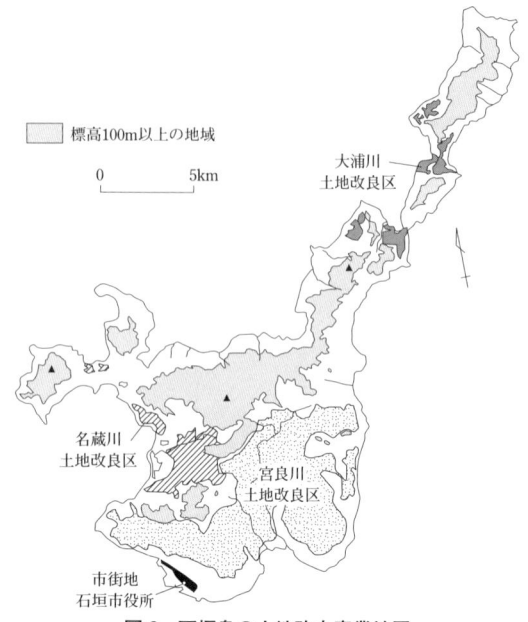

図2　石垣島の土地改良事業地区

策の下で，農業への資本投下は遅れ，作業は人力・畜力に大きく依存していた．さらに夏季に干ばつに見舞われやすい沖縄では，復帰前年の大干ばつが社会問題化したこともあり，「雨待ち農業」からの脱却が，作業の機械化と並んで，農業の「近代化」の重要な柱とされたのである．

　沖縄本島の南西約400kmに位置する石垣島では，復帰後，国営事業によるダム建設を含む大規模な灌漑整備事業が，他の地域に先駆けて実施された．石垣島の灌漑整備は一部水田も対象にしているが，大部分は，沖縄で一般的な，サトウキビ農業を念頭に置いたスプリンクラーによる畑の灌漑整備である．沖縄では，農地の多くが隆起サンゴ礁の台地上に広がるため水源の確保が難しく，灌漑整備は区画整理や農用地造成といった面整備に対して後手にまわることになった．こうした中で石垣島では，北部に山岳地帯がありダムの建設が可能だったこともあり，大規模な灌漑事業を伴う土地改良事業が県内でいち早く開始されたのである．

　当初，この石垣島の土地改良事業は順調な滑り出しをみせた．計画では，事業地区内のすべての農地に，原則として面整備と灌漑整備が行われること

図3 山岳地帯の南部に広がる土地改良事業地区
(右上に国営事業で建設されたダムが見える)

になっていた．しかしその後，農家から事業への賛意が得にくくなり，事業は計画のおよそ半分まで実施したところで停滞している．なぜあれほどまでに待ち望まれた水をもたらし，効率的な機械作業の実現に結びつくはずの土地改良事業が，農家に受け入れられず停滞することになったのか．私達は，農家自身が事業との直接・間接の関わりを通じて，面整備された農地や灌漑による水が自らの経営にどのような意味をもつのかを探る中から，いかなる経営の方針を見いだし，それが事業に対するどのような評価やスタンスにつながっているのかを明らかにする作業を試みた．

(2) 面整備された農地への評価

まず面整備された農地についてはどうか．確かに条件の悪かった畑では，アクセスが容易になり機械も使えるようになったとその効果が実感された．現実に耕作放棄されたかもしれない農地が保全され，高齢の農家の引退の時期を遅らせている面もある．しかし政府が面整備事業を推進する背景には，その先に，整然と区画された農地を基盤とする大規模機械化サトウキビ農業の確立という政策目標がある．長期的な土地改良事業の効果が期待できるかどうかは，その実現可能性にかかっていると言ってよいのだが，石垣島のサトウキビ農業の現実が教えるのは，沖縄で安定的な大規模機械化サトウキビ農業を実現することの困難である．

実は大規模機械化サトウキビ農業が成立している世界の主要な生産地は，

図4　サトウキビ畑への，夏季のスプリンクラーによる灌漑

　雨季と乾季がはっきりした亜熱帯地域である．雨季にたっぷりと水分をとって成長したサトウキビは，乾季には糖度を高め，乾燥した気象の下で大型の収穫機によって効率的に収穫される．沖縄は逆である．成長期の夏にしばしば干ばつに見舞われる一方で，収穫期の冬には雨が多く，土壌の粘性も高いために，効率的に収穫機を動かすには限界がある．石垣島をはじめ沖縄のサトウキビ農業の現場には，すでに補助金で何台もの収穫機が導入され，現実に試行錯誤を繰り返す中で，こうした制約の重みがあらわになってきた．しかも，現在のサトウキビの支持価格の水準では，機械収穫の経費を計上すると，魅力的な所得が残らない．サトウキビから生活に必要な所得を積極的に引き出そうとする農家は，規模が大きくても，家族労働力を駆使して，可能な限り手刈りで収穫しようとするのである．こうした行動にも，大規模機械化サトウキビ農業に対する農家の消極的判断を読み取ることができる．

　サトウキビ農業以外の部門に対しては，面整備された農地はどのような意味を持つのだろうか．1980年代の後半以降に台頭してきた石垣島農業の有望な部門に，生食用のパインアップルやマンゴーといった熱帯果樹の生産と，農地を放牧地や採草地として利用する肉用牛の子牛生産がある．これらの部門では，畑を耕したり草を刈ったりするのにトラクターなどの機械を使う必要があるが，サトウキビの大型収穫機が安全に走行できるほどに農地の傾斜をならす必要はなかった．また，熱帯果樹の生産は酸性の土壌でなくてはな

らず，土を選ぶ．土地改良事業で土を動かした農地で生産ができなくなった例を数多く目の当たりにした農家は，事業に明確にマイナスの効果を認めた．さらに，缶詰などの加工用ではなく，生食用として売られるパインアップルやマンゴーは，味や品質がより重要である．そしてその味や品質に決定的に影響すると農家が考えるのが，場所ごとの土質の微妙な差異や状態である．これは1軒の農家の農地の中はおろか，1枚の畑の中にも現れるような違いである．生食用の熱帯果樹を生産する農家は，味や品質を高めようと試行錯誤を繰り返す中で，均一・均質で整然と区画された農地を確保することより，スポット的に存在する好適な土壌を活かすことが重要であることを理解していった．こうした点も土地改良事業に対する否定的な態度につながっていったのである．

(3) 灌漑による水への評価

灌漑による水に対しては，農家は事業との関わりを通じてどのような認識を深めていったのだろうか．まず，灌漑整備が将来の農業経営の可能性を広げるという点は，どの農家も評価した．しかし結論から言えば，個々の農家は，水の問題が突出して重要な課題だと認識したわけではなかった．灌漑整備地区のサトウキビ農家は，使えるようになった水の利用方法を模索していく中で，どちらかといえば「水の控え方」に対する感覚を磨いていった．灌漑の水はふんだんに使って目に見える増収効果や，干ばつ時の減収を回避する効果を上げられるものではなく，適量を適切に使って栽培技術の改善につなげることのできる一要素にすぎないことを理解していったのである．現実に統計的な数字をみても，灌漑の有無が，単位面積あたりの収量の動向を支配する決定的な要因にはなっていない．収量には，全般的な投入の増大，耕作方法の改善，品種の更新等が複合的に影響しているとみるしかないのである．農家は，夏季の乾燥に対しても，品種の選択や作付時期の工夫，耕作方法の改善によってある程度対処できることを学んでいった．農家の栽培技術の改善の背景にあるこうした理解は，灌漑整備への消極的な態度につながっていったと考えられる．

沖縄では，1960年代の前半に，キューバ危機による砂糖の国際価格の高騰などが絡んだ「サトウキビブーム」によって，一気にサトウキビの生産が拡大した．沖縄の風土とサトウキビの相性がよくいわれるが，サトウキビが

沖縄農業の「基幹作物」になった歴史は意外に新しい．地場消費向けの穀類，イモ，豆，野菜などを生産するそれまでの農業体系においては，乾燥，高温に見舞われる夏を避け，主に冬に農作物を生産していた．夏にも大々的に農業が行われるようになったのは，加工用の商品作物として，戦後にサトウキビとパインアップルの生産が急激に拡大してからである．復帰後の沖縄でも，農業所得向上のための経営多角化の一環として期待されたのは，本土市場向けの冬季の野菜生産だった．本土の市場を相手にするとなれば，全般的な品質の向上と安定した量の出荷がより強く求められる．野菜農家にとって重要な課題となったのは，当然のことながら夏季の乾燥に対処する水の確保ではなかった．解決しがたい問題として立ちはだかったのは，むしろ秋の植え付け時期の台風と冬の長雨による日照不足だった．実際に冬の沖縄を旅行してみるとわかることだが，意外に肌寒く，すっきりとした青空を見ることは少ない．復帰後の沖縄の野菜生産は，1980年代前半までは比較的順調な伸びを見せるが，その後国内の他産地や外国産の野菜との競争の中で，後退を余儀なくされている．

　1980年代後半以降の沖縄農業において，サトウキビ農業や野菜生産が苦戦を強いられている中で，1つの可能性を示しているのが，先にも紹介した生食用のパインアップル，マンゴーといった熱帯果樹の生産である．石垣島においてこれらが収穫の最盛期を迎えるのは7月である．農家は，6月末の梅雨明け直後の，天候が安定し，高温と晴天に恵まれやすいこの時期に照準を合わせて生産を行う．夏季の乾燥や夏〜秋にかけての台風を避け，7月というごく限られた期間の気象の好条件を活かそうという戦略である．こうした熱帯果樹の生産農家にとっても，土地改良事業がもたらす水に大きな魅力があるわけではなかった．

(4) 沖縄農業の方向性と政策に対する示唆

　ある政策環境下での農家の現実の行動の変化と，その背後にある認識の深まりに焦点を当てた，私達の石垣島の土地改良事業の停滞の分析は，沖縄農業の方向性や政策介入のあり方に対して重要な示唆を与えてくれる．政府が，沖縄での土地改良事業を通じて目指してきたことは，夏季に頻発する干ばつに対しては大規模な灌漑整備によって対処し，労働生産性の向上という課題に対しては大規模機械化で対処するという，いわば生態環境と社会環境の制

約に,「重装備の農業」で立ち向かおうというものだった．しかし復帰後30年を経る中で，農家が自らのおかれた生態環境，社会環境，そして政策環境の下で選択してきた行動を読み解いていくと，環境が課す様々な制約に対して，真正面から「重装備の農業」で立ち向かおうとするより，「ゲリラ的農業」で対処することの有望性が示唆されるのである．

「ゲリラ的農業」とは，夏季の乾燥や台風の襲撃を巧みに避け，7月の瞬間値的とも言える気象の好条件を活かすと同時に，均一・均質で整然と区画された大規模農地より，スポット的に存在する好適な土壌を活かそうとする，たとえば，生食用の熱帯果樹生産のような方向性である．誤解がないように言えば，この「ゲリラ的農業」は粗放的な農業を意味するのではない．適切な装備，すなわち資本投資を行うことによってより高い成果を上げることが期待できる，それなりに集約的な農業である．しかしその際の装備は，少なくとも，政策が目指す「重装備の農業」の装備のように，画一的で重厚なものにはならないだろう．「ゲリラ的農業」はまた，伝統的な農業への回帰でもない．刻々と変化する状況の中での，農家の，試行錯誤を通じた自らを取り巻く環境への認識の深まり，環境とつきあう新たな知恵の創造の上に見えてくる，新しい農業の方向性を指している．

石垣島の土地改良事業の停滞という現象に対しては，次のような説明がよくなされる．「1980年代の後半に入り，サトウキビの支持価格が抑制され，本土向け野菜も外国産や他県産との競争にさらされるなど沖縄農業をめぐる情勢が厳しく，新たな負担が発生する事業への投資を農家が控える．高齢化し，後継者確保の見通しが立たない農家の増大が，こうした状況に拍車をかけている」．この説明は，「土地改良の経済学」によって理論的に裏付けられた，行政サイドの公式的な見解でもある．こうした現象理解から引き出される政策的含意は何か．「農家の費用負担をできる限り引き下げ，土地改良事業を一層推進せよ，そして担い手に農地を集積し，生産性の高い大規模機械化農業を実現して，「農業の先行き不安」に対処せよ」ということになるだろう．私達の分析から導かれる政策的含意は，こうした方向に疑問を投げかけるものである．少なくとも「重装備の農業」を念頭に置いた土地改良事業はその効果が十分に期待できず，再考されてよいというのが結論である．

本章で紹介した石垣島の土地改良事業の停滞の分析は，以上のような政策

の具体的な内容ばかりでなく，政策介入のあり方に対しても重要な示唆を与えてくれる．市場への介入であれ，制度への介入であれ，土地基盤を改変することであれ，その効果が理論的，実証的に確立したものであるなら，現実の阻害要因を見極めつつ，そうした政策介入や事業を粛々と進めていけばよい．たとえば，本土の水田の土地改良事業，とくに灌漑整備の実物的な効果は，それなりに実証的に確かめられているといってよいだろう．しかし，沖縄の生態環境・社会環境の下で，土地改良事業のもたらす農地や水が農業経営に何をもたらすかは，政府にも農家にも自明なわけではなかった．むしろ，復帰前年の大干ばつの状況を目の当たりにすれば，誰もが，夏の水の確保こそが沖縄農業の発展に決定的に重要だと考えたとしても無理はない．しかし，そうした議論には実証的な裏付けがあるわけではなかった．理論的，理念的な裏付けに基づいて政策を推し進めるだけではやがて行き詰まる．そのようなときにこそ，現実に生じている事態を丹念に読み解き，そこから得られるメッセージを柔軟に活かせる枠組みを用意しておくことが，今後の有望な方向性を見いだし，有効な政策手段を見極める上で有用だということである．

おわりに

　私達の研究プロジェクトは，人文地理学（human geography）という分野を学問的なバックグラウンドにしているので，農業を研究するにしても，絶えず具体的な「地理（geography）」を背景に現象を分析し，より望ましい「地理（geography）」の創造への含意を得ることを目標に研究を行ってきた．もう少しわかりやすく言えば，気候や地形を含む重層的な生態システム，国土構造をはじめとする重層的な社会システムの中での場の制約や可能性を念頭に人間活動を研究し，その成果を，人々のより望ましい生のあり方の実現に資するような，具体的な場の創造，空間の創造に還元していくということである．したがって，「農業開発」，「農業振興」，「農業保護」といった現象を扱うにしても，産業としての農業の振興ということが，そもそもの出発点の問題意識ではなかった．

　農業政策は一般に，マクロ的目標とミクロ的目標の双方を抱えている．食料・エネルギーの自給率向上，国土保全，産業としての規模の維持・拡大と

いったマクロ的目標が圧倒的に重視される状況では，現場で生じている事態を丹念に分析するという作業は，あまりインパクトを持たないかもしれない．農業の振興を図るということが，今ある多くの農地を保全し，産業としての規模を維持・拡大することに力点を置くならば，広く農地を利用する，効率的な大規模機械化農業を目指す以外にめぼしい選択肢はないということになり，その実現をいかに図るかという点に議論は集中していくだろう．

　本章で紹介した，私達の復帰後の沖縄農業の研究プロジェクトは，そのようなマクロ的な目標を前提にするものではなかった．「復帰後30年，果たしてこの間，政策は有効に機能し，沖縄農業は望ましい方向に変化してきたと言えるだろうか」という最初に立てた問いも，沖縄という場で，農業の経営に意欲と能力を持つ者が，以前と比べて，その能力を発揮しやすい状況になっているのかという，その根本的なところを問いたかったのである．もちろん日本という国土に，あるいは沖縄という地域に，農業が一定規模存在することで，ある程度の自給率を保ち，国土を保全し，雇用を生み出すという側面も，より望ましい場の創造，空間の創造という面では，バランスよく考慮する必要があるだろう．しかしその際も，そのミクロ的な基盤，すなわちそれを支えている人たちが，農業への関わりを通じてより望ましい生のあり方の実現に向かっているかという点に，十分な注意を向けてみたかったのである．

　ちまたではよく，農業の「担い手」という言葉を耳にする．日本農業や地域農業の「担い手」と言ったとき，そこには明らかにマクロな目標の「担い手」というニュアンスがある．しかしその「担い手」が，重い期待に応えようと無理を抱え込んでしまっては，本末転倒と言えるだろう．政策の振り子がややマクロ的な目標に傾いた状況があるとして，それを少なくとも「ミクロあってのマクロ」というところに押し戻そうという発想が強まってくれば，「現実に生じている事態を丹念に読み解く」という本章で強調したアプローチは，その意義をいっそう増すだろう．さらに言えば，国レベルの政策目標が圧倒的に重視される状況から，地域の側からの政策「逆提案」が受け入れられる状況が生まれてきているとすれば，現実の変化を見据え，地域ごとの方向性を明確にしつつ，ミクロとマクロのバランスのとれた政策を模索することの意味は，実践的にも，以前にも増して大きいと言える．

最後に、私達の沖縄農業研究プロジェクトが「人間の安全保障」の取り組みに対して何を示唆するのかを述べておきたい。正直に言えば、この研究プロジェクトを進めていく段階において、私はまだ「人間の安全保障プログラム」のメンバーではなかったし、その成果をとりまとめていく段階においても、「人間の安全保障」の概念やテーマを意識したわけではなかった。しかし振り返ってみると、まさに私達が、政策と農業変容を見つめる視座を、農業という産業自体の盛衰におくのではなく、その先の根底にある「人々のより望ましい生のあり方の実現につながる農業の模索」という点においたことで、「人間の安全保障」の視座へとつながる側面を含んでいたように感じる。冒頭にも述べたように、こうした「人間の安全保障的な」視座の転換は、人文社会科学の様々な分野での研究や実践において、着実に力を得つつある。

それでは、私達の沖縄農業研究プロジェクトから「人間の安全保障」の取り組みへの最大のメッセージは何か。一言で言えば、「人々が、自らを取り巻く政策環境、社会経済環境、そして固有の生態環境と向きあいながら、より望ましい生のあり方を実現していくための知恵やヒントは、しばしば、現場での環境と人間との複雑な相互作用の中から生み出されてくるものだ」という点である。理論の中に答えがあるわけでもなく、伝統の中に答えがあるわけでもない。だとすれば、たとえば本章で紹介したような研究のアプローチを用いて、現場に生じている事態を丹念に追い、その意味を徹底的に考えることの意義は決して小さくないだろう。そうして見いだされた知恵やヒントを私達の日々の行動に活かす、あるいは政策にもそうした視点を取り入れていくことは、「人間の安全保障」の課題への取り組みにおいてもきわめて重要だと考える。

【読書案内】

デブロー, スティーブン著, 松井範惇訳『飢饉の理論』(東洋経済新報社, 1999 年)./Devereux, Stephen, *Theories of Famine* (London: Harvester Wheatsheaf; New York: Prentice-Hall, 1993).
  * 幅広い議論に的確に目配りした、飢饉という現象への論理的な洞察。先行研究レビューの手本にもなる。

ノーガード, リチャード・B.著, 竹内憲司訳『裏切られた発展――進歩の終わりと未来への共進化ビジョン』(勁草書房, 2003 年)./Norgaard, Richard B., *Develop-

ment Betrayed: the End of Progress and a Coevolutionary Revisioning of the Future (London; New York: Routledge, 1994).
  * 人間は，思いのままに制御できない生態系といかに付き合うべきか．1つの思想と，実践への指針を示す．

石弘之編『環境学の技法』（東京大学出版会，2002年）．
  * 環境問題への多様なアプローチのそれぞれの専門家が，自らのアプローチを真摯に再検討する非標準的テキスト．

サステナビリティと地域の力

丸山真人

●人間の生活を脅かす現代社会の問題群は,市場と国家を両輪とする経済統合が地域共同体の潜在能力を抑圧した結果として生じたものだ.既存の経済統合パターンを一度解きほぐし,地域力を取り戻すことによって,万人の生活の安定性と持続性を保障することが喫緊の課題である.

1. 人間らしく生きるために

　人間の安全保障の究極的な目標は,人間らしい生き方を万人に保障することである.そして,人間らしく生きることの根底には,人間の暮らしの安定性と持続性がなければならない.とりわけ生命の維持にかかわる部分,具体的には生活必需物資の安定供給は必要不可欠な条件である.したがって,日常的な言い方をすれば,人間の安全保障がめざすものは,地球上のすべての人々にとって,衣食住が脅威に晒されないように十分配慮することである.

　このような課題への具体的な取り組みは,アマルティア・センが経済的弱者の潜在能力を高めるための政策,たとえば途上国における基礎教育の充実や女性の経済自立の支援などに繰り返し言及したことで,世界的にかなり進展したと思われる(人間の安全保障委員会,2003;セン,2006).しかしながら,それらは市場と国家による経済統合を前提とし,そのよりよい活用を通して目標を達成しようとする基本姿勢を崩してはいない.本章では,人間の安全保障における重要課題の1つである経済的安全と安定の確保に関して,市場と国家のどちらにも属さない第3の社会領域に光を当てて,取り組むべき真の課題を明らかにしたい.

2. 実体＝実在としての経済

　生命を維持するために，人間が自然およびその仲間たちに依存することは，経験的な事実である．どのような社会であっても，この事実が無視されればその社会の安定性と持続性は失われる．カール・ポランニーは，ここから経済の実体＝実在的な意味を導き出した（ポランニー，2003）．すなわち，経済とは，人間とその社会的・自然的環境とのあいだの制度化された相互作用の過程であり，それを通して，欲求を充足させる物的手段の継続的な供給がもたらされる，と考えたのである．この場合の欲求は，狭義の生存欲求ではなく，文化的水準を考慮に入れた生活の欲求である．したがって，宗教的欲求や審美的欲求なども，それらが目的達成のために物的手段を必要とする限りで，ここで言う欲求に含まれる．

　ところで，エコノミー（経済）という言葉は，古典ギリシア語のオイコノミアー，すなわち，オイコス（家）を管理する術という語に由来する．ここで，オイコスとは，たんに消費生活の単位を表す概念ではなく，消費に必要な手段を生産する場をも意味していた．言い換えれば，自給自足を原則とする生活の基本単位としての家を表現する語として用いられていたのである．そのような生産＝消費の場としての家を管理する術がエコノミーの原義であった．

　ポランニーは，オイコスを管理する術を，実体＝実在としての経済の土台に位置づけた．社会的規模での経済を考える場合にも，これを比喩として用いるのではなく，実際に人間の生活を律する術として一般化した．ただし，社会的規模の経済においては，それを拡張されたオイコス経済として捉えるわけにはいかない（それでは単なる比喩に過ぎなくなってしまう）ので，複数の生活集団のあいだに，制度化された諸関係を導入することによって，オイコス経済と整合的な社会経済を想定することになる．具体的には，互酬，再分配，交換の3つの統合パターンをそのような制度的諸関係として挙げている．以下，この3パターンについて，簡単に見ておこう．

　まず，互酬パターンとは，部族社会のように，その集団の内部において対称的な位置を占める小集団（親族や家族など）が存在する場合に，それらの小集団の間で贈与と返礼を繰り返し行うことによって，生活に必要な財を社会

全体に行き渡らせる方法である．主として，未開社会に適用される統合パターンであり，儀礼的な互酬と一体化している場合がほとんどなので，経済的互酬のみを単独に取り出しても意味をなさないことが多い．トロブリアンド諸島におけるクラ交易はその代表的な例である．ポランニーは，社会における対称的構造（対称性）の存在がこうした互酬パターンによる経済過程の制度化を支えているとしている．

次に，再分配パターンは，階層分化の生じた古代社会以降，領主や王など社会の支配層が基本物資（たとえば穀物など）を集積し，それを社会の構成員（オイコスなどを基本単位とする諸集団）の間にふたたび分配することによって，生活に必要な財を社会全体に行き渡らせる方法である．ここでも，たいていは祭りや儀礼とともに経済的な再分配が行われるので，そこから経済的意味だけを単独に取り出すことは困難とされている．ポランニーは社会における中心点（中心性）の存在が再分配パターンによる経済過程の制度化を支えているとしている．

最後に，交換パターンは，市場における価格メカニズムを前提として，企業間，あるいは企業と家計とのあいだで商品を交換することによって，生活に必要な財を社会全体に行き渡らせる方法である．交換パターンが一般化するのは資本主義社会においてであるが，ポランニーは，社会内部の集団が独立した点（企業や家計）として存在している場合，すなわち，集団間に何らかの明確な形を持った構造がみられず，孤立した点の集合となっている場合に，交換パターンによる経済過程の制度化が生じるとしている．ここでいう交換パターンは，需要と供給の法則による市場の自己調整作用を含んでおり，社会的需要は，自己調整的市場システムによって満たされるということが含意されている．

この最後の説明は，いささか奇妙ではある．ポランニーはもともと，市場とは共同体の周辺または外部に位置するもの，言い換えれば社会の構造に空白がある場合に，そこに生じる特異な空間であると見做していたからである．したがって，市場によって交換パターンが一般化するということは，社会的な空白が一般化することを示唆しており，交換パターンによる社会全体の経済の統合は現実には不可能である，という結論にたどり着くほかないように思われる．

実際に，ポランニーの所説を検討してみると，経済統合の3つのパターンのうち，交換パターンのみが特別扱いされていることが明らかになる．互酬パターンおよび再分配パターンは，事実上，地域共同体を基本単位として，社会の安定性と持続性を保障しているのに対し，交換パターンによる経済過程の制度化は，国民国家全体にわたる経済統合を前提としており，地域共同体の存在意義は消極化している．これには歴史的な経緯があり，ポランニーによる詳細な研究がある（ポラニー，1975）が，次節ではその要点をまとめておくことにしよう．

3. 「大転換」の時代の光と影

19世紀の資本主義は，土地と労働と貨幣という，生産の三要素が商品化することによって成立した．具体的には，16世紀から19世紀にかけて生じたイギリスの「土地囲い込み」による土地の私有化と，土地から追放された農民の無産労働者化，さらには，中央銀行による銀行券発行の集中と事実上の独占，これらが前提となって，土地市場，労働市場，貨幣・金融市場が整備され，自己調整的市場システムによる経済統合が出現した．しかしながら，自己調整的市場システムは，自己自身の再生産を保障するものではなかった．土地，労働力，貨幣が商品として市場で取引されるためには，特別の制度的仕掛けが必要であり，それなしには自己調整的市場経済は一瞬たりとも存立することができないのであった．

一般に，人間によって生産される資本ストック（以下，人工的資本と表記）は，年々の生産物たるフローの一部を蓄積して形成されるものであり，商品生産が一般化した社会では，人工的資本それ自体が商品生産の結果として現れる．しかし，土地に関してはこのことが当てはまらない．土地は自然の別名であり，商品として生産できるものではない．土地の商品化は，土地から派生するサービスが商品として扱われるようになった結果ではなく，あくまで「土地囲い込み」によって土地が私有化された結果なのである．

ところで，土地から派生するサービスを私的に利用する場合には，公共性に反する事態が生じやすい．たとえば，閑静な住宅地に，突如として鋳物工場やパチンコ店が出現するとか，低層住宅の南側に高層マンションが建設さ

れて日照権が侵害されるなど，周囲の居住環境を無視した施設が無秩序に建てられることがある．あるいは，郊外に大型店舗が進出することによって，地元商店街が衰退するようなこともある．農地を勝手に宅地や工業用地に転用することもありうる．土地所有者は，私的利益に合致する限りで土地から派生するサービスを切り売りする存在に過ぎないので，社会的に何らかのルールを設定しない限り，彼らの行動を規制することはできない．そこで，ヨーロッパのように資本主義が高度に発達した地域においても，土地所有および土地利用に関してはさまざまな制約が課せられており，公有地の比率も高いのである．

　土地に関して言えることは，労働についても当てはまる．労働は人間の活動そのものであり，生きている人間から切り離すことができない．人工的資本と異なり，人間は商品として生産されるものではない．したがって，生きている人間から派生するサービスとしての労働力を商品として扱う過程で，人間の生命への脅威が生じる場合には，それを除去するような公的介入が不可欠である．具体的には，工場法による労働現場の安全の確保，最低賃金法による労働者の生活水準の確保など，個別の雇用者が自発的には実行しないような対策を，政府が市場に強制して行わせるのである．雇用主は，賃金率には関心があっても，労働者の生活それ自体には無頓着だからである．

　貨幣は土地や労働力とはやや性質が異なるが，ここでは中央銀行ないし政府が独占的に発行・管理する購買力であるとして話を進めよう．19世紀ヨーロッパでは，金銀が本位貨幣として使用されていた．金銀はもともと商品として売買の対象であったから，貨幣もまた本来的に商品であるという考え方が支配的であった．そして，実際そのような考え方に基づいて，金本位制が成立した．

　金本位制のもとでは，銀行券の発行高は，銀行の金庫に準備金として存在する金の量によって自動的に規制される．好景気の場合は生産活動が拡大基調にあり，金生産ないし国外からの金の輸入も増やすことができる．その結果，市場における資金需要の増加に応じて銀行券の発行高を増やすこともできる．ところが，景気が過熱して資金需要が金準備高の制限を超えたり，さらには貿易収支が赤字になっている相手国に対して清算のために金を送ったりすると，発券銀行は金準備の不足に直面し，市場の通貨需要に対応した銀

行券の発行ができなくなる．このような場合には利子率が禁止的に高騰して信用恐慌が生じることになる．19世紀に周期的に生じた経済恐慌は，信用恐慌をきっかけとして全面的な恐慌へと展開するパターンをとったが，その際に中央銀行は，金準備高による銀行券発行の制限を解除して，信用創造による通貨供給の拡大を行ったのであった．それによって，優良企業の全面的な倒産は防止され，景気回復への道筋が作られたのだった．もし，中央銀行による裁量がなければ，市場経済そのものが破壊されていたであろう．

以上，簡単に見てきたように，土地，労働，貨幣から派生するさまざまなサービスを市場で取引するためには，その源泉である自然，人間，購買力を公的に保護する必要がある．ここで公的保護というのは，国家ないし政府による市場への介入を意味している．そうした介入があって初めて，市場メカニズムは円滑に働くのである．自己調整的市場システムが虚構であるのは，結局のところ，このシステムがそれ自体として，生産の基本的三要素である土地，労働，貨幣を再生産する能力を持っておらず，国家や政府による市場への介入を前提とせざるをえないからである．このようなことから，ポランニーは交換パターンによる経済過程の制度化をフィクションとして捉えたのである．

それでもなお，19世紀的虚構は1920年代まで命脈を保っていた．すなわち，公的な保護さえ適切であれば，市場における自己調整機能は有効とされたのである．しかしながら，1930年代にはそれも通用しなくなる．自己調整的なメカニズムを持った市場システムによっては，経済の均衡状態は達成されないことが次第に明らかになってきたからである．具体的には，1929年の世界大恐慌とそれに続く大不況を通して，いわゆる資本の完全雇用の下での失業の存在が構造的に明らかになったのである．失業問題の解決のために，公共事業，すなわち政府が市場に介入して雇用を創出することが求められるようになった．さらに，金本位制の廃止と，通貨当局による貨幣市場への積極的介入を意図した管理通貨制の導入が検討されるようになった．こうして1930年代には，自己調整的市場システムを制度的支柱とした交換パターンから訣別して，新しい経済統合パターンを模索する動きが世界的に始まった．ポランニーはこの一連の動きを「大転換」と命名したのだった．

さて，ポランニーの『大転換』を踏まえて，先述の経済統合の3パターン

に立ち戻ることにしよう．一般的には，あらゆる社会の経済は，互酬，再分配，交換の3パターンのいずれか，またはそれらの組み合わせによって統合されると言うことができる．しかし，組み合わせ方が間違っていたり，統合パターンが社会の変化に対応できなくなったりして，社会と経済とのあいだにずれが生じる場合には，経済は持続可能ではなくなり，社会を不安と混乱に陥れることになる．とりわけ，交換パターンが突出して現れる場合には，人間の生活それ自体の危険度が高まる．1930年代に生じた「大転換」は，交換パターンの突出を抑制し，他の2つのパターンとのバランスを回復させる試みであったといってよいだろう．

では，「大転換」は望ましい結果を生んだのであろうか．第2次世界大戦後の冷戦構造の中で，資本主義と社会主義による体制間競争が行われたことにより，経済統合は主として交換パターンと再分配パターンのさまざまな組み合わせによって実現されるもの，という考え方が一般化した．新自由主義的な経済政策も国家の再分配機能を完全に否定するにはいたっていないし，現存する社会主義諸国では市場経済の導入が進行している．問題は，体制の如何を問わず，市場も国家も，貧困問題，環境問題，少子化問題など，さまざまな社会経済的な問題を解決することがますます困難になってきていることである．交換と再分配との組み合わせだけでは解決不可能な問題群が，明らかに増加しつつあると見なければなるまい．次節では，自然環境と人間との関係に的を絞ってこの問題を掘り下げてみることにしよう．

4．エコノミーのエコロジー的基礎

ここでもう一度，ポランニーの実体＝実在としての経済概念について考えてみることにする．実体＝実在としての経済とは，人間が日々の生活を送る上で必要な物的手段を獲得する行為の連続として捉えることができる．具体的には，人間が自然に働きかけて，目的を達成するために必要な物質を獲得し，それを消費して，最終的には廃棄物として自然に戻す行為の全体である．そして，その過程で，人々は相互に働きかけて協業と分業の体制を整える．

このような意味での経済には，希少資源の概念も市場概念も備わっていない．資源が希少であろうとなかろうと，人々は生きるために協力し合い自然

に働きかける．また，市場があろうとなかろうと，人々は生活に必要なものを手に入れるために協業と分業を行わざるを得ない．希少概念と市場概念が登場するのは，形式的な意味での経済，すなわち，希少資源の最適配分においてであるが，この意味での経済は，もともと実体＝実在としての経済とは無関係である．

　この問題意識を発展させて，エコノミーのエコロジー的基礎を説いたのが玉野井芳郎である（玉野井，1978）．玉野井は，生物の一種としてのヒトは，生態系の食物連鎖の内部に位置しており，したがって，人間は何よりもまずエコロジーの一員として捉えられるべきことを強調する．人間は低エントロピー物質，すなわち，使用可能なエネルギー源を環境から主体的に摂取し，高エントロピー物質，すなわち，使用済みのエネルギーに満ちた排泄物を環境に放出している．そして，そのことによって自分自身の身体を低エントロピー状態に保っている．この意味で，人間の生きる行為は生命系の営みそのものである，と玉野井は考えるのである．

　生命系は，熱と物質に関して開かれたシステムであり，低エントロピーの熱と物質を系の外部から主体的に摂取し，高エントロピーの熱と物質を系外に主体的に排出することによって，自己のシステムを低エントロピー状態に保っている．ここで，いわゆるエントロピーの法則について確認しておこう．エントロピーの法則が明らかにしているのは，熱と物質の出入りのない孤立系において，エントロピーは不可逆的に増大するか一定（熱死の状態）であるが，決して減少はしない，ということである．ところが，生命系は開かれた系であるので，系内部のエントロピーが減少したとしても，何らエントロピーの法則とは矛盾しない．系を取り巻く環境のエントロピーが増大するだけのことである．

　さて，生命系の外部環境としての生態系も，それ自体としては，熱と物質が出入りする開放系である．食物連鎖をエントロピーの視点から見れば，植物が光合成によって生産した低エントロピー物質を動物が消費し，高エントロピー物質としての排泄物や屍骸（しがい）が微生物によって分解されて無機栄養素となり，再び植物に吸収されて低エントロピー物質の生産が繰り返される，ということになる．この物質の循環過程で，とくに高エントロピー物質が低エントロピー物質に転換されるときに，熱エントロピーが増大する．言い換え

れば，増大した物質エントロピーが熱エントロピーに置き換えられて，その結果として物質エントロピーが減少するのである．こうして増大した熱エントロピーは，生態系の外部に捨てられなければならない．

そして，この熱エントロピーを地表で受け止めて，宇宙空間に放出する役割を担っているのが，地球における水と大気の大循環である（槌田，1982；槌田，1992）．ここで重要な点は，地球が物質に関してほぼ閉鎖系であるのに対して，熱に関しては開放系であるということである．したがって，生態系における食物連鎖の営みは，この地球の特性に応じて物質エントロピーを系内で処理し，熱エントロピーを系外に放出するというパターンをとるようになっている．すなわち，食物連鎖とは，低エントロピー熱源を消費して廃熱を生産し，その過程で繰り返し高エントロピー物質を低エントロピー物質に転換する営為である．そして，それによって生命系が維持されるのである．その結果，生態系は熱エントロピーを生成し続けることになり，これを水と大気が受け取って宇宙空間に放出して，地球全体として定常状態を維持することになるわけである．地球が定常開放系といわれる所以である．

人間は，このように定常開放系としての地球を前提にして，他の生物と同じように生態系の一員として生きているのだが，他の生物と異なるのは，人間が生態系とは独立に生産活動を行う能力を持っていることである．すなわち，鉱物資源を利用して工業生産を行うことができるのである．実際，19世紀から20世紀にかけての資本主義は，石炭と鉄，さらには石油を利用することによって，巨大な工業生産体系を作り上げた．というより，そうした工業化と密接不可分な市場システムを築き上げることによって，産業社会を生み出したと言えよう．

工業を土台とし，市場システムを利用して社会を構成するということは，いったい何を意味するのだろうか．エントロピーの法則は，無論工業にもあてはまる．すなわち，低エントロピー資源である石炭と石油を燃やして，鉱石からさまざまな金属を取り出し加工する．あるいは，石炭や石油そのものを化学変化させてさまざまな人工物質を作り出す．この過程で，熱エントロピーが発生し，副産物として高エントロピー物質が生み出される．たとえば，鉄鉱石から低エントロピーの鉄を取り出せば，高エントロピーの鉱滓が発生する．また，生産された製品を消費すれば廃熱と廃棄物が産出される．これ

を環境に放出すれば環境のエントロピーが高まることになる．

ここで問題が少なくとも2つ生じると考えられる．1つは，工業製品の生産と消費において発生した熱エントロピーを環境に受け渡したとして，それが地球の水循環および大気循環によってうまく宇宙空間に放出されるだろうか，という問題である．局地的に循環の仕組みが崩れるとヒートアイランド現象が発生することになるし，地球規模では温暖化問題が生じることになる．2つめの問題は，高エントロピー物質の低エントロピー物質への転換が首尾よく果たされるのか，ということである．生態系によって工業起源の高エントロピー物質が吸収され，食物連鎖によってそれが低エントロピー化される限りでは問題は生じないだろう．しかし，生態系の処理能力を超えて高エントロピー物質が生産され続けると，それらが環境に滞留して，局地的レベルでも地球レベルでも，環境の劣化が生じることになる．

そもそも，工業では生産過程そのものが生態系から独立して行われるため，生態系における物質循環には十分な関心が払われることがない．ましてや，豊かな生態系を作り出す積極的動機など存在するはずもない．その結果，生態系を創造する知恵は失われ，環境への負荷を低減させる技術開発は遅れがちとなる．そして，気がついたときには，環境容量を超えて環境への負荷を増大し続ける仕組みが地球規模で出来上がっていることになる．こうなると，自然環境それ自体が希少となり，環境の価値が市場で取引される条件が整うことになる．すなわち，経済の形式的意味によって人間と自然との関係が再構成されることになる．しかし，それは同時に，経済の形式的意味を通して把握可能な自然のみが人間にとって価値のあるものになることを意味している．自然と人間との関係の総体を捉えることには必ずしもならないのである．

5．自然と人間を媒介するコモンズ

我々は，ここでようやく，エコノミーとエコロジーとの関係について，現代社会が2つの質的に異なった課題を抱えていることに気づく．1つは，環境への負荷を環境容量の範囲内にとどめるように，環境税や排出権取引制度などを導入して，市場の枠組みを社会的に作り変えることである．これは，1つの問題が生じるごとに，あるいは問題が発生することが予測される場合

に，対症療法的または予防的にその問題に対処する方法である．いわば，エコノミーとエコロジーとが適切な関係を結べるように，公的介入によってエコノミーを制御するものといってよい．これに対して，もう1つの課題は，人間の経済活動を積極的に生態系の中に埋め戻し，豊かな生態系を作り出す営みを取り戻すことである．エコノミーとエコロジーとの適切な関係そのものを再創造することであるといえよう．

第1の課題は，人間の生活そのものをさまざまなルールによって縛る方向性を持っている．たとえば，ごみの分別から始まって，電気やガスの節約利用，タバコのポイ捨て禁止，買い物袋の携行，等々．そのひとつひとつをとってみれば，どれも大切なことであり，環境にやさしい生活に必要なモラルだといえよう．工業社会が続く限り，この方向性は強化されねばならない．だが，同時にそれは，守るべきルールをさらに増やすことを意味している．他方で，第2の課題は，人々が協働してエコロジーを創造するという方向性を持つ．経済統合における互酬パターンがここで意味を持つことになる．

この第2の課題について，具体的なイメージを喚起するために，ナイジェリア中西部の農村の事例を簡単に紹介しよう．ニジェール川沿いのサバンナ地帯では，農耕民と遊牧民が入り混じり，限られた土地の利用をめぐって争いが繰り返されてきた．争いの原因は，主として遊牧民の所有する家畜が畑に侵入して農作物を荒らすというものである．そうした中で，両者が共存する方法がさまざまに模索され，工夫がなされてきた．ある村では，畑から離れた場所に日本のODAによって井戸が掘られ，家畜の水飲み場として利用されるようになった．その結果，家畜は畑に入ることが少なくなった．また，別の村では，農民が一定の土地を遊牧民に貸与し，家畜をその中にとどめて置くように取り決めた．さらにまた別の村では，農閑期に家畜を畑に誘い込み，糞を畑にばら撒くことによって，土壌に栄養分を与える取り組みを行っている．前二者の例では，農耕民と遊牧民が空間的な分離を確保することによって棲み分けを選択したのに対して，後者の事例では，畑という同一空間を農耕民と遊牧民が交互に利用することで，両者の利益を生かしつつ，地力の維持という重要な結果を生み出した（Fu, 2006）．

これら3つの事例を，経済統合の制度的パターンから捉えなおしてみると，興味深い事実が浮かび上がってくる．第1の事例では，ODAという外部か

らの公的援助によって当事者間の利害対立が調整されている．この事例に対しては，政府による富の再分配という図式を当てはめてみることができる．第2の事例では，土地の貸借という私的取引関係を通して当事者間の利害対立が調整されている．この事例には，交換パターンを当てはめることができる．じっさい，このパターンをとる農村では，農耕民と遊牧民は互いに係わり合いになることを避ける傾向がある．第3の事例になると，これらとは対照的に，農耕民と遊牧民との積極的な接触がみられる．とくに，畜糞を必要とする農耕民は，遊牧民に贈り物をして，自らの畑に家畜を連れてくることを約束させる．そのために農耕民同士で競争が行われることもある．この事例では，農耕民の集団と遊牧民の集団とが対称的な関係を構築しており，両者のあいだで互酬パターンが成立しているとみることができる．

ナイジェリア西部の都市アベオクタにある農業大学の研究者によれば，この第3の事例は，必ずしも一般的ではなく，しかも利用可能な土地面積と人口とのバランスによって一時的に形成された慣行である可能性が高く，人口圧の増加とともに将来的には他の形態，具体的には市場に依存するような形態に移行するかもしれない，という．畜糞を利用した地力の維持が生態系の修復に一役買っていることは明らかであり，互酬パターンと生態系とのあいだに密接な関係があることは容易に想像されるのだが，この研究者の指摘するように，それが持続的で安定的なものであるかどうかは，きわめて微妙である．そこで，この点について，さらに検討してみることにしよう．

19世紀資本主義が成立する過程において，土地の囲い込みが行われ，人間と土地とのつながりが断ち切られたことはすでに述べた．この土地囲い込みで決定的に重要なことは，単に，人間が耕作地から引き離されたというにとどまらず，生活手段の獲得の場としてのコモンズが破壊されたということである．ここではコモンズを，牧草地や雑木林のように，人間が生活に必要なものを調達するために共同で利用し管理する土地であり，地域の生態系の一部をなすもの，としておく．コモンズの維持管理は，それを利用する地域住民のあいだの互酬ないし相互扶助によって行われる．

コモンズは，耕作地とその環境としての生態系との媒介環をなしており，人間の生活と生態系との結節点に位置している．生態系の一部としての人間の存在は，具体的にはコモンズを媒介にして維持される．したがって，コモ

ンズを維持管理すべき人間が土地から引き離され，共同体が崩壊することによって，互酬や相互扶助の慣行がなくなると，コモンズもまた消滅せざるを得ない．そうなると，人間が自然環境に与える負荷を制御する方途も失われてしまうことになる．

6．互酬の復権と地域力の回復

　ここにおいて，ようやく問題の全容が明らかになる．すなわち，19世紀的な近代社会も，「大転換」以降の現代社会も，ともに経済統合のパターンとしての互酬を捨象してきたが，それは，人間によって管理され維持されてきたコモンズの消失を意味していたのである．エコノミーのエコロジー的基礎を作り直すためには，コモンズを再生させる必要がある．そして，そのためには互酬を可能にするような社会関係が構築されなければならない．だが，産業社会においては，おそらく，個別の地域だけでこの課題に取り組むことはできないであろう．したがって，たとえば都市と農村とが互いに対称的な地域として向き合えるような関係性を，新たに構築することから始めなければならないだろう．

　実際，地域通貨を媒介にした両者の関係づくりが模索されつつあることは注目されてよい．地域通貨そのものは，20数年も前から，カナダを始めとする欧米諸国の地域社会で導入が進められ，日本でも10年近く前から導入が始まっている．多くの地域通貨は，地域内経済循環の強化を狙っているが，岩手県西和賀町では，地域の生産物であるワラビを本位とする地域通貨「わらび」を発行し，雪下ろし作業やワラビ畑の草取り作業などのボランティア活動を行う都市住民への支払いに充当している（菊地，2007）．「わらび」を受け取った都市住民は，それで西和賀の生産物を入手したり，温泉を利用したりすることができる．ワラビ畑の草取りから，さらに進んで，雑木林や里山の復活にいたる道は，長くて険しいに違いない．しかし，互酬を基本とした都市住民と農山村住民との地道な交流の積み重ねを通して，コモンズは着実に息を吹き返すことになるだろう．

　互酬パターンによる経済統合は，貨幣によっては最も評価されにくい領域である．したがって，再分配と交換とが支配的な社会では，互酬は排除され

るか無視されるほかなかった．もし，互酬パターンを再評価しようとするなら，地域通貨のように，貨幣経済の外部で流通する手段を用いる必要があるだろう．地域内経済循環の再生を願う多くの地域通貨利用団体も，地域経済の中に互酬パターンを導入しようと模索している場合がほとんどである．

　地域通貨は，互酬パターン再生の1つの手段に過ぎず，先に見たナイジェリアの農耕民と遊牧民のように，地域通貨を用いずに互酬パターンを構築している人々も数多い．しかし，今日における地域通貨の世界的な広がりを見ればわかるように，再分配と交換の組み合わせによって凝固してしまった産業社会に風穴を開け，互酬パターンに基づいた，安定的で持続的な地域社会を蘇生させる道具として，地域通貨の有効性が認められるようになってきていることもまた事実なのである．

7. 結　論

　本章では，国家＝再分配，市場＝交換という図式と対比させる形で，地域社会＝互酬，という経済統合の第3のパターンをクローズアップしてみた．ポランニーの枠組みをほぼそのまま踏襲したために，教条主義的色彩が濃くなったことは否めない．だが，経済の安全と安定という基本問題を考える上では，国家と市場を前提にするだけでは絶対に不十分である．センは西欧中心主義を否定するのではなく，むしろ東洋の伝統的な知恵の中に西欧近代知のプロトタイプとなる考え方を再発見することによって，自由や人権という基本的概念から西欧的バイアスを取り除き，それらの普遍的意義を示そうとした．確かに，国家と市場についても，西欧的バイアスをそれらから取り除くことで，そこから多様で新たな可能性を引き出すことは可能であろう．本章においては，センのこうした大胆な取り組みに敬意を表しつつ，もう一歩踏み込んで，市民的自由と人権をグローバルにはぐくむためには，その空間的基盤として地域社会を再措定する必要があり，そこでは互酬パターンが基本的でなければならないことを示した．その意味で，本章は，人間の安全保障の理論的枠組みをより強靭で奥深いものにするためのささやかな試みである．

[付　記]

　本章は，2006 年度科学研究費補助金（基盤研究 A 海外）「「人間の安全保障」の実体的基礎としての地域経済の自立」による研究成果の一部である．ここに日本学術振興会に対して謝意を表したい．

[文　献]

菊地信果夫「地域通貨とコミュニティづくり――西和賀「わらび」を事例として」（東京大学大学院総合文化研究科修士学位論文，2007 年）（未公刊）．

セン，アマルティア著，東郷えりか訳『人間の安全保障』（集英社新書，2006 年）．［日本語版のために特別に編集された論文集であるため，対応する原著はない．所収論文の原典については訳書の 204-205 頁の一覧を参照されたい．］

玉野井芳郎『エコノミーとエコロジー――広義の経済学への道』（みすず書房，1978 年）．

槌田敦『資源物理学入門』（日本放送出版協会，1982 年）．

槌田敦『熱学外論――生命・環境を含む開放系の熱理論』（朝倉書店，1992 年）．

人間の安全保障委員会『安全保障の今日的課題――人間の安全保障委員会報告書』（朝日新聞社，2003 年）．

ポラニー，カール著，吉沢英成・野口武彦・長尾史郎・杉村芳美訳『大転換――市場社会の形成と崩壊』（東洋経済新報社，1975 年）．／Polanyi, Karl, *The Great Transformation: the Political and Economic Origins of Our Time* (Boston: Beacon Press, 1957).

ポランニー，カール著，玉野井芳郎・平野健一郎編訳『経済の文明史』（ちくま学芸文庫，2003 年）．［日本語版のために特別に編集された論文集であるため，対応する原著はない．所収論文の原典については訳書の各章末を参照されたい．］

Fu, Regina, "The Indigenous Environmental Management and the Interethnic Relationship of Fulani Pastoralists and Nupe Agriculturists in Central Nigeria" (Unpublished, 2006).

【読書案内】

イリイチ，イヴァン著，玉野井芳郎・栗原彬訳『シャドウ・ワーク――生活のあり方を問う』（岩波書店，1982 年）．／Illich, Ivan, *Shadow Work* (Boston; London: M. Boyars, 1981).
　＊　現代社会の特殊歴史的性質を 12 世紀ヨーロッパから照らし出した異色の論文集．

イリイチ，イヴァン著，臼井隆一郎訳『生きる希望――イバン・イリイチの遺言』（藤原書店，2006 年）．／Illich, Ivan, *The Rivers North of the Future: the Testament of Ivan Illich* (Toronto: Anansi, 2005).
　＊　最晩年のインタビュー記録．「最善の堕落は最悪である」が通奏低音として響く．

佐藤光『カール・ポランニーの社会哲学――「大転換」以後』（ミネルヴァ書房，2006 年）．
　＊　日本における最良のポランニー研究書．地域社会の再生，共同体の価値の復権を提唱．

セン,アマルティア著,石塚雅彦訳『自由と経済開発』(日本経済新聞社,2000年)./Sen, Amartya Kumar, *Development as Freedom* (New York: Alfred A. Knopf, 1999).
* 市場の背後に潜んでいる非市場的価値の重要性を説いた良心的著作.

玉野井芳郎『科学文明の負荷――等身大の生活世界の発見』(論創社,1985年).
* 最晩年の論文集.20年以上前に現代社会の病巣を的確に見抜いた慧眼は驚嘆に値する.

ノーガード,リチャード・B.著,竹内憲司訳『裏切られた発展――進歩の終わりと未来への共進化ビジョン』(勁草書房,2003年)./Norgaard, Richard B., *Development Betrayed: the End of Progress and a Coevolutionary Revisioning of the Future* (London; New York: Routledge, 1994).
* 異質なものが共生しながら発展する可能性を論じた希望の書.キーワードは共進化.

ポランニー,カール著,玉野井芳郎ほか訳『人間の経済(Ⅰ市場社会の虚構性,Ⅱ交易・貨幣および市場の出現)』(岩波書店,1980年)./Pearson, Harry W., *The Livelihood of Man: Karl Polanyi* (New York: Academic Press, 1977).
* 経済人類学者としてのポランニーの研究成果の全容を知ることのできる遺稿集.

IV

社会の再生

越境する人々
公共人類学の構築に向けて

山下晋司

この章では，グローバル化のなかで越境する人々の人間の安全保障という課題を人類学の視点から取り上げる．人類学は「未開社会」の研究というイメージが強く，現代世界とは無縁だと思われがちであるが，ここではこのような現代的な課題に挑戦しながら，人類学の新しい地平として公共人類学という分野の可能性を追求する．

はじめに

　グローバル化の進展とともに現れてきた人間の安全保障という課題にとって，「未開社会」の研究というイメージの強い人類学はいかにも無縁だと思われるかもしれない．しかし，「人間の」安全保障である以上，人間の研究を標榜する人類学が無関係であるはずはない．問題はどのようなかたちで人類学の視点と手法が有効であるかである．ここでは人の移動というテーマをめぐる実践人類学（practicing anthropology, anthropology in action），とりわけ最近立ち上がりつつある公共人類学（public anthropology）という試みのなかにその可能性をさぐってみたい．このことは現代世界との関わりにおいて人類学をヴァージョンアップしていくための1つの挑戦でもある．

1. 人間の安全保障と人類学——グローバル化のなかで

　すでに述べたように，1990年代に人間の安全保障という発想が出てきた背景には，グローバル化という状況がある．グローバル化については，さまざまな議論があるが，私はデヴィッド・ハーヴェイ（1999）が論じた，近年の通信や交通のテクノロジーの発達に支えられた「時間と空間の圧縮」という現象をコア・イメージとしてもっている．この圧縮された時間と空間にお

いて顕著なことは，人，モノ，カネ，情報などの国家を越えた流動化である．アメリカ合衆国で活躍するインド出身の人類学者アルジュン・アパデュライ（2004）は，グローバル化に伴うこうした流動化の現象を，人，技術，金融，メディア，イデオロギーの5つのスケープ（景観）に分けて論じようとした．そしてこうした越境の時代においては，国家の安全保障だけでは不十分となり，国家の安全保障を補完するもの，あるいは国家を越えた領域での「人間の安全保障」が求められるようになったのである．

ロバート・トロッターとジーン・シェンスルが指摘しているように（Trotter and Shensul, 1997），グローバルな問題の解決に人類学は次の2つの点で役立つ．第1は，グローバルな越境状況においては，国内の重大な社会問題（例えば，米国における健康，貧困，暴力，ドラッグ乱用など）もきわめて国際的な構成要素をもっており，もはや一国だけで解決することが不可能になっているという点である．私たちの日常生活においても，食材は，農産物にせよ，海産物にせよ，畜産物にせよ，世界中からやってくるので，その安全性は国際問題となるし，AIDS，SARS，BSE，鳥インフルエンザといった疫病は容易に国境を越える．さらに，環境問題，大気汚染，温暖化，地震や津波などは，地球全体にかかわるすぐれて人類的な（それゆえ人類学的な）課題なのである．

第2は，人類学が基本的な研究課題としてきた民族や文化に関する意識は，文化が地域や国家の問題を解決していく際に考えられるべき決定的に重要だという認識とともに，国境を越えて広がっているという点である．こうしたなかで，先住民運動，多文化主義をはじめ民族や文化に関する運動は高まりをみせ，エスニック・スタディーズやカルチュラル・スタディーズのような新たな研究領域が立ち上がり，人類学もかつてのように無意識の慣習としての文化の研究に集中していればよい，というわけにはいかなくなった．今日，民族や文化を研究しようとするとトランスナショナルな視点が必須となり，近年の人類学でもグローバル化のなかで流動する世界に関する研究が大きな位置を占めるようになってきている．

さて，2003年に提出された「人間の安全保障委員会報告書」では，人間の安全保障の基本的問題として，1. 暴力を伴う紛争下にある人々を保護すること，2. 武器の拡散から人々を保護すること，3. 移動する人々の「人間

の安全保障」を確保すること，4. 紛争後の状況下で「人間の安全保障移行基金」を設立すること，5. 極度の貧困に苦しむ人々が恩恵に与るよう，公正な貿易と市場の発展を支援すること，6. 普遍的な生活最低限度基準を実現するための努力を行うこと，7. 基礎保健の完全普及実現にこれまで以上に高い優先度を与えること，8. 特許権に関する効率的かつ衡平な国際システムを構築すること，9. 基礎教育の完全普及により全ての人々の能力を強化すること，10. 個人が多様な集団に属し，多様なアイデンティティを有する自由を尊重すると同時に，この地球に生きる人間としてのアイデンティティの必要性を明確にすること，の計10項目にわたる政策課題が挙げられている（人間の安全保障委員会，2003）．以下では，このうちとくに人の移動という課題に人類学の視点と手法がどのようなかたちで貢献できるかについて述べてみよう．

2. 人の移動——難民

　世界観光機関（UNWTO）によると，2006年には8億人を越える人々——観光客，労働者，移民，難民，亡命者など——が，国境を越えて移動した．その数は，2010年には10億人，2020年には16億人に達するという．国境を越えて移動する人々のうち80％以上は観光客などの一時的な越境者だが，2003年には6000万人から6500万人の労働者が国境を越えて移動し，自国外での経済活動に従事していると推計されている．また，先述の「人間の安全保障委員会報告書」では，20世紀末の時点で，1億7500万人の移民（海外に1年以上住んでいる人）が国境を越えて移動し，2000年の時点では1600万人が難民だったとしている．

　こうしたグローバルな人の移動，アパデュライがグローバル・エスノスケープと呼ぶ状況において，人間の安全保障にとってとりわけ重要な課題は難民であった．20世紀の後半には世界で民族紛争や戦争が頻発し，カンボジア，ベトナム，クルド，ボスニア，ルアンダ，チェチェン，コソボ，東ティモール，アフガニスタン，そしてパレスチナなどで数多くの難民が生み出された．こうした紛争地域から国境を越えて移動する難民のほかに域内難民（国境内にとどまっている難民）を含めると，現在世界には3000万人の難民が

いるといわれている．事実，人間の安全保障という概念は，1990年から2000年まで国連難民高等弁務官をつとめ，アマルティア・センとともに人間の安全保障委員会の共同議長としてさきに触れた報告書をまとめた緒方貞子の難民支援の現場から生み出されたとさえ言ってもよい（東野，2003）．

だが，難民はきわめて複合的な現象であって，その解明と解決には，国際法，国際関係論，移民政策，人権，さらに人文・社会科学が研究対象とする全領域（政治，経済，歴史，社会，文化，心理）にわたる分野からのアプローチを必要とする．この場合，重要なことは，緒方が強調したように，そこに人間をみようとするまなざしと現場に立ち会う行動力である．そして「人間」と「現場」は，フィールドワークの手法で人間を研究する人類学のキーワードでもある．つまり，人類学では人間はフィールドワークと呼ばれる現場での臨地研究を通して理解されていく．そして人類学の人間理解は，人間の特定の側面だけではなく，人々の政治，経済，社会，文化，宗教の諸次元にわたる生き方の全体性へと向かう．これは民族誌的方法と呼ばれるアプローチ法だが，これこそ他の社会科学から人類学をユニークな存在にしている特徴なのである．

人類学的視点から難民を問題にする場合もこのスタンスは変わらない．フィールドワークの過程でアフリカのスーダン内戦と難民の問題に遭遇した人類学者栗本英世は，『民族紛争を生きる人びと』の冒頭でテレビ・ジャーナリズムが好んで扱うような難民たちの「悲惨さ」に対する違和感を表明している．例えば，レポーターは，被災キャンプの人々が裸足であることや川の水を飲んでいると語る．しかし，この地域の住民のほとんどが裸足で暮らし，川の水を飲んでいることには言及されないし，そもそも内戦を経験している当事者の声がまったく聞こえてこないと彼は言う．この視点からみるとき，「レンズの向こうの人びとは，人間的な共感をよびおこすことのない，かぎりなく遠い「他者」でしかなかった」のである（栗本，1996，6頁）．

さらに，栗本が調査していたスーダンのパリ人を追いかけて，訪れたケニア北西部のカクマの難民キャンプは，彼には，国連機関，国際NGO，先進諸国，そして欧米のマスメディアなどによって構成される国際難民レジームというもう1つの権力が支配する空間と映る．そのような空間のなかで，難民たちは，自らのナショナル，サブ・ナショナル，エスニックな背景のなか

で，国際難民レジームというもう1つの権力と向きいあいつつ，自分たちの生きていく場所を構築していくことになる（栗本，2004）．そこに見出されるのは，難民問題の解決というより新しい生活の始まりである．人類学がその民族誌的方法，ミクロな質的調査法を武器として試みようとするのは，難民たちの生活を内側から理解していくことである．その視点からは国際人権レジームの枠組み自体も相対化されるのである．

さらに重要なのは，こうした難民の生き方を，移動の時代の生き方として必ずしも特殊，特別なものだと考えるべきではない，ということである．つまり，難民は，民族紛争や戦時下での迫害といった状況ばかりではなく，きわめて平和な状況でも起こりうる．例えば，杉本良夫は『日本人をやめる方法』のなかで次のように述べている．「「日本への難民」という騒ぎに隠れて，「日本からの難民」という問題についての考察が，完全に視野から欠落してしまっている．矢印が一方にしか向いていない．「日本からの難民」なんていないと思っている人たちが，日本社会の大半を占めている．いったい何の話なのかと首をかしげる人が，ほとんどだろう．……しかし，海外に散らばっている多くの日本人の実体をよく観察すれば，日本社会に愛想をつかして，事実上逃げ出してきた人たちが，あちこちにいることがわかる．現在海外に定住している人の数は70万にのぼるといわれるが，その1割がこの種の難民だとしても，総数は7万を越える勘定になる」（杉本，1993，175頁）．

「日本への難民」と「日本からの難民」を同列に扱うことはできないかもしれないが，政治難民や経済難民ばかりでなく，この種の社会難民もグローバル・エスノスケープのなかでよりよい生活を求めてさまよっているのである．ジョン・アーリが言うように（アーリ，2003），近代の中心に移動という問題があるとしたら，強制的であれ，自発的であれ，故郷を離れて生きることは近代を生きる人々の構造的な問題である．難民をカテゴライズし，認定し，保護するのは，国際人権レジームの仕事だが，リイサ・マルキ（Malkki, 1995）が論じているように，人類学者は，難民を「難民問題」として孤立させず，ディスプレイスメント（displacement）や脱地域化（deterritorization）など広くディアスポラ的な生き方との連続性のなかで事態をみようとするのである．

3. 定住外国人——市民権，人権，民主主義

多くの論者が指摘するように，グローバル化に伴う人の移動の波が，国民国家，とくに国民と外国人の境界を揺るがしている．そして移住が長期化し，移民が定住をはじめるとき，国家が彼らをどのような人間として扱うかが問題になる．ヨーロッパでは，近年，定住外国人の権利の問題をシティズンシップ（市民権）という観点から検討しようとする試みが増えてきている．市民権と言えば，日本では，国籍，国民の権利と同一視される傾向があるが，移民受入の先進経験をもち，EUを実現したヨーロッパでは，国籍や国民の権利と区別される市民権という概念に注目が集まっているのである．

『国際化とアイデンティティ』（梶田編，2001）のなかで，梶田孝道は，市民権に関する議論を整理して，次の3つの選択モデルを示している．第1は，国籍モデルの修正で，国民国家と国籍の原則の枠内で行われるもので，帰国の奨励，あるいは帰化の促進，国籍取得の容易化と多様化，二重国籍の容認などをその内容とする．ここではシティズンシップとは国籍，国民のことであり，定住外国人が外国人であるかぎりこの権利が享受されることはない．第2は，スウェーデンの政治学者トマス・ハンマーなどが提起したデニズン・モデルで，定住（居住）した外国人をデニズンと呼び，彼らをシティズン（国民）とエイリアン（外国人）の間に位置づけ，西欧諸国の戦後の人権レジームのなかで彼らの権利拡張と参政権の必要性を主張する．第3は，Y・ソイサルなどが主張するパーソンフッド・モデルで，グローバル化のなかで，ネーションフッドにかわる「人であること」（パーソンフッド）に基づくあらたな国際人権レジームのあり方を主張するものである．

では，市民権に関する先進国であるヨーロッパとは事情がきわめて異なる日本においてはどうなのか．いわゆるクローズド・ドア政策をとる日本においても，国内の外国人登録者数は，とくに1980年代後半以降増え続け，法務省入国管理局の統計によると，2008年末現在で221万7426人で，総人口の1.7%に当たる人数である．国籍別にみると，中国人が66万人（29.6%），韓国・朝鮮人が59万人（26.6%），ブラジル人が31万人（14.1%），フィリピン人が21万人（9.5%），ペルー人6万人（2.7%），米国人5万人（2.4%），その他34万人（15.2%）となっている．また，オーバーステイなど不法滞在者

は2010年1月現在で9万人である．

　日本の外国人移民に特徴的なことを挙げてみると，第1に，2006年末まで最大集団であった韓国・朝鮮人のなかには戦前からの「特別永住者」42万人が含まれ，二世，三世も含めいわゆる在日外国人を構成している点である．ここでは歴史的な背景がとくに重要になる．第2に，今日最大の集団である中国人の場合も，移住は歴史的に遡るが，今日では新来者が圧倒的に多いところに特徴がある．第3に，1980年代後半以降3K（キタナイ，キケン，キツイ）部門で労働力が不足し，日本でも外国人労働者問題が出現した．政府は公式には未熟練労働者に門戸を閉ざしているが，1990年の入管法改正により日系人の就労が認められて以来，とくにブラジル人やペルー人が増え続け，今日に至っている．だが，2008年秋に起った世界金融危機の影響で，「派遣切り」などにあい，帰国せざるをえないケースも生じている．また，「技能研修」という名目で事実上の就労を許しており，研修生の多くは中国人である．第4に，フィリピン人の多くは女性で，興業ビザで来日し，しばしば性産業に従事してきた．しかし，2004年にアメリカ国務省の人身売買監視対策室が日本を「要警戒国」に位置づけ，国際労働機関が日本の性風俗業界で行われている外国人女性の人身売買の実態をまとめた特別報告書を作成し，興業ビザによる被害を指摘したこともあって，2005年より興業ビザの発給は大幅に減ってきている．他方で，2008年にはフィリピン人の看護・介護セクターへの参入が日比両政府の経済連携協定によりスタートしたことから，新しいかたちでのフィリピン人の流入が始まっている．

　いずれにせよ，少子高齢社会の加速化などを考慮に入れると，日本の労働市場は，今後外国人労働力をますます必要とすると予測されている．ここで重要なことは，彼らがたんに「労働力」ではなく，「人間」でもあるということである．人間として，彼らは生活し，結婚し，子どもを生む，あるいは家族を呼び寄せるだろう．そして子どもを養育し，教育を受けさせるだろう．また，病気もけがもするわけだから，健康保険，労災などの社会保障を必要とする．つまり，生活者，市民としての定住外国人の問題が次々と生じてくることになるのである．問題はすでに目に見えるかたちで現れており，1990年代半ば以降は，外国人居住者の多い地方自治体や地域社会，また人権擁護のNGOなどはこの問題をはっきりと意識し，さまざまな試みを行うように

なってきている．ここで問題は，人間として生存する権利，すなわち人権の問題とリンクしてくる．

　この場合，日本では，国よりも地方自治体の方がこの問題に敏感である．というのも，『自治体の外国人政策——内なる国際化への取り組み』（駒井・渡戸編，1997）のなかで，駒井洋が指摘しているように，日本国憲法は権利の享受者としては日本国民しか認めておらず，外国人を排除しているのに対し，地方自治法は，自治体は住民の安全，健康および福祉を保持する義務があり，住民には生活の本拠を当該自治体におく外国人も含まれる，としているからだ．したがって，保守的な中央政府にくらべ，外国人問題の現場を抱える地方自治体，例えば神奈川県川崎市，静岡県浜松市，群馬県大泉市，東京都新宿区，山形県最上郡などはこの問題に先進的に取り組んできたのである．

　ところで，人権という思想は17〜18世紀の西欧啓蒙期の自然法思想に由来するといわれる．人間は生まれながらにして自由であり，平等であるとする思想で，アメリカ独立宣言（1776年）やフランス革命における人権宣言（1789年）にも大きな影響を与えたことはよく知られている．この思想の背後には，ジャン＝ジャック・ルソー（クロード・レヴィ＝ストロースにより「人類学の創始者」とされた）が『人間不平等起源論』（1755年）の冒頭で提起したように，「自然が人びととのあいだにおいた平等と人間たちが設けた不平等」という現実がある．20世紀においては，2つの世界大戦やナチスのホロコースト，日本軍のアジアでの虐殺などへの反省から，1948年に国連により世界人権宣言が出された．その第2条第1項には，「すべての人は，人種，皮膚の色，性，言語，宗教，政治上その他の意見，国民的若しくは，社会的出身，財産，門地，その他の地位の違いによることなく，この宣言に掲げる権利と自由を享受することができる」と述べられている．

　しかし，「人間たちが設けた不平等」は，ルソーの指摘から250年以上たった今日においても解決されているとは言い難い．世界人権宣言は法的な拘束力をもたない宣言にすぎず，「すべての人びとと国が達成すべき共通の規準」（「宣言」前文）としての人権を具体化していくために，「難民の地位に関する条約」（1951年），「婦人の参政権に関する条約」（1952年），「あらゆる形態の人種差別の撤廃に関する国際条約」（1965年），「経済的，社会的及び文化的権利に関する国際規約」（1966年），「市民的及び政治的権利に関する国

際規約」(1966年),「女子に対するあらゆる形態の差別の撤廃に関する条約」(1979年),「児童の権利に関する条約」(1989年) などの国際条約が整備されていき,「全ての移住労働者及びその家族の権利保護に関する条約」(1990年),「国際組織犯罪防止条約人身取引議定書」(2000年) が採択された.

人間の安全保障というときの人間の概念は,こうした国際人権思想の展開の延長上に捉えられる.しかし,「すべての人は」という普遍主義的な人権という捉え方は,文化相対主義を標榜してきた人類学者をしばしば困惑させもする.事実,1948年の世界人権宣言が準備される過程で,アメリカ人類学会理事会は,1947年に人間(文化)の多様性(相対性)の観点から普遍的人権についての批判的な見解を表明していた.しかしながら,重要なのは,普遍的人権に対して文化相対主義の立場から反論を加えることではない.浜本満 (1996) が論じたように,普遍主義と相対主義は必ずしも対立するものではない.というのも,相対主義が可能なのは,ある種の普遍主義を前提にすることによってであるからだ.逆に,普遍的人間観は,人種,ナショナリティ,エスニシティ,ジェンダーなどとして現れる人間の多様な現実を背景にして成立している.多様であるからこそ普遍が求められもするのである.その意味では,人権思想の普遍主義と相対主義は二者択一の関係ではなく,補完の関係にある.アメリカ人類学会も1995年には人権委員会を設置し,1999年には「人類学と人権に関する宣言」を出し,人権の問題に積極的に取り組んでいる (Committee for Human Rights, American Anthropological Association).

こうしたなかで,エレン・メッサーは,人類学は2つの点で人権の問題に貢献してきたと指摘している (Messer, 1993).1つは,「権利とは何か」,「人間とは誰か」という問いをめぐって通文化的な比較研究を行ってきたこと,もう1つは,人権の遵守や違反について監視し,批判してきたことによってである.今日では人権の観念は文化的に相対的であることを多くの専門家も政策決定者も受け入れるようになっているとメッサーは述べ,アフリカ,アジア,ラテンアメリカにおける多様な人権実践の例を挙げている.それゆえ,人類の多様な現実のなかで人権を研究・実践していくことが人類学の基本的スタンスである.さきに挙げた「人類学と人権に関する宣言」でも,人権は静態的な概念ではなく,人権に関する理解は人間の条件を知れば知るほど進化すると指摘されている.

多様な人権実践という視点は，アパデュライのいうグローバル・イデオスケープのなかで大きな位置を占めている民主主義を考えるうえでも重要である．例えば，オーストラリアの歴史家テッサ・モーリス＝スズキは，次のように述べている．「20世紀後半の複合化しグローバル化した世界では，ただ単に「デモクラシーの普遍性」を唱えるのも，また「固有の文化」という想像上の壁の後方に避難するのも，もはやその意味は失われている．なぜならデモクラシーの意味する内容そのものが変化し続けているからだ．「一人一票」や富の再配分にかかわるものだけがデモクラシーではあり得ない．いかに文化資源を獲得し，それを表現するか，さらにその文化資源を文化資本へどのように転換するか（つまり社会的経済的自治を獲得する手段），それこそ，現在のデモクラシーの主要素を占めているのである」（モーリス＝スズキ，2002, 261頁）．こうして，文化――文化資源の共有と配分の問題――は民主主義の基本的な問題となる．文化をキーワードとする人類学はここでもきわめて実践的な課題を抱え込むことになるのである．

4．公共人類学の構築――実践人類学の新しい展開

実践人類学は，人類学の方法や知識を現代世界の問題の解明，解決，政策立案などに役立てることを意図する分野である．この分野は一般に応用人類学（applied anthropology）と呼ばれてきたもので，けっして新しくはない．イギリスでは，応用人類学という用語は1906年にケンブリッジ大学の植民地行政官養成プログラムにおいてはじめて用いられ，植民地統治のために人類学的知識を役立てることが意図されていた．第2次世界大戦までの応用・実践人類学は総じて植民地経営との関わりにおいて行われていた．

戦後のアメリカでは，教育，開発，医療などの分野を中心に応用・実践人類学が活発に展開された．イギリスでは，戦後，人類学の実用面への応用には消極的であったが，1980年代以降国際援助機関などで働く人類学者が増加するとともに，応用・実践人類学の比重が高まった．戦後の日本では，過去の植民地主義や戦争への人類学の関与に対する反省もあって，応用・実践人類学はあまり展開されなかったが，1980年代以降，開発，医療，環境，観光などに対する応用・実践人類学的な関心が増加し，今日では，学部・大

学院の学生たちが卒論，修論，博論などのテーマとして取り上げることもめずらしくない．そしていま，学問の社会貢献が問われる時代にあって，日本でも応用・実践人類学を改めて確立していく必要がある．

こうしたなかで，近年，応用・実践人類学の新しい展開として公共人類学という分野が，アメリカを中心に立ち上がりつつある．これは公共領域における人類学の活用を試みようとするものである．アメリカ人類学会の会長をつとめたこともあるジェームズ・ピーコックは，人類学の社会貢献を力説し，フィラデルフィア市長やオークランド市長を交えて行われた，1998年のアメリカ人類学会年次会の分科会で，研究者への格言である"publish or perish"（論文を書かなければ，破滅）をもじって"public or perish?"（公共的でなければ，破滅か）と論じた．ここには，人類学を社会の公共領域において再定義し，アカデミズムを越えて社会に貢献しようとする人類学の新たな挑戦がある．多様な社会と文化を研究しながら，人間の理解に貢献しようとする人類学は，実践的な課題に取り組みながら，公共領域と結ばれることが必要なのである．事態は日本でも同様であろう．

おわりに——1つの世界に住むことを学ぶために

アメリカの人類学者マーガレット・ミードは，1944年に *Learning to Live Together in One World* という著作を脱稿したものの，広島と長崎への原爆投下に落胆し，時期尚早だとして出版しなかったという．しかし，原爆投下60年余を経て，今日「1つの世界に住むことを学ぶこと」はますます新しく，かつ切実な問題になってきている．そしてこれは，グローバル化のなかで越境する人々の安全保障にとっても基本的な課題でもある．そのような課題に人類学の立場からアプローチするとき，うえに述べた公共人類学は大きな可能性を秘めた分野だと言えるだろう．その意味で，人間の安全保障という課題に取り組みながら，日本においても公共人類学を構築していくことが急務なのである．

[付　記]

本文中，第3節の人権を扱った部分は，拙稿（山下，2008）を若干加筆して用いた．

[文　献]

アパデュライ，アルジュン，門田健一訳『さまよえる近代――グローバル化の文化研究』（平凡社，2004年）．

Committee for Human Rights, American Anthropological Association, "Declaration on Anthropology and Human Rights." http://www.aaanet.org/stmts/humanrts.htm（アメリカ人類学会の「人類学と人権に関する宣言」のウェブサイト）．

浜本満「差異のとらえかた――相対主義と普遍主義」青木保ほか編『岩波講座　文化人類学12　思想化される周辺世界』69-96頁（岩波書店，1996年）．

ハーヴェイ，デヴィッド，吉原直樹監訳『ポストモダニティの条件』（青木書店，1999年）．

東野真『緒方貞子――難民支援の現場から』（集英社，2003年）．

梶田孝道編『国際化とアイデンティティ』（ミネルヴァ書房，2001年）．

駒井洋・渡戸一郎編『自治体の外国人政策――内なる国際化への取り組み』（明石書店，1997年）．

栗本英世『紛争を生きる人びと――現代アフリカの国家とマイノリティ』（世界思想社，1996年）．

栗本英世「難民キャンプという空間――ケニア・カクマにおけるトランスナショナリティの管理と囲い込み」『トランスナショナリティ研究――境界の生産性』99-114頁（大阪大学21世紀COEプログラム「インターフェイスの人文学」，2004年）．

Malkki, Liisa H., "Refugees and Exile: From 'Refugee Studies' to the National Order of Things," *Annual Review of Anthropology*, Vol. 24, pp. 495-523, 1995.

Messer, Ellen, "Anthropology and Human Rights," *Annual Review of Anthropology*, Vol. 22, pp. 221-249, 1993.

モーリス＝スズキ，テッサ『批判的想像力のために――グローバル化時代の日本』（平凡社，2002年）．

人間の安全保障委員会『安全保障の今日的課題――人間の安全保障委員会報告書』（朝日新聞社，2003年）．

杉本良夫『日本人をやめる方法』（筑摩書房，1993年）．

Trotter, Robert T., II and Jean J. Schensul, "Methods in Applied Anthropology," in H. Russell Bernard ed., *Handbook of Methods in Cultural Anthropology*, pp. 691-735 (Walnut Creek, London and New Delhi: Altamira Press, 1997).

アーリ，ジョン，吉原直樹・大澤喜信監訳『場所を消費する』（法政大学出版局，2003年）．

山下晋司「人権」山下晋司・船曳建夫編『文化人類学キーワード〔改訂版〕』（有斐閣，2008年）．

【読書案内】

Public Anthropology, website: http://www.publicanthropology.org.
　＊　アメリカの公共人類学に関するウェブサイト．

Van Willigen, John, *Applied Anthropology: An Introduction* (*Third Edition*)

(Westport, Connecticut and London: Bergin and Garvey, 2002).
* 応用人類学に関する概説書.

深化するコミュニティ
マニラから考える

中西 徹

●貧困層にとっての「人間の安全保障」を実現するためには，開発援助などによって外部から経済的な安全網の整備を目的とした新しい制度を導入することが最善であろうか．本章では，マニラ首都圏の都市貧困層が固有のネットワークとしてのコミュニティを深化させてきた事例を検討し，貧困層に固有な「人間の安全保障」を再考する．

はじめに

> 「わたしが考えるかつての農村のもっとも重要な価値は，住民が自分の住む地域のことなら何でも知っていたということだ．半径 10 km 以内にある家のことなら，だれもがお互いに知っていた．それぞれの人となり，生い立ち，長所・短所，先祖がだれかを知っていて，必要なとき，だれに相談すればいいのかも皆がわかっていた．……弁護士などというお金のかかる人種も必要なかった．……結婚式やカーニバルのときは，お金をかけなくても，アコーディオンとワインさえあれば，仲間と陽気に騒いで楽しんだものだ」(Girolomoni, 2002)．

1985 年 7 月，筆者がフィリピンのマニラで遭遇したのは，不法占拠区の住民が強制退去を迫られた際に抵抗し，私兵によって射殺された痛ましい事件であった．彼らは移転先が用意されていたにもかかわらず，武装した私兵に投石をして立ち向かったのである．これは，愚かで感情的な行動だったのだろうか．当時，筆者が遺族から直接聞いた主張は，複数の遠隔地への移住が彼らの暮らしを壊すという漠然としたものであったが，その後に別の都市貧困層の人々から，彼らの暮らしが居住者間の人間関係によって支えられていることを学んだ．この絆を，開発の名の下に非人間的な手段によって断ち切られようとしたとき，人々は命を懸けて権力と闘ったのではなかったのだろうか．

しかし，そのメカニズムの解明には，これまでの開発研究はほとんど無力

であったと言えよう．現在注目されているコミュニティの「開発」(community development) を巡る議論でさえもその例外ではない．コミュニティを再評価するといっても，経済変動のリスクに対する保険などの機能の効率的側面に限られ，決して人々が既に有している有機的な組織を評価するのではないのである．それは，しばしば新たな「指導者」を育成し効率的な「コミュニティ」を新たに誕生させる試みであり，人々の土地に対する愛着や社会関係を軽視してきたようにさえ見受けられる．その典型的事例が先に挙げた不法占拠区の住民強制移転である．たしかに，時を経た現在，暴力的な行為は姿を消した．しかし，むしろ人々の社会関係は，より巧妙に抑圧されるようになった．補償の充実は住民の団結を弱体化させ，移転を容易にする．移転先では，大小様々な掘っ立て小屋ではなく小綺麗な統一規格の住居が，人々によって自由自在に築き上げられた迷路のような路地ではなく整然とした見通しの良い街路が，目の前に現れる．そして，行政が育成し用意した新しいリーダーの下での「コミュニティ」が従来の人間関係に取って代わる．それは，行政による「単一化」(simplification) が人々の「民衆知」(metis) を駆逐した事例と言えるのかもしれない (Scott, 1998)．移転先から去っていく人々が後を絶たないのは，単に家賃の額だけが理由ではない．彼らが失ったものの大きさを如実に物語っているように思われる．

　本章の目的は，マニラの一不法占拠区を事例として，貧困層が既存のコミュニティ資源 (community-based resources) を積極的に活用し，彼ら自身の「人間の安全保障」を実現していることについて考察を深めることである．その資源は，外部から持ち込まれた新しい「コミュニティ」ではなく，人々が慣れ親しんできた地域集団に付与されている．すなわち，居住者が長きにわたって培ってきた人々の間の社会ネットワークである．このような社会関係は，狭い地域ゆえに情報の質と量に制約が存在したり，集団内での馴れ合いや足の引っ張り合いを生んだりするとして，効率性基準からは発展の阻害要因となり得るとさえ語られてきた．しかし，人々は，他の居住者への共感や思い入れがなければ，そこに住み続ける意義を見いだすはずはないだろう．貧困層の「人間の安全保障」の礎を，人々が有するネットワークの総体であるコミュニティとして捉え，その形成発展過程について検討する理由はそこにある．

1. 都市貧困層のコミュニティ

　本章の舞台は，筆者が1985年以来調査を続けてきたマニラ首都圏のマラボン市に立地するP地区である．そこは，ゴミ捨て場であった河川敷の公有地に人々が集住して形成された不法占拠区であるため，地方自治体からは立ち退きの勧告を受け続け，多くの周辺住民からは「ゴミ捨て場」(tambakan)と呼ばれ蔑まれてきた．しかし，85年当時の居住世帯のうち8割を超える人々はP地区を後にすることはなかった．それどころか，住民組織を造り上げ，彼らはこの地区を「村」(village)と愛着をもって呼ぶようになっている．

　これは驚くべき事実と言えよう．元来，東南アジアにおけるコミュニティは脆弱であると考えられてきたからである（北原，1996）．東南アジアの人間関係は，明確な境界や結節点がなく，個別主体が優越するために，二者間社会関係によって意思決定が行われ，「排除原則」が貫徹せず集団が閉じることはない（中根，1987）．対象を都市に限定すれば，さらにその脆弱性が露わになる．広く定着農耕社会では，人々の生活と土地は世代を超えて不可分の関係であり続けてきた．農作業はもとより，土地や水の管理にも地縁集団の協力が不可欠である．人々の生活は常に自然と対峙しており，一定のルールの下，共同行動を通じて自然災害に備えなければならない（石川，1990；速水，2000）．それに対して，都市では職住を異にする雇用労働者が優越し，土地拘束性は著しく弱い．自然災害に対する共同行動の必要性も認識されにくい．もとより多くの人々は異なる地方からの移動者とその子孫である．このような条件の下では，定住誘因は低くならざるを得ない．不法占拠区の場合はさらにその傾向は強くなる．居住者は，劣悪な環境の中に生活し，同時に立ち退きの危険性に直面している．強制立退きを命じられたところで，移動後に所得が上昇することはあっても，顕著な所得の減少が生じる可能性は低い．彼らが，現在の何ら所得を生み出さない劣悪な立地条件の土地にしがみつく理由はない．かくて，東南アジアの都市貧困層では居住流動性が高く，コミュニティは形成されにくいと考えられてきた．ところが，次節にみるように，P地区は自律的なコミュニティとしての性質を有するに至っていると考えざるを得ないのである．

このコミュニティの自立的発展こそ貧困層に固有な「人間の安全保障」であり，筆者は次のような作業仮説を有している．すなわち，当初，様々な地方からの移住者によって形成されたP地区では，出身地別の分断された社会関係が観察され，多数の居住者による一部家族への依存が特徴的であった．だが，その後，集落族内婚が繰り返され，親族・姻族関係の連鎖によって居住者が地区に愛着を持つようになり，コミュニティが出現するに至る．さらに居住者間に稠密な社会関係が成長すると，一部有力者への依存が弱体化し，成員間の関係が再編強化されたというものである．以下では，この仮説を例証することにしよう．

2. 歴史としての「コミュニティの出現」

P地区には，1965年頃から農村からの移住者が流入し始めたが，当初より彼らには不法占拠（squatter）という自覚があった．72年には土地問題を考える連絡協議の場として住民組織が発足したことがそれを示している．しかし，70年代末に地方政府から払下げ条件として年賦土地一括購入が提示されて以来，住民たちが条件に合意できないまま，組織は形骸化していく．これは，居住権獲得が人々にとっての共同利害たり得なかったことを示している．常に強制退去を恐れてきた彼らにとっては，安全な移転先を確保することこそが優先課題であったと言えよう．

ところが，多くの人々はP地区に住み続け，ついに1989年には地方政府が突きつけた払下げ条件について全世帯の合意が実現した．2003年時点で，85年当時の201世帯のうち約84％（169世帯）が本人もしくはその子孫の世帯として現在も存続している．一括購入の合意は，全世帯が恒久的にこの地区に居住するという意思を表示したものと解釈し得る．89年の住民合意はP地区における「コミュニティの出現」を意味すると言えよう．

たしかに，この「コミュニティの出現」は経済的要因とは無関係ではない．1986年の「二月政変」後から貧困緩和がある程度まで実現したことは重要な背景であろう（Nakanishi, 2006）．85年当時，75％であった貧困層比率は，その後一貫して下落し，2000年には51％になった．それは外生的な好条件に依存していたことは疑いを得ない．80年代後半の原材料価格暴落と手押

し車による回収作業の禁止条例が,貧困の象徴であった廃品回収業を衰退させる一方で,ラモス政権下の経済安定が,製造業と建設業の投資増加をもたらし,廃品回収人の転職を容易にしたのである.

しかし,彼らの生活はたしかに向上したとはいえ,現在においても,5割が貧困線以下の生活にある.周辺住民からの差別的扱いも続いている.この状況の下で,1985年当時,頻発していた住民間の激しい感情的対立や紛争が,80年代後半以降,解消していったことは,単に生活水準の向上だけでは説明できないように思われる.その後の景気後退期(89〜91年,98〜2000年)には,失業者が増え,大きく生活水準が落ち込んだものの,従前のような住民間の対立はほとんど観察されなかった.この事実は,集落社会の安定を実現するための他の条件を考える必要があることを示唆している.

3. 社会ネットワークとしての「コミュニティの出現」

本節では,コミュニティの出現と親族・姻族ネットワークの関係をあきらかにしよう.ここでの単位(node)は同一出自であると相互に認識する同一姓家族集団(以下,「基本家族」と呼ぶ)である.ただし,単純化のために,居住者の夫として地区外から入り独立家族を形成したが,各時点で新しい姻族を有さないものは妻の家族に属するとみなし,新しい姻族を有した時点で,新しい基本家族を形成したと考える.このネットワークは無向グラフとなり(図1),1988年に全基本家族の6割にも及ぶ巨大なコンポーネント(component)が出現する.6割の「基本家族」について,どの家族から出発しても,親族・姻族関係を辿ることによって,他の全ての家族に到達することができるのである.これは歴史としての「コミュニティの出現」の前年にあたる.その後も,この傾向は続き,2003年8月時点で,基本家族の約9割(118)がこのコンポーネントに帰属している.

こうしたコンポーネントの形成は,集落族内婚による姻族関係(内縁関係を含む)の伸長による.2003年時点における第1世代を含めた全婚姻334のうち110例(33%)までが集落族内婚であった.こうした傾向は,他地域の比較的古い貧困層地区においても観察される.筆者が別の機会に実施した調査においても,マニラ市北部のスモーキー・マウンテン(1,000世帯無作為抽

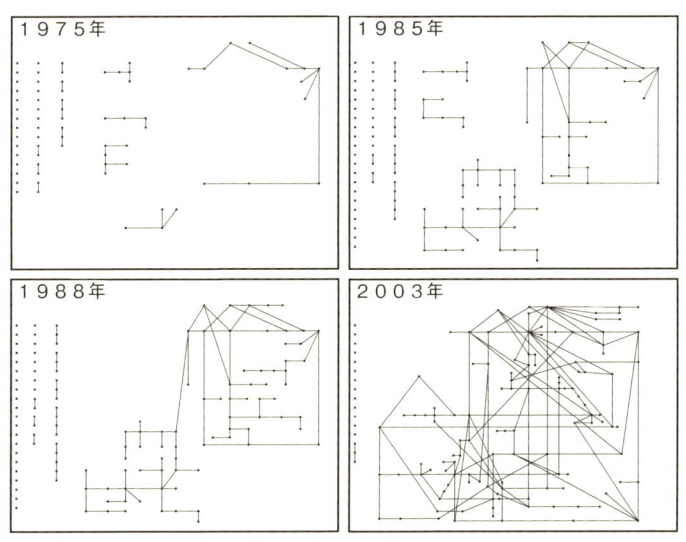

(注) 各点は基本家族，無向線は親族・姻族関係を示す．
図1 コミュニティの出現──親族・姻族ネットワークの形成

出）では29％，ナボタス町の沿岸不法占拠区の全戸調査では37％が，それぞれ集落族内婚であった．

　集落族内婚が繰り返された理由はインタビューによれば次の3点に集約される．1つは，社会的排除（social exclusion）による社会階層の存在である．不法占拠区に居住するという事実は，初等教育におけるいじめの原因となり高い中途退学率につながる．就職時に差別を受けたと報告する居住者も多い．それは，通婚関係にもおよび，貧困層は，富裕層の人々との間に姻戚関係を結ぶことは困難であると明確に認識している．第2には貧困層の生活圏の地理的狭隘性である．交通費を考えるとき，居住者の行動範囲は日常活動のみならず就業先も限られる．都市貧困層は，匿名性の社会に存在していると仮定されがちであるが，実際には不特定多数と接触する機会はほとんどない．貧困層の通婚圏自体が地理的制約を受けるのである．最後に，配偶者候補の親族にかんする情報収集も要因の1つであろう．地区外に居住する配偶者候補の親族や近隣住民にかんする情報を短期間に把握することは容易ではない．こうして同一地区内の集落族内婚が生じる傾向が生まれる．

　コミュニティの出現をもたらした集落族内婚の累積の要因は，以上のよう

に，貧困と差別によって，住民が地理的にも社会的にも孤立したことに求められるであろう．不法占拠区に居住するという事実が，貧困層同士の結婚の繰り返しによる世代間貧困移転をもたらしたのである．しかし，他方において，それは長期的には親族・姻族ネットワークの形成を促し，コミュニティを出現させる条件を整備する．慢性的貧困の悪循環を引き起こす原因が，集落社会の安定と貧困緩和をもたらしうるメカニズムを導くのである．

このようにして出現したコミュニティは，従来から言及されてきたコミュニティに固有な機能（石川，1990）をたしかに果たしている．それは濃度の異なる幅広い雇用情報の共有を通じて，広く居住者に社会的安全網を提供する．居住者は，景気上昇期には他の「弱い紐帯」を活用して職を得ているものの（Granovetter, 1973），景気後退期には「強い紐帯」である親族・姻族関係に依存していることが観察される（Krackhardt, 1993）．一定の分権的自治機能をも果たし得る．住民はネットワークの活用によって，地区内に生起する紛争や軋轢を解決し得るという認識を共有している．直接のネットワークがないAとBの間に紛争が生じ，Aが和解したいと考えた場合，両者の間の二者間ネットワークの連鎖を辿ることによって，婉曲な解決をもたらしてくれる適切な第三者を，見いだすことが可能なのである．他にも，1980年代末から，電気・水道管理，違法利用を含めて，配管・配線が行われたり，90年以降，就学前児童や小学生を対象とした補習授業がNGOからの奨学金給付大学生によって自発的に地区内礼拝堂で実施されたりしていることも，この地区にコミュニティが機能していることの証左であろう．

4．コミュニティの深化――構造的空隙の消滅

集落族内婚によるネットワークの形成はコミュニティの出現にとって決定的現象であったように思われるが，それだけでは，各成員間にいかなる社会関係が存在しているかはあきらかではない．本節では，P地区においてかつて観察された出身地にもとづいて分立していた垂直的依存関係が，統合された水平的社会関係に移行し，コミュニティが成長・深化するに至った過程を検討したい．

P地区では，古くから居住する一部家族が，当初から新しい住民組織が誕

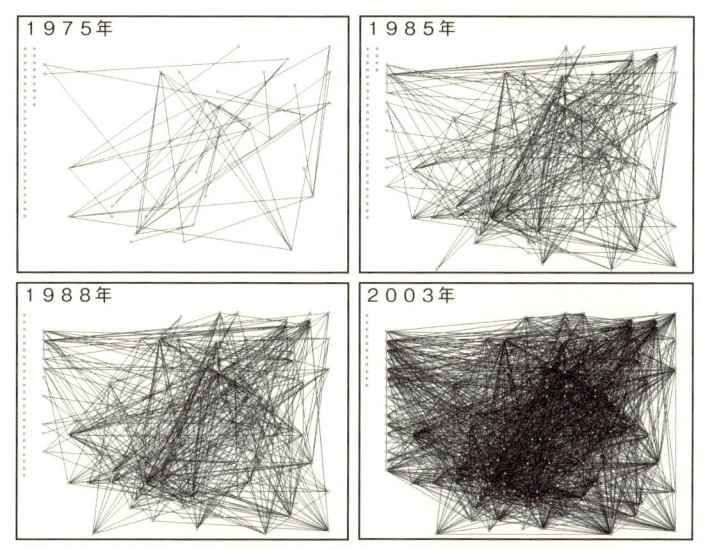

(注) 各点は基本家族，有向線は儀礼子から儀礼親への儀礼親族関係を示す．
図2 コミュニティの深化——儀礼親族ネットワークの形成

生する1989年まで政治経済に大きな力を有していた．2002年に至るまで住民組織の長はP地区における最古参のT家と同家と親族関係にあるA家から選ばれており，80年代の主導産業である廃品回収業はF家やR家によって営まれてきた．他の世帯の多くは，彼らの仲介によって流入してきた家族であるため，これらの有力家族への依存度が高く，出身地別のグループによる分断（segmentation）が持続していた．住民組織は存在したが，決して一枚岩のコミュニティを想定することはできなかったのである．極論すれば，極貧層は，貧困ゆえに上位の所得階層による長期的な収奪を認め社会関係の固定化を受け入れることと引き替えに，社会的安全網を維持し短期的な必要を満たす（Faustian bargain）という近視眼的な意思決定しかできなかった（adverse incorporation）と言えるかもしれない（Hulme, 2003）．

しかし，状況は1980年代半ば以降に一変する．有力家族の力に翳りが見え，彼らを取り巻く社会関係に変化が生じてきたのである．この事実を検討するために，フィリピンに固有な儀礼親族関係（*compadre*）の動態をみてみよう．

儀礼親族関係とは，キリスト教における洗礼，堅信礼，結婚の通過儀礼上

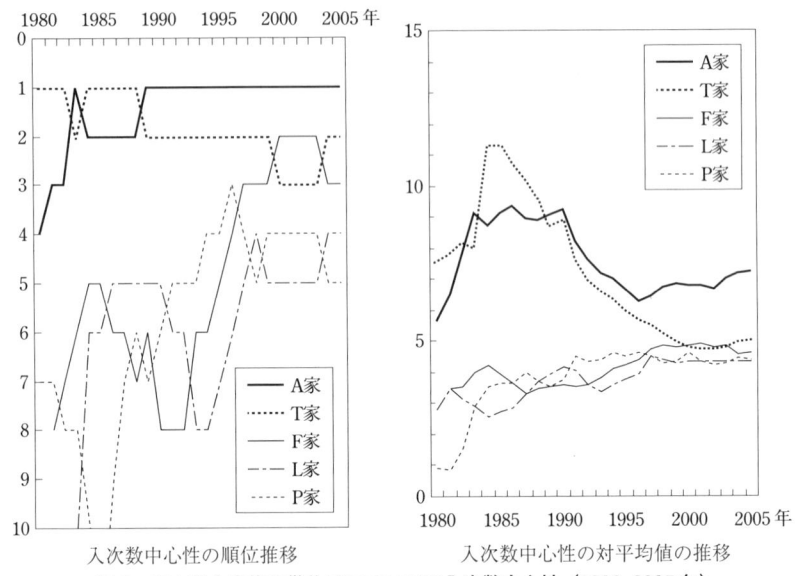

図3 有力基本家族の儀礼子についての入次数中心性（1980-2005年）

左：入次数中心性の順位推移
右：入次数中心性の対平均値の推移

の親子関係によって当事者家族にもたらされる社会関係である．原則として，儀礼親の数には制限がなく，各儀礼において同一人物である必要はない．本人が選ぶ結婚時の儀礼親以外は，真の親が儀礼親を選ぶことになるので，儀礼親子関係は真の親と儀礼親のそれぞれの家族まで拡大されることも多い．この関係は両者の家族に便益をもたらす．儀礼子家族は社会的安全網を得ることができる一方で，儀礼親は，社会的威信，垂直的関係の安定化，あるいは社会的資産としての儀礼親族間社会関係などの便益を得るからである．したがって，それは，異なる家族間の安定的な依存関係を含有する信頼関係や各主体のネットワークにおける「社会的威信」(social prestige) を示す代理指標となり得るといえよう．

儀礼親族関係は有向グラフによって表現することができる（図2）．それによれば，2003年時点で，11家族を除く全ての基本家族が，儀礼親族関係による弱コンポーネントを形成している（親族・姻族関係を含めれば全基本家族が1つのコンポーネントを形成する）．たしかに，このネットワークは，少数の突出した有力な基本家族が多くの儀礼子を有していることを示しており，いわゆる「スケールフリー」(scale-free) に近い．儀礼子の平均値は17.74，最大

図4 有力家族の総ネットワーク拘束

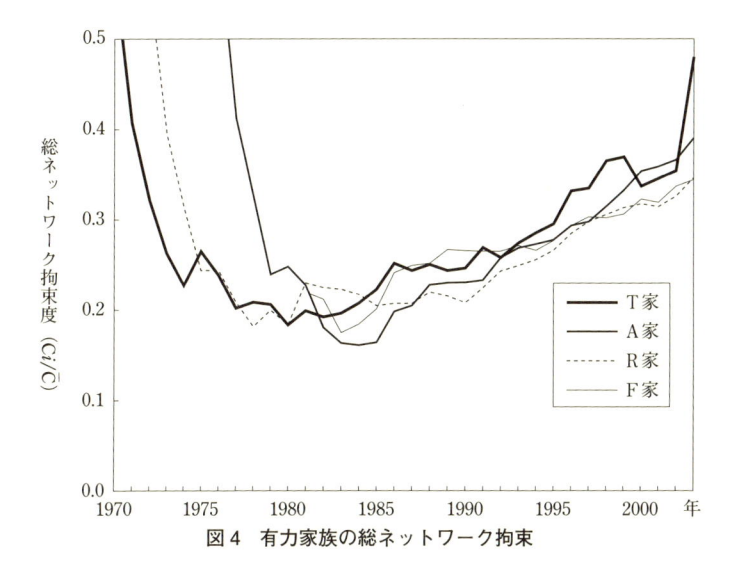

値は128（A家）であり，50以上の儀礼子を有する基本家族は5，全基本家族（134）の3.7%に過ぎない．この上位5基本家族の儀礼子数が全儀礼子数（2,377）の23.5%（559）を占めるのである．他方，儀礼子数が5に満たない基本家族は36，全基本家族の25%を超える．各基本家族が有する儀礼子が帰属する基本家族数についての入次数中心性（in-degree cetrality）の推移は，その傾向が通時的であることを示している（図3）．

ところが，1980年代半ば以降，突出した上位2家族（A家とT家）の中心性は平均との比較において低下していることがわかる．これは何を意味するのであろうか．こうした社会関係の変化をさらに詳しく検討する際に有用な概念の1つが「構造的空隙」（structural hole）である．この概念は，仲介者（broker）が享受し得る「漁夫の利」（tertius gaudens）を説明することができる（Burt, 1992）．いま，A，B，Cという3主体の単純化された関係を考え，BとCの間には何ら社会関係はないが，Aは他の二人と個別に社会関係を有していると仮定しよう．このとき，BとCの間には「構造的空隙」が存在するという．AはBとCに比して情報量で優位にたち両者を収奪することが可能である．また，それゆえAにはBとCが社会関係を結ばないように両者の対立を煽る（divide et impera）誘因が存在する．1985年当時に繰り返し生じていた対立の多くはこの概念によって説明することができるかもし

[状態1] A—B—C（三角形）　[状態2] A—B—C（折れ線）

図5　コミュニティの安定性

れない．対立の焦点であった西ビサヤとイロコス両地方出身者間の紛争や軋轢（あつれき）は，ことごとく「一部の有力者の仲介によって解決された」一方で，その対立の遠因には有力者たちによる「煽り」があったといわれているからである．

　しかし，これらの構造的空隙が社会ネットワークの成長によって埋められれば，有力者による機会主義的行動は抑制されるであろう．それは，有力者が他の家族との間に多くの社会関係を独占的に有し，他の家族間にはそれが少ないという状況から，有力者の入次中心性は保持されつつも，社会関係の保有が家族間で平準化し情報経路が完備する状態への移行過程である．有力者が他の人々と接する際の態度も当然，変わらざるを得ない．それは，コミュニティの深化が有力者を「リーダー」として育む過程と解釈できるだろう．

　構造的空隙を間接的に測る指標として「総ネットワーク拘束」（C_i: aggregate constraints）が挙げられる（Burt, 1992）．それは，ある主体 i がネットワーク全体から受ける制約であり，その値が低いほど，当該主体が他の主体間に存在する構造的空隙をより多く利用できる立場にあることを示す指標である．具体的には，主体 i に他の主体 j が課す「二者間拘束」（dyadic constraints）C_{ij} を当該主体以外の全ての主体 j について合計したものとして定義される．図4は，1985年時点で最も低い総ネットワーク拘束 C_i を有していたこの4家について，それを全ての総ネットワーク拘束の平均 $\bar{C}$ で除した値（$C_i/\bar{C}$）をみたものである（平均で除するのは，時系列的な基本家族間の相対比較を可能にするためである）．かつての地区長 T 家と A 家，仕切り場経営者の F 家と R 家についてのグラフは U 字を描く．これは，儀礼親族関係が少数の家族に集中したのちに多数の家族に分散し，多様な家から選ばれ拡散していく現実と整合的である．

　縦横に張り巡らされたネットワークは容易に壊れることのない頑強性を有している．いま，A，B，C の三者が相互に社会関係を有している［状態1］

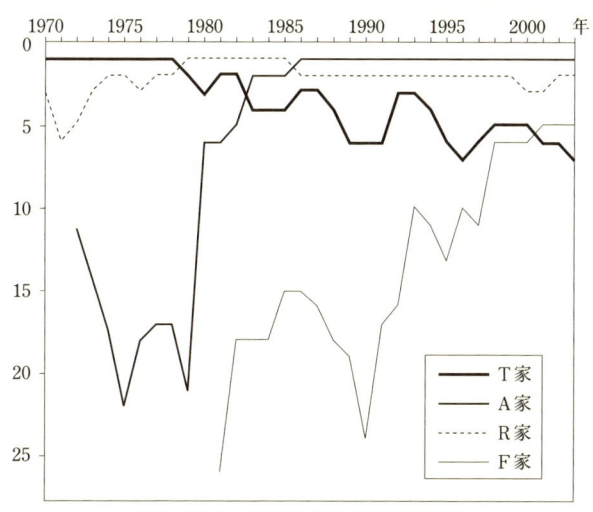

図6 有力4家族の近接威信指数順位

から，AがCとの社会関係を断った［状態2］になったとしよう（図5）．すると，BがAとCの間に構造的空隙を発見し，AとCの対立から「漁夫の利」を得てしまう．この顛末は，全ての成員をして，他者との関係を断つことは第三者に「漁夫の利」をもたらし，自分には不利益をもたらすことを知らしむる．無駄な争いを避ける「掟」も，こうした論理から誕生するかもしれない．ネットワークとしてのコミュニティには体系の安定性を保証する誘因機構がそれなりに内在しているのである．

ところで，構造的空隙を失いつつも，この4家が依然としてネットワークにおける高い「構造的威信」(structural prestige) を保持していることは，「近接威信指数」(proximity prestige index) の順位によって確認できる．この指数は，当該主体のネットワークにおける「威信」の大きさであり，二者を超える有向の連鎖を含めて算出される．具体的には，当該主体の「投入領域」(input domain：有向関係における連鎖構造に配慮し，当該主体に対して直接，間接に依存関係を有する全ての主体の集合) の要素数を，投入領域内の全主体から当該主体への平均距離で除した数値である (Nooy, de et al., 2005)．社会的威信を有する家族が構造的威信を維持してきたという事実（図6）は，新たに「指導者」を育成するような試みが，既存の社会関係に対する攪乱要因になり得ることはあっても，ほとんど意義を持たないことを示唆する．むしろ，

コミュニティの深化の過程で，そこに埋め込まれ見えにくくなっているかもしれないリーダーとしての「有力家族」を発掘し，彼らを活用する努力がコミュニティの「開発」に求められているのである．

ネットワークにおける構造的空隙の円滑な消滅過程は決して偶然ではない．都市貧困層間の垂直的関係には，地主・小作間にみられるような顕著な親方・子分関係は存在せず，過去に事例はあったとはいえ，儀礼親には儀礼子の家族間の対立を煽る誘因は農村との比較においては小さい．むしろ，開放的な二者間関係は，しばしば儀礼子の家族間に別の儀礼親族関係の展開を促すであろう．このように，コミュニティの深化は，フィリピンの都市貧困地区に特徴的な社会条件によるところが大きいように思われる．我々は，フィリピンの都市貧困層にあってはコミュニティ資源が脆弱であると考えるのではなく，むしろ固有なコミュニティ資源が豊富に賦存していることを「発見」し，その理解を深めるべきなのではないだろうか．

おわりに

長期に彼らと生活していると，気にかかるものが劣悪な環境から，その稠密な生活空間に移ってくる段階がある．ベニヤ板1枚を隔てた隣の家の秘められるべきはずの生活の一部始終が聞こえてしまうからだ．お互いが丸裸にされ，すべての「人間」が24時間，赤裸々に語られている空間は，プライバシーの保護に慣れた我々にとってはたしかに居心地のよいものではない．稠密にすぎる人間関係がもたらす悪影響は，コミュニティの弊害としてしばしば指摘されてきた．しかし，かつて大喧嘩の末に破局した元夫婦が近所に別世帯を構え，彼らの子どもがそこを行き交う生活が平穏に続けられる様も，常に諍いを繰り返しながらも三世代にわたって2つの家族が軒を連ねている様も，彼らの日常の1コマである．そこに定住する人々が共有している無言のルールを体得しなければ，人々の生活の「豊かさ」の本質を理解すること，いわんやその度合いを測ることなど，到底できるとは思われない．

このような視点から企てられた本章は，「人間の安全保障」の前提となる人々の福祉（well-being）は所得や消費だけで測ることができる単純な概念ではないという自明の事実を出発点として，マニラの貧困層の人々の精神的な

豊かさの基盤であると考えられる「人間関係」を，所得や消費とともに，人々の福祉の指標に位置づけようとする試みでもあった．サヘル以南のアフリカの如き危機的状況をある程度まで克服したフィリピンのような社会経済にあっては，新しい開発の方向を考察するためには従来の開発研究とは異なる分析枠組みが必要になるように思われるからである．

　いまひとつの本章の開発研究に対する意義は，スラム対策に関わる．画一的なスラム撤去に実効性が乏しかったのは，社会ネットワークへの配慮に欠けていたからであるように思われる．比較的に形成から長い年月を経たスラムを撤去することは，貧困層が作り上げた固有な「人間の安全保障」の機構を破壊することになる．それは，彼らに深刻な影響を与えるばかりでなく，実施にあたっての費用も大きい．この場合には，スラムの存在を認め，そこに内在する社会ネットワークを活用する政策を講じる方がむしろ対費用効果に優れている．

　さらに，以上の議論は，貧困緩和政策の際には，ネットワークにおけるコア家族の活用という視点が重要になることも示唆している．フィリピンにおけるコミュニティは，二者間関係に依存しているため，排除原則を有する効率的な上意下達の情報伝達機能を有してはいない．しかし，社会関係が稠密である場合には，たとえばコアとなる少数の家族を中心とする情報網を活用すれば，援助伝達（aid delivery）を効率化し得る．この意味でも，貧困層が既に有している固有な「人間の安全保障」の機構と援助の両立性を策定するうえでのネットワーク活用はさらに研究が進められるべきであろう．

【読書案内】

速水佑次郎『開発経済学——諸国民の貧困と富〔新版〕』（創文社，2000年）．
　＊　開発経済学を市場，国家，共同体という鍵概念から論じた優れた研究書．
石川滋『開発経済学の基本問題』（岩波書店，1990年）．
　＊　開発経済学における諸問題を，慣習経済，命令経済，市場経済の観点から，多角的に論じた古典的名著．
Hulme, D. and A. Shepherd, "Conceptualizing Chronic Poverty," *World Development*, Vol. 31, Issue 3, pp. 403-423, 2003.
　＊　最近の「慢性的貧困」（chronic poverty）をめぐる研究を多角的に論じた展望論文．
ジロロモーニ，ジーノ著，目時能理子訳『イタリア有機農業の魂は叫ぶ——有機農業協同組合アルチェ・ネロからのメッセージ』（家の光協会，2005年）．／Girolomo-

ni, Gino, *Alce Nero Grida: L'agricoltura Biologica, Una Sfida Culturale* (Milano: Jaca Book, 2002).
* イタリアの農村コミュニティの復興を有機農業の追求から実現した，ヨーロッパ有機農業の第一人者による論考.

Scott, James C., *Seeing Like a State: How Certain Schemes to Improve the Human Condition Have Failed* (New Haven: Yale University Press, 1998).
* 開発政策が失敗に終わる論理を，政策における「画一化」(simplification) によって市井の人々の「民衆知」(*metis*) が駆逐される点に求め，豊富な事例にもとづいて解明した政治学的分析.

北原淳『共同体の思想——村落開発理論の比較社会学』（世界思想社，1996 年）.
* タイをフィールドとする著者が共同体について多角的に論じた優れた論究.

中根千枝『社会人類学——アジア諸社会の考察』（東京大学出版会，1987 年）.
* 多様なアジアの社会構造を解明する社会人類学の古典的名著.

Nakanishi, Toru, "Hidden Development Process of a Community among the Urban Poor," *Policy and Society*, Vol. 25, No. 4, pp. 37-61, 2006.
* 本章で取り上げた P 地区における貧困と親族・姻族ネットワークの関係を詳しく扱っている.

安田雪『実践ネットワーク分析——関係を解く理論と技法』（新曜社，2001 年）.
* 社会ネットワーク分析では何ができるのかを多くの事例とともに，わかりやすく解説した優れた教科書.

Nooy, de, Wouter, A. Mrvar and V. Batagelj, *Exploratory Social Network Analysis with Pajek* (Cambridge: Cambridge University Press, 2005).
* 社会ネットワーク分析の主要なトピックについて，豊富な事例に即して解説した優れた教科書．本章でも用いたソフトウェア *pajek* の開発者たちによるソフトの解説も兼ねている.

Burt, R. S., *Structural Holes: The Social Structure of Competition* (Cambridge, Mass: Harvard University Press, 1992).
* 本章の後半において展開した構造的空隙の概念をネットワーク分析に導入した名著.

Granovetter, Mark S., "The Strength of Weak Ties," *American Journal of Sociology*, Vol. 78, pp. 1360-1380, 1973.
* 異なる情報ネットワークを結ぶ「弱い紐帯」の重要性を初めて指摘したグラノベッターの古典的文献.

Krackhardt, D., "The Strength of Strong Ties: The Importance of *Philos* in Organizations," in Nohria, N. and R. G. Eccles eds., *Networks and Organizations: Structure, Form and Action*, pp. 216-239 (Boston, Mass: Harvard Business School Press, 1993).
* 不確実性下においても安定的な「強い紐帯」の役割に着目した貴重な論考.

「つながり」から「まとまり」へ
中国農村部の取り組み

田原史起

●中国内陸農村で見られるコミュニティの「原子化」状況を克服するためには，住民間の「つながり」を再発見し，そこから地域の共有財産を作り出すことで，「まとまり」の物質的基礎として活用していかなければならない．

はじめに

　本章では農村コミュニティが抱える問題について，世界最大の農村人口をもつ中国を事例として考えてみたい．中心となる話題は，コミュニティの組織化である．

　中国の「三農（農村，農業，農民）問題」の中心をなす内陸農村の問題は，単に農民の収入水準が低いという経済的側面のみならず，貧困を緩和する社会的条件の欠如，つまりコミュニティの組織化程度の低さが貧困を余計に深刻化させている点にある．もちろん，組織化はそれ自体が貧困の解決をもたらすものではない．貧困の根元には，その土地の自然環境や地理的条件，また地方財政制度など構造的要因が横たわっており，これらの根元的諸要因を完全に除去することは当面，困難である．しかし，構造的な貧困の中にあっても，個々の農村住民がよりよく，より保障されたかたちで生きる為の方策を求めて試行錯誤することもまた無意味ではなかろう．個々の住民が一定の満足感をもって，生活が崩壊する危機を回避しながら生きることは，「人間の安全保障」のメインテーマであり，そうした観点から我々は，コミュニティが「組織化」されていることのメリットを再認識する必要があるように思う．

1. 原子化の問題

　中国の農村研究者である賀雪峰のエッセイ集『新郷土中国』（広西師範大学出版社，2003）は，中国全土の農村地域を踏査して比較研究を行っている．その主たる調査地である内陸の湖北省では，近年，次のような現象が観察されるという．

　【事例1　農業生産用具の単独購入】　湖北省荊門市にある黛村では，農民は共同で耕作用の牛を飼うことを好まず，兄弟の間でさえ協力が難しくなっているという．1頭の牛は本来ならば3戸分の農家の耕作に使えるはずなのに，ここでは1戸に1頭ずつの牛を飼っているのが現状である．伝統的に最も共同が必要となるのは大農具（機械など）購入だが，現在荊門ではみな簡単な農具を単独で購入し，兄弟間であっても共同購入しない．

　【事例2　やくざ者の跋扈（ばっこ）】　湖北省の山村である向村の事例．村有地の山林を請負経営する周某が山焼きをしている最中，村の第3村民小組の財産である銀杏の樹を誤って焼失させてしまった．この銀杏の木は毎年千元（約1万5千円）近くの収入を第3小組にもたらす貴重な財産であった．事件後，村民小組と村の主要な幹部らは周に賠償を求めに行くが，そこにちょうど周の友人のやくざ者が居合わせた．この「草上飛（ツアオシャンフェイ）」と渾名される無法者は，幹部らをみるや大刀を片手につかんで村支部書記の女性を捕まえ，極めて下品な言葉で侮辱・威嚇した．これに対し幹部たちの一団は，言葉さえ発することができず，すごすごと項垂れ（うなだれ）て引き返してきたという．

　【事例3　老人の変死】　同じ向村では，老人の「不正常な」死亡現象が現れている．同村は人口600人ほどだが，最近10年のあいだに，毎年1〜2人は老人の「不正常な」死亡が見られたという．その内容について著者は詳しく述べていないが，おそらくは飢え死の類を指す．

　【事例4　村役場の借金】　湖北省荊門地域の村の多くは100万元（1500万円）を越える債務を抱えており，その返済を村民に割当て分担させているという．上級政府である郷・鎮から要求される各種税・費用の徴収が期日に間に合わない時は，彼らは高利貸から借金をして上納義務を果たし，村の債務を増大させている．また村幹部らは「産業構造の調整」，「村営企業の振興」，「9年義務教育目標の普及」などの公益事業の振興を口実として各種の割当

金を課し，農民負担を増大させている．

　一見したところ互いに無関連に生じているように見えるこれらの現象は，賀によれば，実は全てある1つの社会状態，すなわち村民関係の「原子化」から派生したものである．【事例1】は，村民が自らの経済的利益とリスクを計算した上で，共同購入して相手が利益を得た後で手を引いてしまい，自分の投入分が回収できない事態を懸念しているのである．【事例2】では，「草上飛」に対する恐怖心は村民の間で共有されている．にもかかわらず，村民には，やくざ者を規制し，安全を守るために一致して行動する能力が失われているために無法者が幅をきかせる状態が生まれている．【事例3】は，労働能力を失った老人が周囲から何の世話も受けられないために生じている．通常であれば，老人の世話は子女の役割と見なされており，その責務を果たさない子女は「親不孝者」との謗りを免れなかった．ところが村民同士の関係が疎遠となり，村の与論圧力も失われ，親不孝な子女を責めたり，また近隣の村民も老人の愚痴を聞いたりすることが無くなったために，子女から放置された結果，時には変死する老人も現れてくるのである．【事例4】で農民負担が増大し，村の借金ができるのは，農民の村幹部にたいする監督能力がないためである．村幹部が好ましくない行動を取った場合，反対を表明すべく一致団結して行動する力があれば，幹部も自らの行動を顧みざるを得ない．村民がバラバラであることにより，リーダーの行動も軌道を外れ易くなってしまうのである．

　これらはごく断片的な事例に過ぎないが，決して「貧困地域」とは呼べない中部内陸地域の湖北省農村においても「問題」は山積していることが分かるだろう．コミュニティの組織化程度が低く，人々の関係がアトミックで互いに協調行動が不可能な状態にある場合，貧困の指標として数字に表れてこないさまざまなほころびが生じる．また実際に感じられる貧困の程度もより深刻なものとなるはずである．

2．「つながり」と「まとまり」

　現在の中国農村社会が「原子化」しているとの指摘は，衝撃的である．しかし原子化概念は一定の留保を付けて用いる必要があると思われる．注意深

く観察してみると，農村社会の場合，個人単位での原子化はおろか，世帯単位でも完全にバラバラということは実態としてはあり得ない．壁の向こうにどんな人間が住んでいるのかも知らないような都市のアパート暮らしとは本質的に異なり，農村では少なくとも人々は互いに顔見知りである．原子化に対置されるイメージとして，中国社会は「関係主義社会」といわれるように，人と人が個人を単位として同族，同郷，同学などの共通項により結び付く，強い「つながり」をもつ社会として理解されてきた．「原子化」概念には，ほんらいはこうした強い「つながり」をもっていたはずの農村コミュニティが解体に向かいつつある現状への，中国人研究者の側の危機意識が反映されている．その意味で，いくぶん悲観的なニュアンスの込められた問題提起といってよいだろう．

　組織化の課題は，原子化に向かいつつある農村社会の中に残存した「つながり」を見出し，それをコミュニティ大の「まとまり」に拡張・再編していく作業である．社会関係としての「つながり」と「まとまり」の違いはどこにあるのか，以下にまとめておこう．

　農村コミュニティに見られる「つながり」とは，たとえばある世帯に死人が出た際に，その世帯の戸主と葬儀の「手伝い」に集まってくるメンバーとの間に見られる関係である．こうした関係の特徴を挙げるとすれば，次の3つである．①流動性：ある時点においてその個人（世帯）と「関係の良い」間柄に支えられており，地域的限定や固定的なメンバーシップをもつものではない．将来，同じようなことがあっても全く同じ顔ぶれがそろう保証はない．②臨時性：あくまである1つの具体的問題に対処していく中で，一度きり現れる関係である．特に問題のない平常時には顕在化していない．③非中心性：個人（世帯）を中心とした「顔の見える」関係，平等な横の関係である．そこでは全ての個人（世帯）が沢山の二者間関係の中心をなしているので，そこには唯一の固定的な中心点（リーダー）は存在しない．ただし，一般人よりもかなり多くの「つながり」をもつ個人・世帯は存在し，影響力を発揮する．

　こうした「つながり」の存在は，【事例1】のような小規模な生産用具の個別購入のデメリットを克服する上では有用だろう．また【事例3】のような，老人の変死を未然に防ぐ上でも効果があるかも知れない．さらに【事例

2】では，少なくとも数人の幹部が「つながり」をもち，一緒に請負者に抗議に行くという協調行動を採っている．しかし，コミュニティに小さな「つながり」が散発的に見られるだけでは，大規模な生産用具を購入・管理したり，村民の「親孝行」モラルを復興させたり，無法者を完全に制御したりすることはもちろん，【事例 4】のような幹部の監督や，さらには水利，道路などの公共的事業を興すことは不可能である．公共的事業のためには，コミュニティの中でたくさんの「つながり」の中心点となっているリーダーが動き出すこと，そして最終的には単なる「つながり」の力に頼るのでない，コミュニティの「まとまり」が必要となってくる．

　「まとまり」のなかの社会関係が「つながり」と異なっているのは，①固定性（組織参加者のメンバーシップの範囲が固定されている），②恒常性（メンバーの間では恒常的に接触がもたれる），③中心性（人々の繋がりの中心点をなすリーダーが存在する）ということにある．直接的に「顔の見える」関係のみならず，顔の見えないメンバーをも含むため，「まとまり」による組織は比較的大きな範囲にまで発展可能である．たとえば中国の「村民委員会」（＝行政村）という地域社会を構成する平均戸数は約 330 戸である．これだけの世帯同士が互いに「つながる」ことはなかなかに困難である．行政村の規模は「顔見知り」の範囲には重なっても，「顔なじみ」の範囲となるにはやや大きすぎ，村内の世帯間関係からみればむしろ付き合いの薄い世帯が多いかも知れない．だが村が「まとまる」ことは可能である．自らと直接的なネットワークで結ばれていなくとも，同じ村の「村民」であるという意識をもち，また村の制度やリーダーへの信頼感が「まとまり」を生むのである．

　こうしてみれば，伝統的な中国農村には，実は個別的な人々の「つながり」が存在するのみで，コミュニティ単位での「まとまり」は存在してこなかった．近代以降の国家建設が農村の末端に及ぶにつれ，国家は農村支配の都合上，とっかかりとなる「まとまり」を農村社会の中に必要とし始めたのである．前世紀の大きな主題であった中国革命と社会主義建設の裏舞台では，民間に存在した「つながり」を上手くコントロールしながら「まとまり」を作り出そうとする組織化の試みが続けられてきたのだともいえる．

3. 組織化の課題

　以下では，農村コミュニティ組織化のプロセスを概念化した［図1］を参照しながら説明を行う．「つながり」から「まとまり」への移行・発展において我々が着目するのは，人々の関係の媒介役となるコミュニティの「共有財産」と，「つながり」や「まとまり」を含む「社会関係資本」の相互補完関係である．すなわち当該コミュニティにある程度の社会関係資本が蓄積されていれば，(a) 社会関係を通じた財や労働力の調達により共有財産の形成が可能になる．共有財産が形成されると，今度は (b) 財産を通じた利益がメンバーの間で配分されるとともに，財産を日常的に維持・管理していくための共同ルールが形成される．共通の利益を享受し，そのためにルールを遵守して協調行動をとることによって，「つながり」レベルの社会関係資本は「まとまり」のレベルへと移行・発展していくという循環が形成される．

　他方，コミュニティの内部資源のみを用いて組織化を進めるのが困難であるとき，「外部資源」を投入することで循環を作り出すことも考えられる．その際，(c) 財を投入して共有財産に働きかけるアプローチと，(d) 人を投入して社会関係資本の部分に変化を生じさせるアプローチがある．まず(c) について，「自力更生」を主体とする中国の農村財政制度の現状が変わらない限り，税財政制度を通じた資金投入が今後において一般化する見込みはありそうもない．大部分の地域，とりわけ貧困削減資金の配分も少ない中部内陸地域において，(c) はあまり期待できない．次に (d) のアプローチは，社会主義建設のプロセスで常用されてきた手段である．1950年代以来の「農業集団化」による集団所有地の形成は，県政府などが村落社会に「工作隊」を投入することにより，村の社会関係を変化させる手法によりもたらされたものである．この工作隊派遣の方法は，凝集性を欠いた辺鄙な山村などでの貧困救済などを目的として現在でも採用されている．

　さて，上記 (a) の部分を立ち上げるのは，実は容易なことではない．このことを「道」というコミュニティ共有財産の場合について考えてみる．整備された道を必要とする多くのコミュニティでは，住民の誰もが現状に不満を持ちながらも，何もできずにいる．そうした状況下でも道路建設を呼びかける者が現れる場合がある．このとき呼び掛け人がやらなければならないの

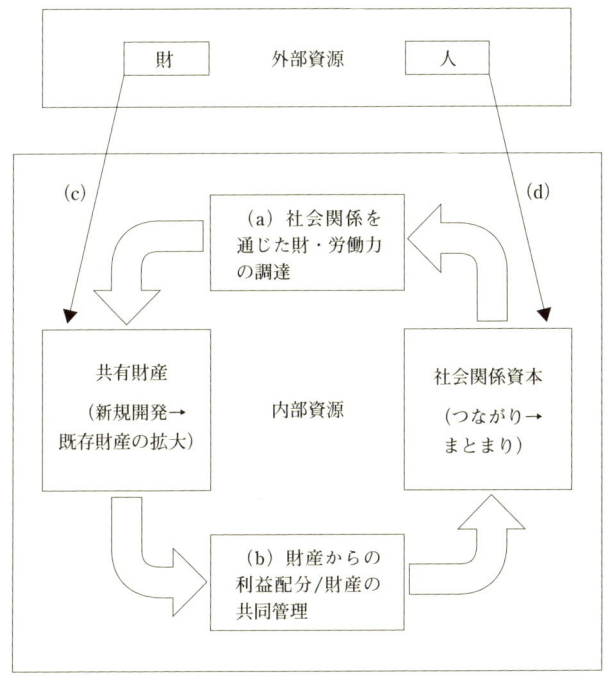

```
            外部資源
     ┌──財──────────人──┐
     │                      │
     │  (c)              (d)│
     │      (a) 社会関係を     │
     │         通じた財・労働力 │
     │         の調達         │
     │                      │
     │ 共有財産    内部資源   社会関係資本 │
     │ (新規開発→          (つながり→  │
     │ 既存財産の拡大)        まとまり)  │
     │                      │
     │      (b) 財産からの    │
     │         利益配分/財産の │
     │         共同管理       │
     └──────────────────────┘
```

出所) 筆者作成.

図1　コミュニティ組織化の概念図

は，①資金と労働力を供出する村民に対し，資金徴収の必要性について納得してもらい，資金の用途が適切なものであることを示すこと，②資金供出負担における「公平さ」の感覚を人々の間に創り出すことである．この2つの点がしっかり押さえられないと，呼び掛け人は人心を収攬することができず，それゆえ道路建設は完遂を見ることができない．呼び掛け人が頼りにできるのは，彼／彼女がこれまでコミュニティ内で築いてきた社会関係＝「つながり」のみである．

①の要件を満たすために必要なのは，事業の透明化である．雑誌に紹介された道路建設の事例を紹介しよう．地域については明記されていないが，郷内で最も辺鄙な場所にある村でのことである．この村では，大多数の村民は道路建設を支持し，進んで寄付金と労働力を供出する姿勢を示したが，絶対に協力しないという世帯が少数存在した．そこで，呼び掛け人である派遣幹部がそうした1つの世帯を訪問し，タバコを差し出して話を聞いてみると，

彼が協力しないのは道路建設そのものに反対しているからではなく，村幹部が帳簿を公開せず，裏で不正なことをするのを恐れていただけだった．寄付金をしっかりと管理して用いるのであれば，安心して村に寄付をすることができるという．そこで派遣幹部は直ちに「財務公開欄」を作り，頑固な反対者をわざと道路建設資金の監督員に指名して，監督権を与えた．これにより寄付金を出す者が増え，全村の寄付率は90％に達したという（『郷鎮論壇』2002年第5期）．

メディアに報道された多くの事例を眺めてみると，コミュニティの成員が道路建設事業に協力したがらないこと，とりわけ資金を供出したがらないことの原因は，徴収された資金が正当な使途に用いられるか否かに疑念をもっているためで，つきつめるとコミュニティの「原子化」の度合いが高いためである．しかし，この事例のように道路建設の資金管理，事業の受託状況などを透明化することで，少数の反対者が事業に参加し，道路建設が実際に可能になることがある．

②「公平さ」の感覚を創り出すためにはどうしたらよいか．財源の一部が村民からの徴収資金であるとすれば，資金を供出する村民の側はまず，事業の負担者としての立場を意識し，資金の用途について強い関心をもつ．事業リーダーの資金管理の透明性について村民が納得した場合でも，一旦資金を供出するとなれば，こんどは「公平」の観点から事業の実施に難癖をつける人々が現れてくる．道路建設の場合，行政村内に散らばっている集落ごとに受益の程度が異なっていることが多いので，どうすれば受益と負担を適正化することができるのかが大きな問題となる．そのなかで多少の不満をもつ世帯が事業に反対することは，どんな場合でも避けられないといってよい．

ポイントは，道をつくるかどうかという決定は，民主主義の大原則に従って「多数決」を採ればよいという問題ではない，ということだ．道づくりが住民の労働力や資金の供出を必要とする限り，施工の方針を「決定」しただけでは何もしたことにならない．たとえ少数でも反対者が出てしまうと，この非協力者の存在が，もともと協力しても良いと考えていた多数の協力者に影響を与えて非協力者に転じさせ，事業そのものを白紙に戻してしまうことになるからだ．

事業を成功させる以上2つの要件は，突き詰めていくと結局は，コミュニ

ティ内での呼び掛け人の人格的信頼の有無というところに行き着いてしまう．事業の透明化も徹底しすぎれば工事の進行を阻害するし，また客観的なレベルで「公平」を図ることなど，道づくりに限らず不可能だからである．大事なのは「あの人なら集めた金を不正に使うことは無いだろう」「この人が調整したのだから道理にかなっているはずだ．滅茶苦茶なことはやらないはずだ」と人々に思わせる能力であり，したがってこれはもう「人格」としか呼びようがないということになる．この人格への信頼が生まれたとき，呼び掛け人と個々の村民たちとの「つながり」は，つながり内部の利益の追求を離れ，集落全体の共同利益，すなわちある種の「公共性」にむけて昇華しつつあることになる．

次に図中の（b）のプロセスである．道路建設が苦労の末，成功したとすれば，道路開通のメリットをその保有主体であるコミュニティのメンバーが共同で享受することになる．道路は一度造ったきりでメンテナンスを怠ると，すぐに元の土埃と水溜の道に戻ってしまう．維持・管理の為に，コミュニティ内で組織だった役割分担を考える必要がある．こうした利益享受，財産の維持管理活動を通じ，コミュニティ住民は，たんなる「つながり」のレベルを超えて「まとまり」を獲得することになる．そして「まとまり」の中心には道路建設の呼び掛け人がいる．彼らは，共有財産を媒介としてリーダーシップを獲得し，さらに突き固めるのである．

（b）の流れが発生するためには，形成される共有財産が当該コミュニティにとって緊要なものである必要がある．映画『古井戸』（張芸謀監督）に描かれた中国西北部の村であれば，飲み水のための井戸こそが，そうした緊要な共有財産である．この映画の舞台「老井村」は数百年にわたって空井戸を掘り，挫折を繰り返しながらも，村内の高学歴者である主人公を含む高校卒業生に井戸完成の希望を託している．映画のエンディングは，石碑の表面に刻まれた数百年来の井戸掘りの歴史をゆっくりと映し出し，最後に現代の主人公が井戸を掘り当てたことを暗示する記録を映しだす．切実に必要とされている共有財産であればこそ，それが作り出された際にはその中心人物は確固たるリーダーシップを獲得して永遠にその名を刻まれ，村民の記憶の中に生き続けることにもなる．中国におけるコミュニティの「まとまり」とは，単なる心理的活動の所産であるよりは，共有財産という物質的基盤の上に立

った，実際の生活上の必要に基づいたものであることを忘れてはならないだろう．

　こうして，あるコミュニティが保有する共有財産と社会関係資本が相互に強め合い，循環的に影響を及ぼし合うことになれば，コミュニティの組織化は軌道に乗ったことになろう．

　「人間の安全保障」の観点から，今後の農村コミュニティ組織化研究は何をなすべきか．最後にこの点について述べたい．それは社会関係資本が実際に共有財産を生み出し，また共有財産が社会関係資本に影響を与えているコミュニティの全体的な「文脈」をしっかりと観察・記述することである．どのような環境や状況の下でなら，「つながり」が共有財産を生み出すのか，また共有財産の違いによって，社会的なまとまりがどのように異なってくるのか，特定地域の経験を他地域にも応用可能な形で提示するためには，ローカルな文脈を重視したコミュニティ研究を積み重ねていくことが先決であろう．

【読書案内】

Bernstein, Thomas P. and Lü, Xiaobo, *Taxation without Representation in Contemporary Rural China* (Cambridge: Cambridge University Press, 2003).
　＊ 過重な農民負担が何故生ずるのか，また農民負担を抑制するための試みについて豊富なデータで分析した良書．

陳桂棣・春桃著，納村公子・椙田雅美訳『中国農民調査』（文藝春秋，2005 年）．／陳桂棣・春桃著『中国農民調査』（北京：人民文学出版社，2004 年）．
　＊ 中国内陸農村の税費取り立てと基層政権の腐敗の実態をレポートして発禁処分となった話題作．農民負担の軽減を狙った「税費改革」の政策形成プロセスも詳細に描いている．

Kipnis, Andrew B., *Producing Guanxi: Sentiment, Self, and Subculture in a North China Village* (Durham: Duke University Press, 1997).
　＊ 山東省の一村落の事例から，中国農村の社会関係資本に相当する村落の人間関係の生成プロセスを分析した文化人類学的モノグラフ．

Plummer, Janelle and Taylor, John G., *Community Participation in China: Issues and Processes for Capacity Building* (London: Earthscan, 2004).
　＊ 中国国外のアクターにより中国各地で実施された，住民参加を主眼とした開発プロジェクトの報告集．

Sato, Hiroshi, *The Growth of Market Relations in Post-reform Rural China: a Micro-*

Analysis of Peasants, Migrants and Peasant Entrepreneurs (London: Routledge-Curzon, 2003).
　　＊　「社会関係資本」の概念を用いて中国を分析しようとした先駆的な業績．中国の自営業，郷鎮企業，出稼ぎ，農家家計などにみられる社会関係資本を分析している．
高見邦雄『ぼくらの村にアンズが実った——中国・植林プロジェクトの10年』(日本経済新聞社，2003年).
　　＊　NGO「緑の地球ネットワーク」代表による，黄土高原での植林活動の記録．

V
平和の実現

崩壊国家のジレンマ

遠藤 貢

●冷戦終焉後の紛争過程において，政府が全くの機能不全に陥ったり，領民の安全を脅かすような機能を果たしたりする事例が観察されてきた．これは「恐怖からの自由」「欠乏からの自由」を，国家の視点からではなく，人間の視点から問い直す必要を迫る典型的な問題となっているが，現実の国際社会の対応はその限界に直面する場合がある．

1. 「崩壊国家」とは何か

　近年さまざまな理由により，本来の政府機能が失われたり，本来の政府機能からは逸脱する行動をとる状態に陥った国家を日本語で「破綻国家」と呼ぶ場合がある．こうした状況の下では，本来国家により守られるはずの人々の安全がさまざまな形で危機に晒されることになる．ここで問題化されるのは従来の安全保障の対象である国家ではなく，人々の安全そのものである．したがって「破綻国家」の出現は，人間の安全保障を検討する上で不可避に考慮される状況ということができる．

　ただし，「破綻国家」は，一般に用いられる概念としては特に大きな問題はないかもしれないが，厳密な術語として用いる場合にはいくつかの問題がある．第1に政府機能が失われるに至った理由がさまざまであるからである．アフガニスタンのタリバーン政権のように，「対テロ」の名目の下でアメリカの攻撃によって壊された事例と，ソマリアのように，氏族間の内戦の下で旧体制が放逐され，その後十数年にわたり新政権の樹立が行われていない状況を，同じ概念でまとめることは十分な妥当性を欠くものである．第2に，失われた政府機能の程度や様態が異なる事例をまとめて議論することになり，むしろ議論の上での混乱を招くことになるからである．ソマリアのように，内戦の中で政府機能が完全に失われた状態が継続している状況と，1997年

以降紛争下にあり首都キンシャサに政府が存在するものの，国土の一部しか実効支配が行われてこなかったコンゴ民主共和国の状況，さらには1994年に生じたルワンダで発生したジェノサイドのように，本来領民に対して安全を提供すべき政府が，その殺戮に組織的に関与する状況が内戦の中で発生している状況を「破綻国家」として一括することが妥当性を持つとは言いがたい．

　上記の理由から，「破綻国家」という形でまとめて概念化してきたものを，ひとまず次のように分類して考えるとらえ方が出てきた．「弱い国家（weak state）」，「失敗しつつある国家（failing state）」，「失敗国家（failed state）」，「崩壊国家（collapsed state）」が1つの代表的な分類例である．この場合，「弱い国家」は，さまざまな理由で，本来政府が提供する必要のある公共財の提供が十分に行えなくなっているほか，国内的な対立を抱えたり，都市部の犯罪発生率が高くなっていたり，教育・医療面での十分なサービス提供ができない状況に至っている国家を指している．また，「失敗国家」の場合には，その領内において暴力（あるいは武力紛争）の程度が激しいということ以上に，①その暴力が持続的であること，②その暴力が経済活動と連動していること，③その暴力が既存の政府に対して行われていること，④その結果として，暴力の行使が更なる権力獲得の手段として暴力主体の間で正当化されていること，などが挙げられる．その際に重視されているのは，政府が住民を抑圧し，国内の安全を剥奪する行為を行う点である．それによって，現政権に対する国内の反発を招き，武力紛争に発展する状況が生まれるのである．「失敗国家」のその他の特徴としては，国内の周辺地域に対する支配が全く及ばないこと，犯罪につながる暴力が多発すること，公共財をほとんど提供できないこと，国家の諸制度の中でも国家元首を中心とした執行部がかろうじて機能している以外ほとんどは機能停止に陥っていること，などを挙げることができる．こうした見方に立てば，先に挙げたルワンダやコンゴ民主共和国は「失敗国家」の事例と考えるのが妥当であるし，ダルフール紛争の下で深刻な人道危機が生じているスーダンもこの範疇に含まれる．「失敗しつつある国家」は，「弱い国家」から「失敗国家」へと政府機能がさらに弱体化している中間的な国家のあり方と考えることができるものである．そして，「崩壊国家」は「失敗国家」の極限的な姿であり，政府が完全な機能不全に陥り，

公共財は政府以外の主体によってアドホックに提供されるだけで，権威の空白が生じている状態を指している．ソマリアはこの「崩壊国家」の典型例と考えることができる．「失敗国家」において政府の支配が及ばない地域や，「崩壊国家」の場合，特定の領域を実効的に支配し，グローバルな経済ネットワークとも結びついた「軍閥（warlord）」と呼ばれる新たな紛争主体が，公共財としての治安を代替的に提供する場合もある．

しかし，こうした「破綻国家」の分類基準も，実際にはそれほど客観的に設定されているわけではなく，紛争過程で生じてきたさまざまな特徴を後追いする形で提起されているという限界を持つ．そのために解釈によっては恣意的な分類基準になりうる余地を残しているものである点には留意する必要がある．こうした問題は残るが，「破綻国家」としてひとくくりに議論されてきた現象を，一定の基準に基づいて腑分けして考えるためにはある程度有用なものである．

2．「崩壊国家」の下での社会状況

政府の機能が完全に失われた「崩壊国家」，あるいは「失敗国家」において政府の支配が及ばない地域に関しては，一般に「無政府状態（アナーキー）」といった認識がなされ，社会関係は不安定で秩序が実現していない傾向にあると考えられるかもしれない．確かに，コンゴ民主共和国東部のように，歴史的な民族間の複雑な関係や周辺諸国の希少鉱物資源に対する利害関係を背景として，非常に不安定な状況を呈してきた地域もある．しかし，こうした無政府状態においても一定の（しかし必ずしも持続的ではない）安定を実現してきた事例も存在する．ここでは，こうした事例について簡単に述べておくことにしよう．

「軍閥」が，近年の紛争において特徴的な主体になってきたことはすでに指摘した通りである．こうした「軍閥」の視点からみれば，政府が実効支配できていない「無秩序」という状況を政治的な道具として用いるとともに，インフォーマルな形で世界経済と結びつく結節点という位置に自らを置くことが可能となる．つまり，政府の機能不全をもたらす紛争は，単にある政治システムの崩壊を意味するだけではなく，利益，権力，保護までも含む新た

なシステムを創出する方法となっているのであり，「軍閥」などに支配され，国際的なネットワークに結びついた紛争経済，略奪によって利益を得る勢力が出現することを容易にしているのである．その結果，紛争状況が1つの均衡を示し，不安定な要素を含みつつも持続しやすくなるという現象が生じているわけである．

　こうした状況を呈した一事例として，チャド盆地を挙げておこう．チャド盆地はアフリカのナイジェリア，カメルーン，ニジェール，チャド，中央アフリカ共和国国境に広がり，原油の産出地としても知られている地域である．チャドでは，1990年代に，新自由主義的改革路線の下で国営企業が民営化されたほか，国軍の縮小が行われたことから，特に若年層に失業者が大量に発生した．こうした失業者は，「経済難民（economic refugee）」，あるいは「軍事難民（military refugee）」とも呼びうる存在となった．若年失業者は，その生活のためにインフォーマルに拡大する経済活動への関与を深めていくことになった．反政府勢力の活動に身を投じるもの，違法な小型武器取引に関与するもの，路上での強盗を行うギャングの組織に入るもの，など多様な形の犯罪行為への関与が指摘されてきた．こうした「人材」を活用する1つの様式として，チャド盆地では富の蓄積を行う多様なネットワークが形成されたのである．このネットワークは，反政府勢力のリーダー，地元の商業エリート，さらに給料以上に違法な公益に利益を見出した軍人からなる「商軍同盟（commercio-military alliances）」であり，この「同盟」は，実質的にその支配下の領域を「管轄地」とする，「規制上の権威（regulatory authority）」として機能した．こうした「同盟」によるさまざまな料金徴収の活動は，それ自体違法であるにもかかわらず，その「管轄地」においてはあまり苦情も出ず，時には是認されている場合もあったという．そこには，この「同盟」の存在によって一定の「雇用」という社会経済的な流動性が実現しているということのほかに，その地域に対する「治安」提供機能を政府に代替して果たしている側面があることが大きく影響していた．しかし，こうした局地的な一定の権力や紛争状況の均衡は，決して持続的なものではない．勢力間のバランスが崩れた場合には，再びこの地域に居住する住民の生存が脅かされる可能性を常にはらむ脆弱な均衡と考えなくてはならない．

3. 「崩壊国家」と「独立」——ソマリアとソマリランドの事例

(1) ソマリランド独立の経緯

崩壊国家の典型例が，ソマリアであることはすでに述べた．1991年に中央政府がその機能を失って以降の少なくとも15年間にわたって，正統な政府の樹立は実現しておらず，崩壊国家の状態が継続している．特に首都モガディシュを中心とした南部においては，2006年6月にイスラーム原理主義勢力を主体としたイスラーム廷連合（UIC）が，支配勢力として一定の秩序を一時的に回復するまでは，無政府状態が継続してきた．しかし，この崩壊国家ソマリアの北部に，旧イギリス領を基本的な領土とし，1991年に独立を宣言したソマリランドという場所がある．場所という表現をここで用いるのは，一方的に独立を宣言し，実効的な支配を行っている政府が存在するものの，これまで国際的な承認を一切受けていないために国家としての地位を実現するには至っていないためである．実質的には政府機能を持つ地域として国家の基本要件を満たしているものの，国際法的な手続きとしての国家承認を得られないため，国家としての存在が法律上存在しない場所という意味であり，「事実上の国家（de-facto state）」，あるいは「国家の中の国家（state within state）」などと表現される場合もある．より実体に近い表現としては，「国家なき政府（government without state）」とも言えるかもしれない．しかし，政治体制としては「独立」後アフリカでも高く評価される形で民主主義的な体制を維持し続けている場所でもあり，2005年にはアフリカ連合（AU）が現状を調査する調査団を派遣するなど新たな動きも見られる．

1つの見方としては，先に指摘した「軍閥」のような代替的な政府機能が高度に制度化した事例と考えることも可能であろう．実際，ソマリランドの「独立」は，1980年代のソマリアにおける内戦での反政府勢力の1つであったソマリア国民運動（SNM）が中心的な役割をになった．しかし，ソマリランドの「独立」への動きは，ソマリアという国家の歴史とあわせて検討しなければならない．

今日ソマリランドとして「独立」を宣言している版図は，1887年にイギリス保護領となったイギリス領ソマリランドに基本的には相当する．1960年7月1日に独立したソマリア共和国（Somalia Republic）は，この植民地と

信託統治が終了した旧イタリア領の地域が合併して形成された国家だが，実はイギリス領ソマリランドはこれに先立つ6月26日に独立しており，5日間だけではあるがソマリランドは独立の政体として存在するという経験を持つ．しかし，実はこの2つの領土の合併に際し，正式な国際条約が締結されたことはない．その経緯は次の通りである．北部でまず連合条約（Act of Union）が起草され，北部の立法評議会での承認を経て南部（モガディシュ）に送られた．しかし，この草案は南部では立法評議会を通らず，全く異なる合併条約（Atto di Unione）が議会を通過した．結果的に南部と北部の間での合併に関する条件が全く折り合わなかったため，南部出身の当時の暫定大統領が行政命令を出して強制的に合併することになったのである．その後，政治的には要職を南部出身者が独占する傾向が強まった．さらにイギリス領とイタリア領という2つの異なる植民地統治の下で形成されてきた教育，法律，商業制度に関しても，容易に相互調整できなかったほか，経済活動も南部は旧宗主国イタリアとの関係が深い一方，北部はアラビア半島との関係が深く，域内の取引は1%にも満たなかった．したがって，独立当初より，ソマリアには南部と北部の間に大きな亀裂が存在してきたのである．

1969年10月に発生した軍事クーデタを受けて政権を奪取したシアド・バーレ体制の下で，北部は社会，経済，政治のあらゆる面において劣位におかれ，二級市民的な扱いを受けることになる．北部の有力氏族であるイサックは，南部の有力氏族ハウィエやダロッドの支配の下で，実質的な政権への影響力を行使できず，開発政策などにおいてもインフラ整備，学校の建設などにおいて大きく遅れをとることになった．さらに，ソマリア北部では，イサックと，1970年代後半のオガデン紛争の終了を受けて難民としてエチオピアから流入したオガデン出身者との間で，牧草地をめぐる対立が生じた．ここでシアド・バーレ政権はオガデンからの難民を徴兵して軍隊に組み入れ，イサックの牧草地を略奪する行動に出た．これに対し，1981年にロンドンに亡命したイサック氏族を中心に設立された反政府勢力のソマリア国民運動（SNM）は，当初，エチオピアの支援もあり，シアド・バーレ政権の抑圧に対する軍事的な抵抗運動を開始した．この動きに対し，政府によるイサック氏族への弾圧はさらに強まった．その後，1987年にシアド・バーレとエチオピアのメンギスツ大統領の間で亡命者の反政府活動への支援停止が合意さ

出所）ICG, SOMALILAND: TIME FOR AFRICAN UNION LEADERSHIP (Africa Report No. 110, May 2006) をもとに筆者作成.

図1 ソマリアと「ソマリランド」の現状（2006年時点）

れたため，1988年にSNMはエチオピア国内の拠点を失い，ソマリア国軍との間の激しい戦闘へと発展するのであり，SNMはソマリア国内の各氏族に武力による政権打倒を訴えた．この動きが，ソマリア南部における内戦の拡大と1991年1月26日にシアド・バーレ大統領がモガディシュを脱したことを招いて体制は崩壊し，「崩壊国家」状況に至る．この間隙を縫い，1991年5月18日に1960年の合併条約を破棄して独立を宣言したのがソマリランドである．

(2) ソマリランドの政治体制

「独立」直後，ソマリランドは大きな困難に直面することになる．SNMは2年の任期の単独政党体制を認められたほか，SNM議長であったアリ・'ツール'が暫定大統領に就任した．しかし，国際的に国家承認を得られなかったため海外からの援助を得ることはできず，荒廃したインフラの再建やSNM軍人への給与支払いなどの問題が生じた．

1991年末からは，ベルベラやブラオなど主要都市においてイサックとそれ以外の氏族間の軍事対立が生じる事態にまで発展した．この過程でSNMは機能不全に陥り，これに代わって氏族の長老たち（の会議）（Guurti）が紛

争下にあったソマリランドの秩序回復に大きな役割を果たした．1991年から93年までの間にGuurtiによる和解のための会議は9回行われているが，その中でも1993年1月24日から同年5月までボラマで開催された国民和解のための大会議（通称ボラマ会議）にはソマリランドのすべての氏族の長老150名が参加し，ソマリランド全体の長老会議という形態をとった．ここにおいて長老の監視下で治安維持の実現を目指したソマリランド・コミュニティ「安全と平和憲章」と，2年間の暫定憲法に相当する「国民憲章」が採択された．「国民憲章」の第10条において，政府（執行評議会）と非選出の長老院と選挙により選出される下院からなる二院制の議会の設置を規定した．ここでは，欧米の制度とソマリアの「伝統」的な氏族代表の制度を融合した全会一致方式を採用した．その他，裁判所，会計検査院，中央銀行などの設置も規定された．また憲章では平和維持に当たる長老院の役割として，大統領，副大統領，下院議員の任命権が規定されたほか，国家諸機関が機能不全に陥った場合には問題解決のための会議の開催権を長老院が有することも規定された．そして憲章の規定に基づき，1993年6月にイーガルが大統領に任命され，アウ・アリが副大統領に任命された．こうして成立したイーガル体制下で，一定の機能を果たしうる政府が確立されたほか，経済機能が回復するなどの状況改善が見られるようになった．これは，いわば「伝統的な」社会の紛争解決の枠組みの下での，民主的な政治体制の確立を伴った平和構築の実験事例と考えられる．

「崩壊国家」状況下でのこうした取り組みの結果，1996年頃にはソマリランド国内が一定の安定を示すようになった．この段階までには，「国民憲章」に規定された新憲法の制定とそのための多党制の実現には至っていなかった．イーガルの任期は1996年11月4日までであったため，Guurtiは新大統領と副大統領を選出するための全国議会の開催を宣言した．この会議は10月15日に開催され，そこで憲法と新国旗が採択された．また，翌1997年2月23日にはイーガルが大統領に選出され，さらに5年の任期を与えられた．また副大統領にはカーヒンが選出され，憲法は国民投票で信任されるまでの3年間の暫定施行の形で発効した．そして，2001年5月に，この憲法に対する「国民投票」が実施された．ここでの争点は，憲法第1条に記述されたソマリランドの「独立」を「国民」が受け入れるか否かにかかっていた．結果

的には有権者の約3分の2（投票総数の97%）に相当する賛成票を獲得し，憲法が信任された．これによって，ソマリランドにおける，多党制の下での民主主義体制の確立への動きも加速する．2001年，2005年にそれぞれ，大統領選挙，議会選挙，地方選挙が実施されてきたが，この2回の選挙に関しては，国際的な監視団も入る形で行われ，基本的に自由で公正な選挙と評価されてきた．こうした意味では，ソマリランドにおける「内政」は通常の国家での手続きとほとんど変わらない形で進められていると理解できる．こうしたことから，ソマリランドは，基本的には国家の用件とされる領民，領域，実効的な政府，外交能力の条件を基本的には満たしていると考えられる．人口約350万人，13万7600平方キロメートルの「領域」があり，これまで約15年にわたりある程度安定し，行政機能を有する政府が存在してきた．また，限定的ではあるが外交関係も樹立されている．

(3)「崩壊国家」と国際社会

こうした経緯からわかるように，ソマリランドは自助努力を通じて「国内」の政治体制の民主化を継続して行うことで，アフリカ大陸における「最もよく守られた秘密（Africa's best kept secret）」とも評される一応の安定と国家としての必要条件を実現してきた．ソマリランドという枠の中においては，特に氏族の長老の調停を介した和解の実現も行ってきた．しかし，改めてこのソマリランドがおかれている「崩壊国家」としてのソマリアの文脈に目を向けてみよう．実はソマリランドをめぐるさまざまな問題は，「崩壊国家」というあり方と密接に連関しているからである．

ソマリランドが国家承認を得られていないことはすでに指摘したとおりである．国連はソマリランドの「独立」に対して不承認の姿勢を打ち出し，ボラマ会議へも参加しなかったほか，国連安全保障理事会の決議ではソマリランドは「国の一部における地域行政組織」と表現されてきた．ソマリランドを国家承認している国はないが，それに近い動向としては，1997年にジブチとエチオピアがソマリランドとの「連絡局」を設置したことが挙げられる．しかし，その後，ソマリランド政府が，ジブチの主導でソマリアとしての復興を目指して1999年の9月に始められたアルタ・プロセスへの参加を拒んだことから「連絡局」を閉鎖している．他方，エチオピアは2002年1月に大使を派遣している．また，IMFがソマリランドとの間で直接の実務関係

をすることに 1999 年に合意している.

　こうした中で，ソマリランドは国家承認に向けたさまざまな取り組みを実施してきた．特にイーガル大統領は，ソマリランドの国家承認を目的とした宣伝活動のために，欧米諸国ならびにアフリカ諸国を中心として世界各国を歴訪してきた．しかし，その努力は必ずしも共感を持っては迎えられなかった．そのため，当初は国家承認を求めていたものの，方針を軟化して国連におけるオブザーバー資格，あるいは「部分承認」に変更するなどの姿勢をとってきた．実はこの問題は，「国家はいつ国家でありうるのか」という根本的な問いと，崩壊国家としてのソマリアの国際的な地位の問題と密接に関係している．ソマリアは政府機能を喪失してきたという点において崩壊国家という形で認識されてきたが，これはソマリアが国家として，実体的に，あるいは法的に消滅したことを意味しているわけではない．ソマリアの復興に向けたさまざまな取り組みが行われることにも示されているように，崩壊国家情況を呈しながらもソマリアは国家として「存在し続けている」のである．この点はアフリカ統一機構（OAU）と後継の AU のこれまでの姿勢に表れている．OAU はその憲章で「加盟国の主権，地域的一体性，独立を守る」ことを規定しており，ソマリアの国境線の変更を容認しない姿勢を示してきたし，AU も現在の国境線の維持をその主要な原則の 1 つとして位置づけ，基本的には OAU の政策を継承してきた．この原則によって，アフリカでの国境線の変更を伴う不安定化要因を排除しようとしているのである．アメリカもソマリランドの「独立」問題については，第一義的には OAU，そして AU にかかっているとの認識を示してきた．つまり，たとえ国家としての資格要件を満たしていても，その領域が存在し続けるソマリアの領域，領民にかかわる以上，容易には新たな国家としての承認がなされないということである．この点は，旧ユーゴスラビアの分裂に伴う国家形成に対して，欧州連合（EU）を中心として新しい国家承認政策が展開された実行のあり方と大きく異なっており，国家承認にかかわる十分条件がかなり政治的な判断によることを示す形になっている．

　ここで示した国際的な不承認の結果，ソマリランドが先進諸国や国際機関からの援助を受けることができない状態が継続している．敷衍すれば，他の独立国家であれば外交関係の一環として先進諸国から二国間の援助を受けら

れるが，正式な外交関係を結ぶことができないソマリランドには，二国間援助が全く入ってこなかった．国連の一部の機関や国際的な NGO の支援がないわけではないが，国家という国際法上の資格を有していないことにより大きなハンディキャップを負っているのである．ここには，ソマリランドが潜在的には国家としての条件を具備した存在であるという事実は損なわれないものの，国際社会が国家としては取り扱ってこなかった（扱えなかった）ために，その開発を結果的には阻害するような関与をしてきたとも考えられるのである．

4．「崩壊国家」と人間の安全保障

　ソマリアとソマリランドの事例に示されているのは，崩壊国家という形で実効的な中央政府が存在せず，自助努力によって政治秩序の実現や開発を実施しなければならない地域であっても，そこに「国家が（認められ）ない」ことによって，外部世界からの援助が遮断されてしまうという問題である．言い換えると，国家安全保障に代わり，人間安全保障の視点から考えなくてはならない事態が先鋭的な形で生起したとしても，国際的に承認された国家がないとその事態の改善に資するための援助が制限されてしまう結果を生むということであるし，「崩壊国家」に対する外部者の，特に開発分野での政策的な関与はそもそも非常に困難である．

　「崩壊国家」がその状態のまま継続して存在し続けられていることと，ソマリランドのようにそうした状況に対応してそこからの分離・独立を試みても，新たに国家の地位を希求する政体に対しては不承認が採り続けられていることには，現在の国際社会がよって立つ論理が大きく影響している．国際政治学の研究者の間では，時に「消極的主権ゲーム」という概念を用いることがある．これは第 2 次大戦後に支配的になった主権国家の存立要件にかかわるもので，特に政治独立を希求するナショナリズムを背景とした自決主体としての植民地が，従来の領域を変更せず政治的に独立するというウティ・ポシデティス（uti possidetis）原則を認めるため，国家の統治の有効性よりも，その存立の国際法的側面を重視するルールの下で展開する国際社会にかかわる諸現象を表現するものである．ソマリアの事例が示すように，国家として

のあり方が極度のフィクションに陥っても,国際法的には国家としての地位を保持し続けられるわけである.こうした形で暗黙に合意されている国家のあり方が,アイディアとして提起されている人間の安全保障との間で齟齬をきたし,現実的な政策対応を困難にする場合が生じうることをソマリアとソマリランドの事例は鮮明に示している.中央政府が機能しない場所に対してどのような政策対応がなしうるのか.これは人間の安全保障というアプローチが直面している大きな課題と考えられる.

【読書案内】

川端正久・落合雄彦編『アフリカ国家を再考する』(晃洋書房,2006 年).
  * 崩壊国家,失敗国家が多く出現しているアフリカにおける国家論の現在をまとめた論文集.

Kreijen, Gerard, *State Failure, Sovereignty and Effectiveness: Legal Lessons from the Decolonization of Sub-Saharan Africa* (Leiden: Martinus Nijhoff Publishers, 2004).
  * 失敗国家に関する国際法,国際政治上の問題を包括的に論じているやや高度な学術書.

Milliken, Jennifer ed., *State Failure, Collapse and Reconstruction* (Oxford: Blackwell Publishing, 2003).
  * 崩壊国家,失敗国家の発生のダイナミズム,復興にかかわるテーマを扱った論文集.もともとは *Development and Change* という学術雑誌の特集号.

Rotberg, R. I. ed., *State Failure and State Weakness in a Time of Terror* (Washington, D. C.: Brookings Institution Press, 2003).

Rotberg, R. I., ed., *When States Fail: Causes and Consequences* (Princeton: Princeton University Press, 2004).
  * ハーバード大学における研究プロジェクトの成果.前者が事例研究,後者が理論,あるいはテーマ研究を編集した論文集.本章で示した破綻国家の分類は後者の論文集に依拠している.

Zartman, I. William ed., *Collapsed States: The Disintegration and Restoration of Legitimate Authority* (Boulder: Lynne Rienner, 1995).
  * 崩壊国家の問題に 1990 年代半ばの早い段階で取り組んだ論文集であり,崩壊国家概念が初めて定義して示されている.

平和構築論の射程
難民から学ぶ平和構築をめざして

佐藤安信

❽「人間の安全保障」の扱う主要課題の1つは，いうまでもなく，Freedom from Fear（恐怖から免れること），すなわち，暴力的紛争から如何にして「人間」を保護し，empowerment（自律的能力を強化）しうるかである．そのために，非軍事的な手段として開発援助を応用することが考えられる．これが平和構築論である．

はじめに

　「平和構築」を論ずるにおいて，大切なことは，まずめざすべき「平和」とは何なのか，そしていかにして「構築」するのか，である．開発学の権力性と平和学のイデオロギー性を脱構築して，具体的な紛争や恐怖が暴力化しないためにいかに予防し，また暴力化してしまった紛争の最中いかにして暴力から人間を守るか．そして暴力の悪循環をいかに断ち切って平和の好循環に転ずるか．さらに非暴力による紛争処理を永続化するシステムと人「財」をいかに構築し，これを支える平和の文化をいかに醸成するか．これらを体系的に研究する学問としての「平和構築学」への再構築を構想する．

1.「平和構築」という課題

　2003年8月に発表された新ODA（政府開発援助）大綱において，「人間の安全保障」の視点が基本方針の1つとして掲げられ，「平和の構築」がその重点課題の1つとして明記された．しかし，関連する論考や文献も多数出版されているものの，「人間の安全保障」とは何を意味し，「平和構築」とは具体的にどういう活動なのかは必ずしも明確ではない．
　平和構築という課題は，もともと国連平和維持活動（PKO）の試行錯誤に

よる発展の中から生まれた．つまり国連の平和活動における新たな課題として主張されたものである．当時の国連事務総長のガリ氏が，1992年に *Agenda for Peace*（『平和への課題』）という小冊子において，冷戦後の国連強化のための提言として，preventive diplomacy（予防外交），peace-making（平和創造），peace-keeping（平和維持），*post-conflict peace-building*（紛争後の平和構築）などを挙げた．ここでは，平和構築は停戦を実現する平和創造，停戦を維持する平和維持に対して，紛争後（あるいは平和維持活動の後）の復興から平和への定着に至る段階のことを意味した．しかし，紛争後の平和構築とは，実際には紛争の再発防止という紛争予防を行うことまで含まざるを得ない．また紛争が再燃すればこれを調停して武力衝突を収める平和創造をも含み，停戦が実現すればこれを維持する，つまり平和維持ということまで実質上含むことになる．そこで，これら一連の活動を包括する平和構築概念がカナダ政府などから提唱された．これを受けて97年にOECD（経済協力開発機構）のDAC（開発援助委員会）は，「紛争，平和と開発協力に関するガイドライン」を発表し，紛争前，紛争中および紛争直後，紛争後の各段階における開発援助の果たす役割の重要性を確認した．つまり，「暴力なしに紛争を管理する能力を強化することは持続可能な開発の基礎」として，「平和構築」を「人間の安全保障のための持続可能な環境を作る手段」であると定義している．その上で，開発援助の目的は，「法の支配の強化」と「民主化プロセスへの一般市民の参加」の促進であるとして，段階ごとに具体的な提言を行っている．DACは2001年に同ガイドラインの追補を出し，2003年にはこれらを総括した，Helping Prevent Violent Conflictというガイドラインに纏めている．これには，紛争予防を中心的な課題として，ジェンダーやビジネスなどの新たな観点が盛り込まれている．国連も2000年8月に発表したいわゆるBrahimi Report（Report of the Panel on United Nations Peace Operations（A/55/305-S/2000/809））により，平和維持活動の役割強化のため，紛争予防の強化，平和維持と平和構築の不可分性の認識，「法の支配」の強化などを提唱し，平和構築を包括的に捉えている．このように現在では，平和構築の概念は，開発援助との連携を一層図って武力紛争の予防を射程に入れた包括的なものとして主張されているのである．

これを概念図として示したものが図1である．平和構築は，歴史的，実務

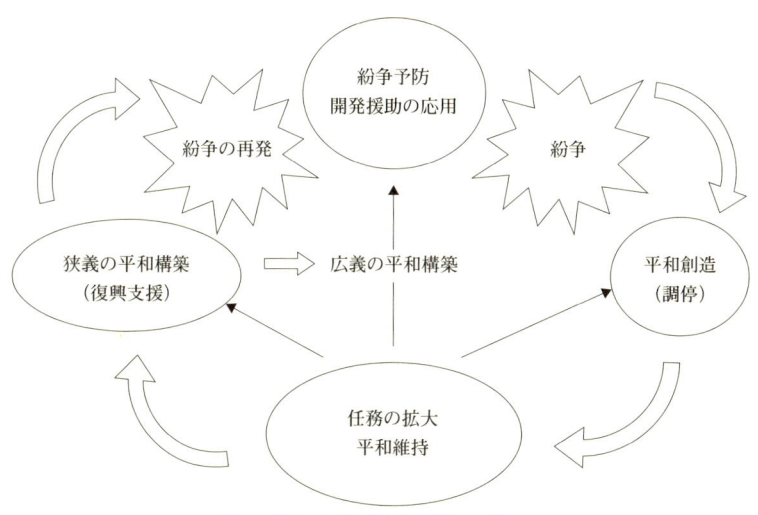

図1 紛争の循環と平和構築の概念図

的には国連の平和維持活動（PKO）の中から発展した課題である．たとえば，1992～93年の国連カンボジア暫定統治機構（UNTAC）は第二世代のPKOともいわれ，これまでにない文民による包括的な活動が注目された．これは，総選挙による正統政府の樹立支援がUNTACの最終目的（任務）であったからである．そのために，難民の帰還と再定住，人権擁護，政治的自由の促進，自由かつ公正な選挙実施を確保するためのインフラの復旧・復興の任務を与えられ，また実際行った．

旧ユーゴの紛争に派遣された1992～95年の国連保護隊（UNPROFOR）は，停戦合意自身の有効性が問われた中で派遣され，紛争の拡大を国連の存在によって抑止しようとした．その任務は国連PKOが現実には十分な武力を行使できないという限界によって達成できず，NATOの軍事力によって取って代わられることになった．

これと対照的なPKOがソマリア紛争に派遣された1993～95年の第2次国連ソマリア活動（UNOSOMS II）であった．これは，ガリ事務総長が前出の『平和への課題』の中で触れた*peace-enforcement*（平和執行）のために武力行使にまで踏み入ったがために，紛争の当事者となって失敗してしまった．

1999～2002年の国連東ティモール行政機構（UNTAET）は，東ティモー

ルの選挙後の混乱と多国籍軍の治安維持を受けて，復興支援という狭義の平和構築を主要任務とする PKO と位置づけられる．そこには紛争の再発防止のための開発援助の応用が見られる．国連 PKO の任務は復興支援，紛争予防，紛争の調停という紛争を非暴力的に処理するあらゆる局面に拡大し，これら一連の活動を包括する広義の平和構築に取り組むことになってきたのである（［文献］に挙げた OECD，DAC の報告書を参照）．

このように平和構築を包括的なものとして広義に定義すると，たとえば「武力紛争の（再発）予防をして平和を定着させる一連の活動」ということもできよう（篠田（2003）21 頁では，「紛争の勃（再）発を防いで永続的な平和を作り出すための活動」としている）．

このような包括的な平和構築という課題に対処するためには，軍事力／武力または暴力の行使の当否を含めた包括的な研究が必要となる．戦争放棄と国際協調主義を憲法の一大原則としている日本としては，軍事力を用いずに平和構築に貢献する道が求められているのであるから，当面 ODA を用いた非軍事的貢献のあり方を追究することになる．しかしながら，平和構築が多国間の協力と国際機関との連携による国際的な活動であることからすれば，現実問題として軍事的な局面を無視することはできない．

カナダは，Defense, Diplomacy and Development の頭文字をとって，3D を平和構築に取り組むための柱と考えている．ドイツも平和構築の重要な要素として，軍民協力を挙げており，治安のための武装した文民警察官の役割を強調し，法曹などの司法関係者の関与をも推進している．このように平和構築のニーズからすれば，本来軍事を研究の対象からはずすことはできない．ましてや平和維持や平和構築のための自衛隊の海外派遣についてもその是非はひとまずおくとして，派遣している以上その人道支援の中身と方法が問われるべきであろう．本章では紙面の都合でこの論点は別稿に譲り，専ら非軍事的貢献のあり方として開発援助の応用の観点から平和構築論の射程を概観してみたい．

これまでの開発研究を土台にさしあたり以下の 4 つの研究分野が想定できよう．つまり，①社会には当然存在すべき紛争を「暴力」によらずに処理するための民主的政治プロセスと，「正義」の実現のための「法の支配」としての紛争処理ガバナンス，あるいはより広く，紛争管理のガバナンス，②貧

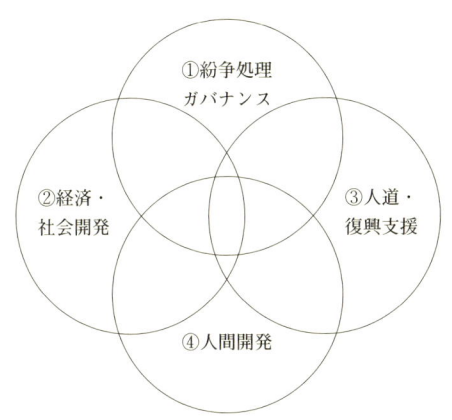

図2 平和構築のための4つの研究分野

①紛争処理 ガバナンス
②経済・社会開発
③人道・復興支援
④人間開発

富の格差や社会的差別などの紛争の構造要因を探究しこれを緩和するための経済・社会開発，③紛争中の避難民へ医療，食料，テントなど救命および紛争直後の武装解除・動員解除・再統合（Disarmament, Demobilisation and Reintegration DDR），復旧・復興のための緊急を要する人道・復興援助，さらに逆に④長期的な視点から平和の定着，永続化のための和解や相互理解を醸成し，暴力的紛争を予防する人文・教育分野に焦点を当てた個人の Capability（潜在能力）の開花と自律をめざす Human Development（人間開発）．これら4分野は，現実には連続し，相互に重なりあい，絡み合っているので総合して研究する必要がある（図2参照）．

たとえば，①の民主主義と法の支配は紛争を非暴力的に処理する制度だが，同時に紛争の要因である政治的抑圧から人々を解放し，人権侵害を是正し，人権を保障するための制度的保障でもある．したがって，②の紛争の構造要因である経済・社会的条件にも関わる課題でもある．暴力的紛争でこれらの制度が破綻している場合には「正義」は紛争当事者同士の「復讐」または「正当防衛」に読み替えられ，復讐または正当防衛の応酬という「暴力の悪循環」を生むことにもなる．

この悪循環の連鎖を断ち切って「平和の好循環」に転じるためには，共通の規範と歴史認識に基づいた制裁という，法の支配／司法の共有に基づく強制が必要となる．しかし紛争中および紛争直後にはこのような共通の規範が存在するはずも，これを強制できるための手続保障が備わった制度は機能し

ているはずもない．したがって，武装勢力による力の支配と，これを支える紛争経済が慢性化，構造化する．このようないわばアウトローの状態からいかにして抜け出していくかという緊急時および復興期の法の支配と，代替経済のありようが見出されなければならない．これは，短期的，ミクロ的には③の人道・復興援助，DDR の課題でもある．いかにして平和の好循環へのインセンティブを与えられるかが問われる．

　さらに，反面，長期的，マクロ的には復讐心に燃える紛争当事者同士が許し合うことをめざして，和解による憎しみの連鎖を切断するという内面的で啓蒙的な法の支配の確立が求められる．このような法の支配の確立に向けた動的なプロセスである紛争の非暴力的処理制度の復興のための展望が，いわゆるトランジッショナル・ジャスティス（移行期正義）として議論されている．これは暴力的で抑圧的な紛争社会，さらには暴力の文化の構造を非暴力的に解体し，新たな制度構築と平和の文化の醸成，抑圧された人々の自律と協力，共生を促進するという④の総合的な人間開発の課題でもある．

　これらの4つの研究分野は，従来の開発学のパラダイムの転換と拡大をも迫っていると言えよう．すなわち，従来の開発パラダイムは紛争を度外視した平時を前提としていたように思われ，紛争への十分な配慮を欠いていたのではないかと考えられる．しかし社会あるところ紛争あり．むしろ平時と考えていた「紛争がない」社会こそ異常なのだとも言えよう．ホッブスのいう自然状態こそ人間社会の真の姿であり，社会契約というレトリックによって近代政治思想家が説明した社会は，紛争が潜在化しているに過ぎないと考えるべきなのである．つまり紛争が暴力化して武力紛争として顕在化していなくとも，社会には潜在的な紛争が存在している．ケネス・ボールディングは，『紛争の一般理論』（内田他訳, 1981 年）で，あらゆる社会科学は紛争を扱っているという．開発が反面破壊を伴う動的プロセスであることからすれば，開発と紛争は不可分の関係にあるものと言える．

　このことから①，②および④の各分野は，開発の対象となる社会が紛争に満ちているという前提を盛り込むことになった．また，③の分野の武力紛争中およびその直後の人道・復興援助は，従来難民の保護の課題とはされても，開発の課題とはされていなかった．しかし，武力紛争は平時の社会に潜在していた紛争が暴力化したものであり，紛争時と平時は連続した社会の一面で

あり，開発が社会変容の動因となることを考えれば，紛争時の社会を除外して開発を論ずることはできないものと思われる．すなわち紛争を開発の課題から除外することはもはやできなくなっているのである．

このように，平和構築の課題は，平和の課題から発して，開発理論のパラダイム転換をもたらしたとも言えよう．従来の開発のあり方とそのための援助の根本的な見直しをもたらしたのである．同様に開発理論のパラダイム転換に平和構築との関係で影響を与えている概念が Human Security（人間の安全保障）である．

2.「人間の安全保障」と「平和構築」

DAC によると平和構築は，「人間の安全保障のための持続可能な環境を作る手段」であるとされる．つまり平和構築は，先進国によれば，「人間の安全保障」という目的を達成するための手段と位置づけられている．以下，この概念の生成過程とその意義，効用および限界を概観する．

「人間の安全保障」は，平和構築と同じく国連の実務から発展してきた概念であるが，平和構築とはむしろ反対方向の，開発の課題から生まれて安全保障研究，平和学のパラダイム転換に迫る概念であると言える．つまり人間の安全保障は，開発理論が国家の経済成長中心の経済開発から，成長の成果の公正な分配をめざす社会開発，そして人間の潜在能力（Capability）の向上，あるいは人権の伸長をもって開発の目的とする人間を中心とする開発（人間開発）にパラダイム転換しつつあることを背景に，もともと国連開発計画（UNDP）によって新たな開発課題として示された概念であった．UNDP の 1994 年の人間開発報告書によると，「人間の安全保障」には，①雇用と収入，②食料，③疾病，④環境，⑤物理的暴力，⑥地域民族，⑦政治的人権，の 7 つの領域が典型的なものとして挙げられている．これらの領域が脅かされることは人間の生存や尊厳を危うくするという意味で人間の安全に直接に関わる．したがって開発においてこれらの領域を優先することが具体的に示唆されたと言えよう．

このような概念が生まれた背景にはやはり冷戦後の世界において，国家間の紛争よりも国内や地域における紛争が顕在化してきた事情があろう．そし

て紛争の背景に開発の問題がある，つまり「人間の安全」と「開発」は表裏の関係にあると認識されるようになったことがある．この認識は，ガリ前事務総長が 1994 年に国連総会に提出した，「開発への課題」および，UNDP の前記報告書が提出された 95 年のコペンハーゲンにおける，国連社会開発サミットにおいて確認された．その背景には社会的不正義が平和を脅かす構造問題であり，開発はこの問題を扱うべきであるとの UNDP の人間の安全保障論があったものと思われる．つまり，開発は紛争予防の問題であることが意識され，個々の人間の安全を保障すべきであるという主張は，これまで蔑(ないがし)ろにされてきた，「開発において疎外された」者への視点を促すことになる．他方，国家では保障されない，国家が十分には機能しない内戦や民族紛争下の人々の，あるいは国家から迫害される人間個人の，さらに一国家の管理を超えた環境問題などの人類共通の安全を，誰がどのように守るのかという問題を提起したのである．

このように，人間の安全保障という考え方は，もともと開発パラダイムの転換の過程で新たな課題として主張されたが，開発と平和を繋ぐ架橋概念として展開してきている．つまり，平和構築に非軍事的に取り組むため，開発援助をどのように応用するか，また開発援助が紛争を助長しないようにどのような配慮をするかという「平和構築」の論点を議論する上での理論的枠組みの1つを提供するものと言えよう．図3でみるとおり，「人間開発」と「積極的平和」という概念の重なる部分と捉えることができる．従来，開発と平和は交わることのない別個の概念であった．しかし，開発は，Capability（潜在能力）論を背景に，アマルティア・センの言う個人の潜在能力の開発へと拡大した．他方，平和も，ヨハン・ガルトゥング (2003) の言う貧困，抑圧，差別などの構造的な暴力のない社会としての積極的平和として拡大する．こうしてこの両者の重なり＝結合を示す概念として生まれた．平和構築の課題は，この重なりである人間の安全保障を拡大していくことで，理念的には積極的平和と人間開発がともに連動して実現されていくという意味で，より重なり合いを広げ，深めることをめざすプロセスであるとも言えよう．

しかし，このように「人間の安全保障」概念を広く捉えれば捉えるほど，包括的平和構築概念同様，その中身は空疎なものとなり，また政策概念としての意味をも失ってしまう危険性も否定できない．しかし逆に言えば，人間

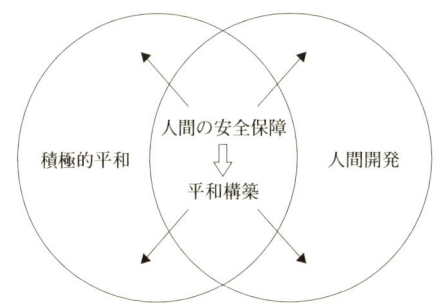

図3 平和と開発の架橋概念としての「人間の安全保障」概念図

の安全保障を普遍的な概念として位置づけるのではなく，むしろその包括性ゆえのあいまいさによる各自の解釈，優先順位の議論を促す作用自体に意味があるようにも思われる．すなわち，人間の安全保障という概念自体はあくまでレトリックに過ぎないが，主権国家体制に封じ込められ隔離されている世界の固定観念と細分化されてしまった学問の壁を打破し，人間個人の安全というミクロレベルからグローバル・ガバナンスのありようを展望する場を提供しているいわばテレスコープのような道具なのである．

「人間の安全保障」という概念は，国連や世銀などの国際機関，カナダなどの国々によっても議論されてきているが，今のところ各機関，各国がこのディスコースを自らの任務ないし国益に照らし合わせて，その存在意義や政策を正当化する以上に実務的にも新たな展望を提供しているようには思えない．このように，各機関，各国によって，「人間の安全保障」の概念の解釈やその目的，効用は様々である．しかしだからといって，その普遍的な概念構築や用語法を学問的に見出そうとすることもあまり意味はないであろう．なぜなら，冷戦後のグローバリゼーションの中で，国家や国際機関が相対化しつつある現在，「国家の安全保障」では十分ではないということからその対概念として注目されてきた概念に過ぎないからである．ますます脅かされている人間一人一人の安全保障のために，国家を含めたいかなるガバナンスをグローバルに再編していくかがむしろ問題だからである．

あえて人間の安全保障概念の学問的な意義を言えば，これまで独立して研究されていた平和と開発を不可分のものとして研究するための架橋概念として，人間個人の視点からこれらを論ずるための用語として意味はあるが，結

局は単なる説明概念に過ぎない．その中身はいくら精緻に議論したとしても，抽象的な安全，平和や，開発のみを論じて具体的な人間が語られない以上，単なるスローガン，空疎なレトリックに過ぎない．かえって，支配者にとっての安全であり，平和であり，開発であるという従来の構図を隠蔽するだけに過ぎないかもしれない．武者小路がいうように，むしろ「不安全」を感じる者の視点に立って考える必要がある．そのためには，その人間たちが生活している社会の実態や彼らの価値観にまで及ぶ深い理解が不可欠である．人間とは誰で，誰の安全が，誰の不安全なのか，誰のための平和で，何のための開発なのかを論じなければならない．そうでなければ，「人間の安全保障」という抽象的な美辞麗句の名のもとに破壊が正当化され，あるいは遂行されることにもなりかねない．「人間の安全保障」は，平和構築のめざすべき最終目的であるとしても，全人類が同時に等しく安全を享受することが不可能である現状では，常にその名宛人と優先順位を意識した各論が議論されなければならない．逆に言えば，平和構築という過程において常にその安全保障を優先すべき人間が誰で，どのように確保していくのか，流動的で変転する状況に対応して具体的な課題を問い直しながら軌道修正していく，臨機応変で試行錯誤的な対応が求められるのであろう．

　人間の安全保障を平和構築に照らしてみると，人間の安全保障はこのように平和構築の内実を明らかにする指針としての側面だけではなく，実は，平和構築と矛盾する局面をも生む場合があることも示唆するものである．たとえば，ルワンダにおける難民の保護という「人間」の安全保障が，難民キャンプに隠れている武装勢力を支援することにもなりかねないというように，紛争を長期化することも少なくないのである．人道支援のジレンマである．本来，被害者である人間は潜在的に加害者でもありうるという両義性を持つことに由来する宿命とも言えよう．このように人間の安全保障と平和構築とは本質的に相矛盾する事例も多くあることに留意が必要である．

3．開発学と平和学の再構築にむけて

　人間の安全保障論によって架橋された開発学と平和学を基礎とした平和構築論であるが，半面，平和構築を論ずる開発学や平和学は，この平和構築と

いう新たな課題に取り組むことによって，逆にどのような影響を受けているのであろうか．

　まず，開発学が従来想定していなかった紛争社会を扱うことであるために，従来の開発学の知見だけでは思わぬ落とし穴に落ちることもある．たとえば，地雷除去は典型的な平和構築活動であるが，紛争が日常であった現地の実情を考えずに行うとかえって民衆を苦しめることもありうる．カンボジアで地雷の除去を支援していた国際協力機構（JICA）に対して，村人からはむしろ地雷を除去しないで欲しいとの意見も寄せられたという．なぜなら，地雷がなくなった土地はすぐに権力者が自分の所有地だとしてそれまで使っていた村人から取り上げ，売ってしまうなどの事例が絶えないのだという．現地に住んでいる人々にとっては地雷がどの辺にあるかということは大体わかっている．地雷で傷つくのは，遊びに夢中になっている子供たちか，よそ者である．強盗から身を守るために寝る前に自分の土地にわざと置いておいた地雷を寝ぼけて踏んでしまったというような笑えない話もあるほどである．つまり長年に亘る紛争によって権力を信じられない彼らにはむしろ地雷は権力者から住んでいる土地を守るお守りなのかもしれない．良かれと思って行う支援が，現地の実情を配慮しないためにかえって仇になることもありうるという良い例であろう．

　このような現地の実情を軽視して失敗する事例は，紛争後の復興にのみ顕著なわけではなく，実は開発援助一般にも少なくはないことも再認識させられる．たとえば，「都市」のための「地方」でのダム建設である．これは日本国内でも問題とされる開発に伴う破壊のことではあるが，途上国ではその弊害は顕著である．1996年に日本のODA約312億円（主にOECFの円借款）で建設された，インドネシアのスマトラにあるコトパンジャン・ダムに関して，ダム建設のために立ち退かされた現地住民から日本政府などが東京地方裁判所に提訴され，2008年2月現在係争中である．原告住民は実に8千人以上である．彼らは，インドネシア政府が約束した補償が実質上履行されておらず，生活が破壊されたとしてダムの撤去と，原状回復と損害賠償を求めている．住民の反対を押し切って開発プロジェクトを推進することを可能とした日本政府の責任を，国家主権の壁を越えて，日本の裁判所で問うという前代未聞の事件と言えよう．開発は破壊を伴うものである以上，紛争を引き

起こす事態もありうることを十分考慮し，配慮して支援する責任が問われていることが改めて思い知らされる．「政府」開発援助なのだからと，要請主義を盾に政府のみを相手にして，影響を受ける現地住民の声，すなわち，人間の安全保障を軽視して行うことはもはやできなくなってきている．

このように，「紛争」と「開発」の関係を考えることで，開発援助における地域研究の重要性，特に現地の政治，経済，社会，文化，歴史，伝統，規範，さらには価値観の実態を理解する必要性が改めて浮き彫りになる．地域の固有性によって紛争の構造要因は各々独特であるはずである．各紛争のメカニズムは各地域における，政治，経済，社会，法律，文化（民族，宗教，言語，世界観など）を歴史的時間軸と地理的空間軸の中で動的，総合的に把握し，各々のコンテキストの中で分析し，総体的にその特性を把握することで求められるのである．これらの地域研究から得られた紛争のメカニズムを比較することで，その特性を把握する，共通点と特異な点を分析するそのなかで，将来起こりうる紛争を予測し，予防するための対策を導くことができるかもしれない．

これまでの開発学は，とかく援助するいわゆる先進国側の価値観と論理によって，いわゆる進化論を背景とした近代化路線として組み立てられてきた．人間の安全保障の観点から平和構築を研究する上で，このような伝統的な開発学が見直しを迫られていることを自覚すべきであろう．開発学は，開発される側，つまり貧困層，弱者と呼ばれ支配されている「開発から疎外された人々」の「日常の抵抗」の観点から再構築されねばならない．必ずしも本当は弱くもなく貧しくもない人々がそのようにレッテルを貼られることで，弱くされ，貧しくされてしまう現実もある．開発学を基礎とする平和構築研究も同様に，「支配者にとっての平和」の構築研究であってはならない．

平和構築は，他方，平和を求める学問としての平和学のあり方にも新たな変化をもたらしつつある．冷戦期の国家間のパワーバランスを前提とした現実主義あるいは理想主義的イデオロギー研究から，冷戦後の地域紛争の多発に応じて，地域紛争レベルの研究も増え，より多角的で実践的なアプローチが求められている．平和維持活動の拡大から平和構築へ，さらに紛争時の人道的な支援などに必要とされる民軍協力など軍事力の展開も避けては通れない研究課題となりつつある．平和維持活動の延長として始まった実務的な平

和構築論によって，平和学においても武力の行使の是非も含めた現実的で実証的な研究アプローチが益々重要になるものと予想される．近時は，難民，強制移民，人権やジェノサイドなどのグローバル・イシューが取り上げられ，他方，これに対応する国際刑事裁判所の設立とその機能や，平和構築委員会，人権理事会の新設をはじめとする国連改革などのグローバル・ガバナンスのありようなどが平和構築の課題として議論されてきている．このように，人間の安全保障論と平和構築論によって，平和学は，マクロからミクロへ，そして逆にミクロからマクロへの相互に連動するダイナミックで創造的な学問体系として再構築されつつあると言えよう．

4．「難民に学ぶ」平和構築学を

　平和の既得権をもっている支配者側の人々だけの平和や安全ではなく，紛争で傷つき飢えている被支配者側の人々の平和や安全，弱者の視点に立った平和と安全，権力に抵抗する人々の求める平和と安全を暴力によらずに構築するにはどうしたらよいであろうか．

　まずは平和が普遍的な概念であるという前提を捨てて，現実を具体的に直視すべきであろう．抽象的に論じることに慎重でなければなるまい．平和は，正義という概念同様，地域によって，歴史によって，人によって異なった極めて個別的で多義的な概念であり，固有の世界観または価値観でさえありうることに留意すべきである．このように平和を個別具体的に理解するには，「先進国の平和」を享受する人々が，まず徹底した現場主義によって，途上国や紛争当事国の人々の眼差しを共有する努力が必要である．そのためには，たとえば紛争地域または構造化された暴力としての「迫害」から逃れて来た人々である「難民から学ぶ」姿勢が重要である．ここでいう難民は，難民条約上の狭義のそれではなく，紛争や貧困から逃れてきた強制移民を含む広い概念である．このような人々によって，彼らの紛争が日本などの先進国の「平和」にまでつながりをもった連続した構造的問題であると知ることができるであろう．我々の日常生活に紛争地における紛争を助長する構造が埋め込まれていないかまで考察し，検証する必要がある．つまり，平和構築研究の核心は，この構造的暴力からの難民を生み出すグローバルな因果関係とそ

の構造を解明するのための「難民研究」であり，その射程は我々の日常生活の見直しにまで及ぶ息の長いものといってよいであろう．

　その際，貧困研究と同様，難民を研究対象として客体化し，保護すべき哀れな弱い人々とカテゴリー化すべきではない．むしろ，難民を含む紛争地域の人々を研究主体，すなわち共同研究者として先進国の研究者とともにネットワークを作り，先進国の植民地主義的で抑圧的な構造的問題こそを検証すべきである．我々自身が所属する，地域，国，文化圏，地球規模にまでおよぶ幾重もの社会とその中で自己同一化する紐帯としてのアイデンティティを相対化し，その各々の社会の平和の本質，それらの相互関係，システムを解明する研究を行うことが重要である．つまり途上国の暴力的紛争を研究するには，先進国側の軍需産業を含めて政治的，経済的に紛争によって利する構造的暴力を暴き出す．

　このような研究には参与観察を含めたフィールドにおける実践的な調査が不可欠である．難民保護や人道支援のために現地で働くNGOや援助機関のスタッフとして得た経験知ばかりか，難民をパートナーとして彼らの体験を生かした研究・教育上の協力が有効であろう．研究者は，研究成果を現場に応用して，その成果や失敗を研究にフィードバックし，実務者は実務上の成果や失敗をやはり研究を介して深め，さらに実務にフィードバックするという双方向の交換的循環型の開かれた協力が相乗効果を生むものと思われる．同時にそのためには，留学生，客員研究員の活用，教員と実務者の相互交流などを通じた人的資源の共有が欠かせない．

　このような研究・教育手法は，日本の大学および大学院においてはまだ極めて異例なことであろうし，現状では制度的に容易ではなかろう．しかし，日本が真に平和構築の課題に取り組むというのであれば，このような実践的で実験的な研究・教育の試みは不可欠であると思われるのである．

　このような新たな研究・教育手法を可能とする包括的で総合的なフレームワークが「人間の安全保障」という概念である．ODA大綱にあるとおり，平和構築の課題は人間の安全保障を指針として取り組まれるべきであり，同時に平和構築という課題への取り組みを通じて人間の安全保障が実現されるべきである．「平和構築」の研究は，「人間の安全保障」研究と対を成し，相

互に補完しながら，地球規模の課題を解決するための学問の総合化に貢献することが期待されている．

[文献]

OECD, *DAC Guidelines on Conflict, Peace and Development Co-operation on the Threshold of the 21 Century* (Paris: OECD, 1997).

OECD, *DAC Guidelines on Helping Prevent Violent Conflict* (Paris: OECD, 2003).

Report of the Panel on United Nations Peace Operations (A/55/305-S/2000/809) (通称 Brahimi Report, August 2000).

篠田英朗『平和構築と法の支配――国際平和活動の理論的・機能的分析』(創文社，2003年).

ボールディング，ケネス著，内田忠夫・衛藤瀋吉訳『紛争の一般理論』(ダイヤモンド社，1981年)．/Boulding, Kenneth E., *Conflict and Defence: a General Theory* (New York: Harper & Bros., 1962).

ガルトゥング，ヨハン，藤田明史編著『ガルトゥング平和学入門』(法律文化社，2003年).

【読書案内】

香西茂「国連の平和維持活動 (PKO) の意義と問題点」日本国際連合学会編『国連システムの役割と展望』9-24頁 (国際書院，2000年).

* 国連 PKO の発展を要領よくまとめている．冷戦後任務が多様化した「第二世代の PKO」といわれる PKO の功罪を具体的にわかりやすく論じている．

上杉勇司『変わり行く国連 PKO と紛争解決――平和創造と平和構築をつなぐ』(明石書店，2004年).

* 紛争分析の分野に，紛争処理と紛争解決という 2 つの異なるアプローチがあるとして理論の整理を行い，キプロスとカンボジアにおける国連 PKO を事例として詳細に検証している．両アプローチの接合による PKO の改良を論じている．著者の博士論文に基づいた本書は論文を執筆する大学院生には格好のモデルである．

佐藤安信「平和と人権のための国際協力」『国際協力研究』(国際協力事業団) 1995年10月号，67-75頁.

* 筆者の国連カンボジア暫定統治機構 (UNTAC) 人権担当官としての体験を事例研究としてまとめたものである．平和や人権という普遍的価値の実現が，現実の PKO 活動においてどのような困難に遭遇するのか，実務的な教訓を与えてくれる．

佐藤安信「人間の安全保障と平和構築の実践的研究・教育のための NGO の可能性」(平和構築研究会 Discussion Paper for Peace-building Studies, No. 1)，2004年.

* 筆者が主催する「平和構築研究会」の成果の一部として発表したエッセイ．人間の安全保障と平和構築に関する研究と教育には NGO 活動との連携が重要であるとする．大学における新たな社会連携の基本的な視座を提供している．同研究のホームページ〈http://peacebuilding.kir.jp/〉を参照．

新しい日本外交
「人間の安全保障」の視点から

大江　博

●日本は,「人間の安全保障」について,1998 年にそれへの取り組みを表明し,2000 年以来,日本外交の柱の 1 つとして位置づけてきた．それは,どのような背景のもとに,どのような考え方に基づいているのであろうか．

はじめに

　「人間の安全保障」という概念は,1994 年に,国連開発計画（UNDP）により初めて世に提示された．その 4 年後には,日本も,「人間の安全保障」実現への取り組みを表明し,2000 年以降は,それを日本の外交政策の重点項目として位置づけた．その背景として,90 年代がどのような時期であったのか,なぜ,UNDP がこの時期にこのような概念を提示したのか,日本の外交政策,特に,アフリカなどへの問題の解決に対するアプローチはどんなものであったかということを知ることが,日本外交における「人間の安全保障」というアプローチ,考え方を理解するためには必要である．

1．冷戦とその終了

　冷戦時代において,いわゆる「経済援助」が東西両陣営の陣地取りの道具に使われることが多かったことは,周知の事実であった．特に,アフリカでは,アンゴラ内戦以降,70 年代,80 年代を通じ,そのような傾向が強く見られ,ある国で,親米政権,または,親ソ政権が出来ると,他方の陣営は,その国の反政府陣営または,隣接国に援助するというようなことが起こった．このことは,アンゴラ内戦以後,アフリカが,自分達の問題を,自らの力では解決できなくなったことをも意味した．東西両陣営による介入は,アフリカに限られず,ソ連が,1979 年にアフガニスタンに侵攻して,親ソ政権が

出来ると，米国が「自由の闘士」と呼ばれる反政府グループを支援し，そのなかで，アルカイーダが力を持っていったというのは，よく知られた話である．

そのような形で行われた，いわゆる「経済援助」は，当然ながら被援助国の経済発展に必ずしも資するものとはならず，その反面，多くの被援助国の債務が際限なく膨れ上がるという悪循環に陥ったが，冷戦が終了すると，陣取り合戦をする必要がなくなった旧両陣営は，「援助疲れ」という名目で，援助を大幅に減少させることとなった．被援助国の経済発展を，真剣に意図しない援助も問題であるが，被援助国の債務が大幅に膨れ上がるなかで，急に，資金の流れが減少することは，それはそれで，大きな問題となったのは言うまでも無い．

冷戦の終了は，また，ソ連の崩壊を受け，旧ソ連時代に蓄積した多くの小型武器，さらには，冷戦の終了により職を失った旧ソ連圏の軍，秘密警察関係者の，アフリカを中心とした多くの紛争地域への流入を促すこととなり，その結果，紛争はより深刻化することとなった．

冷戦の終了により，「タガ」が外れ，それまで，押さえ込まれていた様々な矛盾や歪みは一挙に噴出することとなり，アフリカを中心とする多くの紛争は，民族紛争や内戦の形をとり，一層激化したのである．

そのような深刻な状況にもかかわらず，冷戦の終了は，途上国への国際社会の関心も資金の流れも低下させたのであり，そのような状況のなかで，1994年，国際援助機関であるUNDPが，「人間開発報告書」のなかで，「人間の安全保障」という概念を提示した．冷戦が終了しても，世界は，より安全になったわけではなく，新たな脅威に直面しているのであり，そのような脅威に対抗するためには，引き続き「援助」が必要とされていることを国際社会に訴えたことは，言わば，自然の流れであった．

2．日本の取り組み

日本が「人間の安全保障」に対する取り組みを具体的に表明したのは，1998年であったが，それ以前においても，日本は，冷戦の終了を受けた新たな脅威，さらには，アフリカを中心とする地域に対する国際社会の関心の

低下に対して，UNDPと同様の問題意識を共有していた．特に，アフリカに対しては，日本は，1993年に，国連（UN/OSCALおよびUNDP），および，アフリカのためのグローバル連合（GCA）とともに，アフリカ開発会議（TICAD）を立ち上げ，国際社会の関心が低下していたアフリカに対する支援プロセスの継続とアフリカの開発優先課題に対するコンセンサスの構築にあたり，主導的な役割を果たした．TICADプロセスにおいては，グローバル・パートナーシップとアフリカのオーナーシップ（自助努力）が推進されるとともに，平和定着，安全保障，民主主義，グッド・ガバナンス，教育，健全な経済運営といった開発の前提条件を満たしていくことの重要性が強調されているが，これは，「人間の安全保障」における「保護」と「能力強化」の考え方に相通ずるものである．TICADは，その後も5年毎に開催され，成果を積み上げてきている．そして，日本は90年代に入って，各国が援助額を削減していくなかで，援助額を維持した．なお，2001年の9.11以後は，アフリカ問題は，世界の安全そのものに深く関与するという認識も広まり，また，国際社会のアフリカへの関心も高まり，援助額も増えている．

　日本が「人間の安全保障」への取り組みを表明した98年以前においても，既に95年の国連総会での村山総理（当時）演説において，「人間の安全保障」の概念につき言及されており，このようなアプローチは，村山内閣の施政の軸である「人にやさしい社会」という概念に合致するものであると示されている．また，紛争に対する包括的取り組みの重要性については，従来から，日本が強調してきたことである．後述するように，経済協力を行うに当たっては，「平和構築」にますます重点が置かれるようになっている．そのような意味では，日本は，98年以前から「人間の安全保障」概念に添った形で，既に外交，経済協力政策を行ってきたと言えるが，日本が「人間の安全保障」への取り組みとして具体的に表明したのは，98年のことであった．

　その前年にアジアを襲った通貨危機は，特に，貧困層，高齢者，障害者，女性，子供といった社会的弱者が危機の直撃を受けた．そのような現実を踏まえ，当時の小渕外務大臣は，98年5月のASEAN各国訪問の際に「人間の安全保障」に重点を置いた取り組みの重要性を説いた．小渕外務大臣は，同年夏に，総理大臣に就任し，12月に開催された「アジアの明日を創る知的対話」において，「人間の安全保障」を重視した新しい経済発展の戦略を

考えることの重要性を訴えた.

さらにその数日後,ベトナムのハノイで行った政策演説「アジアの明るい未来の創造に向けて」において,アジアに「人間の尊厳に立脚した平和と繁栄の世紀」を実現するための3つの柱の1つとして,「人間の安全保障」の重視を挙げ,「人間の安全保障」の実現のために,日本政府として,国連に基金を設置して5億円を拠出することを表明した.

2000年の国連ミレニアム総会で,アナン事務総長は,「人間の安全保障」という言葉こそ使わなかったが,「恐怖からの自由」,「欠乏からの自由」という,「人間の安全保障」の中心概念となるキーワードを使って報告を行い,人々を襲う地球規模の様々な問題にいかに対処すべきであるかについて論じた.このアナン報告を受け,小渕総理大臣の後を受けた森総理大臣は,同総会において,「人間の安全保障」を日本外交の柱に据えることを宣言するとともに,世界的に著名な有識者の参加を得て,「人間の安全保障委員会」を発足させ,「人間の安全保障」という概念を整理し,さらに深めることを呼びかけた.こうして出来た「人間の安全保障委員会」の共同議長には,日本の緒方貞子国連難民高等弁務官(当時)(現JICA理事長)とインドのアマルティア・セン・ケンブリッジ大学トリニティー・カレッジ学長(当時)が就任した.

人間の安全保障委員会は,2001年6月の第1回会合以来,5回の会合を重ね,2003年2月にその議論の成果である最終報告「安全保障の今日的課題」(*Human Security Now*)の内容が小泉首相に報告され,5月に同報告書がアナン事務総長に提出された.その基本的な考え方は,国境を容易く越える様々な脅威に対しては,包括的な取り組みが必要であること,また,そのような脅威に対処するためには,脅威に晒されている人々を保護(protection)するだけではなく,彼らが,そのような脅威に対して立ち向かえるように,彼らの能力を強化(empowerment)することが重要であるという認識に立っている.

「人間の安全保障」という概念は新しい概念であり,また,新しいアプローチであるので,それを国際的に普及し,定着させることが重要である.他方,「人間の安全保障」が,国境を越える脅威を扱っている以上,そのような脅威に国際社会が対処しようとすると,国家主権と緊張関係になりうる.

人間の安全保障という概念に対して，ある種の警戒感，即ち，このような概念を隠れ蓑として，内政干渉されるのではないかという危惧を持った国があったのも自然なことであった．特に，日本とともに，外交政策の中心に「人間の安全保障」実現を掲げているカナダが，「保護する責任」という概念をその中心に置き，いわゆる「人道的介入」の問題を「人間の安全保障」のなかで論じようとしたことも，そうした傾向に拍車をかけた面がある．カナダを中心としたこのような動きは，2000年9月の国連総会での「介入と国家主権に関する国際委員会」(ICIS) の設立に繋がり，その翌年には，ICIS は，報告書「保護する責任」を発表し，最終手段としての人道的介入を正当化する場合やその法的手続きについての検討結果を示した．なお，日本政府は，1999 年にカナダが中心になって組織した「人間の安全保障ネットワーク」の活動に一線を画してきたこともあり，「保護する責任」の議論に消極的であるとのイメージが一般的にあるが，それは，必ずしも正しくない．日本政府の立場のポイントは，(1) 人道的介入が正当化されるためには，安保理の武力行使容認決議が必要である，(2)「保護する責任」の問題は，「人間の安全保障」が脅かされる極端なケースではあるが，それは，平和・開発・人権にまたがる幅広い概念である「人間の安全保障」の文脈で特に焦点を当てて論じるべき課題であるとは考えない，という2点である．しかし，ICIS も，人道的介入による武力行使は安保理決議をベースに行われるべきであるとの基本的立場をとっており，立場の差を強調することはあまり意味がないと言えよう．むしろ，日本と人間の安全保障ネットワークが相互補完的に連携をとっていくことが，今後，益々求められてこよう．その意味では，日本が2006 年に立ち上げた「人間の安全保障に関するフレンズ会合」には，ネットワークのメンバーとともに，従来，人間の安全保障という概念に懐疑的であったインド等も参加していることは，「人間の安全保障」概念の普及に貢献していると評価できよう．また日本は，「人間の安全保障」概念を，多くの国際文書に入れることで，国際的にこの概念を定着させようという努力をしてきた．具体的には，2003 年のエビアン・サミットの議長総括に「人間の安全保障」の考え方を盛り込むことに成功し，同年10 月の TICAD10 周年宣言，第11 回 APEC 首脳宣言，12 月の日・ASEAN 東京宣言などにおいても，「人間の安全保障」の概念を盛り込むことに成功した．

以上のように,「人間の安全保障」という概念も,少しずつ,国際社会において定着してきたが,加盟国が圧倒的に多い国連の正式文書に盛り込むのは,なかなか大変であった.しかし,2005年の国連総会の成果文書で,「人間の安全保障」という語が,国連の公式文書として初めて使われ,その概念について,今後国連で議論していくこととなった.このことは,「人間の安全保障」概念の定着にとって,一歩前進したと評価できるが,他方,国連の公式文書に「人間の安全保障」という語が使われるまでに,UNDPが初めて概念を導入してから,11年もかかったということ,さらに,これから,この概念について議論することになったという事実自体,「人間の安全保障」という概念の定着に対する困難さを示しているとも言えよう.事実,「人間の安全保障」という概念は,確かに,確実に,国際社会において,市民権を得てきているとは言えようが,その意味していること,そして,その概念の射程がどこまでかということについては,それを使う人,国により,必ずしも一致していないのが現状である.この概念を普及し,定着させていくと同時に,概念の整理が必要とされる所以である.

　日本が,「人間の安全保障」の実現のために具体的に有している政策ツールとして,まず,「人間の安全保障基金」がある.これは,前述のように,1999年に,日本が国連に設置した基金である.この基金は,「人間の安全保障」の観点から,現代社会が直面する多様な脅威に取り組む国連関係機関のプロジェクトを支援するものである.

　支援の対象となるためには,勿論,プロジェクトが,貧困,環境破壊,紛争,地雷,難民問題,麻薬,感染症など,「人間の安全保障」が対象とする脅威を扱うものであることが必要であるが,それだけでは充分ではない.コミュニティー開発のプロジェクトであっても,単なる建物の建設といったプロジェクトは対象にならず,例えば,農業生産の拡大,環境保護,保健医療,女性の能力強化などの問題を包括的に扱うものであることが望まれる.また,例えば,井戸を掘るにしても,単に井戸を掘ったら終わりというのではなく,更なる井戸の掘り方や修復の仕方,更には,管理のための仕組みを作るなど,持続可能な解決という面も重視される.

　貧困の問題ひとつをとっても,コミュニティーの開発を実現するには,相互に関連するいろいろな問題を,同時に包括的に解決していかないと成果は

出ない．他方，国際機関においても，縦割り行政の弊害があり，また，各国際機関の連携もこれまであまり行われてこなかったために，バラバラにプロジェクトが実施されてきたことが多かった．国際機関の連携といっても，各国際機関は，国際社会から受ける資金を取り合って，競い合う関係にあり，その連携は，考えるほど易しいものではない．

人間の安全保障基金に対しては，1999年の設置以後，日本政府は，2007年度までに累計約354億円を拠出してきており，国連に設置された信託基金としては，最大規模のものとなっている．他方，そのこと以上に，この基金が意味をもっているのは，各国際機関に，どのようなプロジェクトを申請すれば，基金の承認が得られるかということを伝えていくことにより，各国際機関が援助プロジェクトを考えるに当たって，「人間の安全保障」の観点を視野に入れていくようになるという国際機関に対する教育効果である．

人間の安全保障基金を通じて，「人間の安全保障」の概念を国際社会に普及していくという観点からは，基金を日本だけではなく，ほかの国にも拡大していくよう呼びかけていくという点も重要である．しかし，それには，困難もある．基金は，日本が国連に設置したものであるということから，その案件審査については，日本政府と国連事務局の双方の承認を得なければならないという二重構造になっており，案件審査の手続きが煩雑であり，審査に時間がかかり過ぎるということが，当初から指摘されてきた．勿論，国連に設置したのであるから，審査プロセスに日本政府が関与しないということは，理論上は可能であるが，前述の，「人間の安全保障」概念の普及，国際機関への教育的効果という観点からは，それも望ましくない．これが，他国をより巻き込むことになれば，多くの国は，「金は出すが口は出さない」ということにはならないであろうから，より，手続きが煩雑になり，審査に時間を要するということにもなりかねず，そういう事態は避けるべきである．

他方，手続きの煩雑さと時間を要するという点については，当初は，国連側の審査はコントローラーズ・オフィス（財務室）が行っていたが，人道問題調整部（OCHA）に設置された「人間の安全保障ユニット」が行うようになってからは，OCHA，日本政府双方の努力により，大幅に改善してきており，その点が解決されれば，「人間の安全保障基金の国際化」という点を，より真剣に考えていくべきであろう．

「人間の安全保障基金」は，国連関連の国際機関に対する支援であるが，二国間援助のスキームとしては，「草の根・人間の安全保障無償資金協力」がある．これは，二国間援助のスキームではあるが，ほかのスキームとは違って，相手国政府からの要請に基づき相手国政府に対して資金供与が行われるのではなく，NGO や地方自治体などからの要請に基づき，彼らに直接，資金供与出来るスキームである．これまで，開発途上国の現地住民に直接裨益(ひえき)するきめ細かな援助として高い評価を得てきた「草の根無償資金協力」が，2003 年 3 月，「人間の安全保障」の考え方をより強く反映させるために，「草の根・人間の安全保障無償資金協力」として，衣替えを行ったものである．

これは，単に名前が変わったということではなく，案件の審査に当たっても，より，「人間の安全保障」の観点が反映されることを意味する．途上国においては，しばしば，貧富の差も大きく，日本に経済協力を要請してくる人達は，裕福層に属し，必ずしも，「人間の安全保障」がその対象とするような，社会から取り残された，脆弱な立場に対する配慮が充分でないということも起こりうるが，そういう意味からは，より，開発途上国の住民に直接結びついた「草の根・人間の安全保障無償資金協力」は，そのような人々へのきめ細かい援助として適切なものと言えよう．

他方，通常の二国間経済協力のスキームが，「人間の安全保障」に対する配慮をしなくて良いということでは全く無い．それどころか，日本は，経済協力を行うに当たって，「人間の安全保障」という観点を導入することを正式に決定した．日本は，その政府開発援助（ODA）政策の基本文書として，1992 年に ODA 大綱を策定したが，2003 年 8 月，それを，11 年振りに改定した．改定された ODA 大綱においては，「人間に対する直接的な脅威に対処するため……個々の人間に着目した「人間の安全保障」の視点で考えることが重要である．このため，我が国は，人づくりを通じた地域社会の能力強化に向けた ODA を実施する．」と規定されている．

3．平和構築と日本

これまで，日本の「人間の安全保障」政策を，日本の経済協力政策との関係で，主に論じてきた．日本の「人間の安全保障」へのアプローチが，経済

協力中心，即ち，「欠乏からの自由」に重点を置いているということは，多くの人々の指摘するところである．これは，特に，カナダとの比較において言われることが多い．即ち，カナダが，人間の安全保障を「紛争」との関係で主に捉え，「恐怖からの自由」により重点を置くのに対し，日本は，人間の安全保障を，貧困との関係でより捉えているという指摘である．

第2次世界大戦後の日本のいわゆるアジア諸国に対する経済援助は，戦後処理の一環として，または，日本に対する賠償請求権，請求権を放棄した国へのいわば見返りとして始まった．そのことの裏側として，日本においては，日本の援助の供与先の国が，独裁政権かどうか，共産主義の国かどうか，軍事政権かどうかなどには関わりなく行われてきた．戦後処理が終了した70年代以降も，基本的には，政経分離の考えかたに基づき，純粋に経済発展の観点から，経済協力が行われる傾向にあった．そのようなイメージが，日本は政治的なものや紛争にはできるだけ距離をおいているとのイメージを作り出したと言えよう．また，日本国憲法の制約により，日本が海外で武力行使できないことも，そのようなイメージ作りに資することになったと言えよう．その意味で，前述のような指摘が，過去のある時期までの日本の経済協力について言われているのであれば，全く根拠のないものではないのは事実である．他方，冷戦の終結を受けても国際社会から紛争がなくならない，否，却って地域紛争が増大するなかで，世界は不安定化しているとの認識のもと，日本の経済協力政策も大きく変更されてきている．現在でも，日本が，「紛争」に取り組むのに，腰が引けているというのは，事実ではない．

「紛争」を包括的に扱うべきであるという主張は，90年代から，主に，日本が行ってきたものであり，貧困の問題も，特に，アフリカの紛争を考えるに当たっては，車の両輪として避けて通れないという文脈で論じられてきた．また，紛争後の「平和構築」の分野では，経済の再建はその重要な構成要素となっている．前述の2003年に改定されたODA大綱においては，「平和の構築」を重点課題として掲げ，紛争の予防や緊急人道支援とともに，紛争の終結を促進するための支援から，紛争終結後の平和の定着や国づくりのための支援まで，継ぎ目なく機動的に支援を行うこととされている．

日本は，最近では，アフガニスタン，スリランカなどの紛争に関して，復興会議を主催して，平和構築の分野において重要な役割を果たしてきている

が，日本の平和構築の分野における取り組みは，復興分野に限られるものではない．

カンボジアにおいては，日本は，UNTAC に対し，初めての PKO 参加として，自衛隊を派遣した．日本においては，伝統的に，人的な国際貢献，特に，自衛隊の海外派遣に対する慎重な世論を背景に，国際貢献は，財政貢献に限られてきた．しかし，湾岸戦争において，約 141 億ドルという莫大な財政貢献をしたにもかかわらず，実質的な人的な貢献がなかったために，国際社会から，あまり評価されなかったことを契機に，日本の世論も大きく変わった．90 年の国連平和協力法案の廃案を経て，92 年には，国際平和協力法が成立し，それに基づいて，カンボジアの UNTAC に対する自衛隊の派遣が行われたのである．また，カンボジアに対しては，日本は，1999 年から，紛争後の平和構築の一環としての「法整備支援」を行った．カンボジアでは，1993 年の国連における選挙を受け，新政権が発足，長い内戦に終止符を打ったが，まだ，新政府の統治能力にも大きな限界があり，法整備もほとんど出来ていなかった．そのようななかで，日本は 1999 年から，民法と民事訴訟法の起草作業をカンボジア政府との共同チームで行い，2003 年には，約 1300 条からなる民法と約 570 条からなる民訴法を完成させた．その後のフォローアップの支援も行っている．

また，日本は，アフガニスタンにおいては，2002 年 1 月，東京において，アフガニスタン復興支援国際会議を開催し，そこでは，総額約 45 億ドルの支援が表明されたが，日本も向こう 2 年半で，最大 5 億ドルの復旧・復興支援を行うことを表明した．更に，2002 年 5 月の川口外務大臣（当時）のアフガニスタン訪問の際に表明した「平和の定着構想」に基づき，「和平プロセス」，「治安」，「復興」の 3 つの分野に支援を実施してきている．特に，紛争後の DDR（Disarmament, Demobilization, and Reintegration：元兵士の武装解除，動員解除，社会復帰）については，日本が主導的な役割を果たす形で行われた．また，いわゆる「緒方イニシアティブ」では，地方復興支援のモデルを提示し，人道支援から復興・開発への継ぎ目のない移行を図る地域総合開発支援をして，注目されている．

東ティモールについては，日本は，2002 年 5 月の独立を前に，1999 年 7 月から 9 月の間，国連東ティモールミッション（UNAMET）に，文民警察要

員を，2001年8月の制憲議会議員選挙，2002年の大統領選挙に選挙監視要員を派遣した．また，2002年2月から2004年6月までの間，東ティモールのPKOに，総計約2300名の陸上自衛隊施設部隊および司令部要員を派遣した．また，PKOから復興への継ぎ目ない支援という観点から，日本NGO支援無償資金協力の他，1999年12月に「第1回東ティモール支援国会合」を東京において開催して以降，国づくりのための無償資金協力も行っており，その額は，2005年までに1億1千万ドルに達している．これらは，東ティモールの自立のための支援である．

　イラクに対して，日本は，自衛隊派遣による人的貢献とODAによる復興支援を「車の両輪」として行った．イラクにおいては，東ティモール，コソヴォ，あるいは，カンボジアのように，国連による暫定統治機構としてのPKOが設置されなかったので，自衛隊の派遣は，PKOに対する派遣ではないが，他方，自衛隊の派遣は，イラク戦争終了後の平和構築プロセスの一環として行われたものであると理解すべきものである．イラクへの自衛隊派遣は，いわゆる「イラク特措法」に基づいて行われたものであるが，いわゆる「テロ特措法」に基づいて行われた自衛隊派遣が，米国などの多国籍軍による自衛権の行使への後方支援として開始されたものとは峻別して解釈されるべきである．ODAによる支援については，マドリッドにおける2003年10月のイラク復興国際会議の際に，日本は，当面の支援として，電力，教育，水・衛生，保健，雇用などイラク国民の生活基盤の再建，および，治安の改善に重点をおいた総額15億ドルの無償資金協力，更には，2007年までの中期的な復興需要に対して，当面の支援を行っている分野に加えて，電気通信，運輸などのインフラ整備などに，最大35億ドルの支援を基本的に円借款により行うことを表明した．日本は，総額15億ドルの無償資金の供与を2005年5月までに全て，決定・実施したが，多くの国が，資金供与を表明しておきながら，なかなか実施されていないという問題があり，それが，イラクにおける復興の障害となっている点は注意を要する．事実，2006年3月段階の集計では，2003年のイラク復興国際会議で，日米以外の国から支援が表明された約120億ドルのうち，実際に払い込まれたのは，約20億ドルに過ぎないとされている．また，その内，日米に次ぐ支援表明国の英国については，表明した額の大半が拠出されているとのことであるので，そのほかの国

については，ほとんど支援が実施されていないということになる．2003年のイラクへの米国などによる武力行使については，支持していない国も多いが，そのことと平和構築のプロセスについて，どう向き合うかということは峻別して考えるべきことである．（現に，米国などの武力行使に不支持であった国も，当初は，平和構築のプロセスに全ての国を参加させるべき，との意見を強く述べていた．彼らが，平和構築のプロセスに腰が引けたのは，その後，イラクの治安がなかなか回復しないのを見てのことであった．）

　スリランカについては，2003年6月，日本は，「スリランカ復興開発に関する東京会議」を，51カ国，22国際機関の参加を得て主催した．この会議には，結局，和平交渉の当事者の一方であるタミル・イーラム解放の虎（LTTE）が参加しなかったという点はあったが，他方，4年間で総額約45億ドルの支援が表明されたのは，成果として特記できる．というのは，OECD開発援助委員会（DAC）統計によれば，98年から2001年の4年間のスリランカ支援の総額は，約23億ドルであったことに鑑みれば，その2倍の規模の支援額が表明されたことになるからである．

　また，日本は，前述のTICADプロセスを始め，アフリカの問題にも，積極的に取り組んでいるが，「平和の定着」はここでも，重要なテーマである．TICADプロセスにおいても，日本が重視する支援の柱の1つに「平和の定着」を掲げ，これまで，積極的に「平和の定着」の文脈で，人道・復興支援を行ってきている．20年以上にわたったアフリカ最長の内戦であるスーダンについては，2001年1月のスーダン政府とスーダン民族解放運動・軍との間の包括的和平合意を受け，同年5月にオスロで行われたスーダン支援国会合において，総計45億ドルの支援表明がなされたが，日本も当面1億ドルの支援を表明した．具体的には，地雷除去，難民・国内避難民の帰還・定着への支援，DDRの支援，人材育成のための技術協力，人間の安全保障に不可欠な水・衛生，保健・医療，食糧分野での支援などを行っている．また，アフリカのほかの地域でも，UNICEFやUNHCRなどを通じたり，AUを支援する形で，様々な支援を行ってきている．

　平和構築については，2005年の国連総会及び安全保障理事会において，「平和構築委員会」が設置されることが決まり，日本もそのメンバーに選ばれた．平和構築委員会の活動は，人道・復興支援を継ぎ目なく実行して紛争

の再発を防ぐという日本の提唱する「平和の定着構想」、および「人間の安全保障」概念とも、軌を一にするとの考えから、日本としても重視している。

以上のように、日本は、「平和の定着」に対して、積極的に取り組んでいるが、その手段としては、経済協力によるものが多いのは事実である。自衛隊、警察などの人の派遣が、日本の場合、法的な制約が多いという問題はあるが、平和構築のプロセスにおいては、その国において、しっかりした国軍、警察が出来ることは、極めて重要であり、それに向けての地元の軍、警察に対しての教育などの人的貢献はもっと積極的に考慮されるべきであろう。なお、国際平和協力法によれば、日本がPKOに参加する場合、現地で警察行為を行うことは認められていないが、現地警察に対する教育を行うことは認められている。また、経済協力による支援については、地雷撤去についての支援など、少し前までは、日本からのODAの使い道としては考えにくかったものに対して、支援の範囲が広がっていることは、評価に値しよう。

【読書案内】

人間の安全保障委員会『安全保障の今日的課題——人間の安全保障委員会報告書』（朝日新聞社、2003年）。
  ＊「人間の安全保障」についてのバイブル的存在の本である。
稲田十一編『紛争と復興支援——平和構築に向けた国際社会の対応』（有斐閣、2004年）。
  ＊復興支援についての各国の取り組みが、良くまとまっている。
川端清隆『アフガニスタン——国連和平活動と地域紛争』（みすず書房、2002年）。
  ＊実務で、実際にアフガニスタン問題に携わった著者の本であり、説得力がある。

平和構築の現場
日本は東ティモールで何をしたのか

旭　英昭

●国際貢献には日本の安全保障が含意されている．平和構築は新たな安全保障のパラダイムの模索にとって大きな挑戦である．この章では東ティモールで日本が行った平和構築支援のための政策対応を明らかにし，将来の国際貢献のあり方を展望する．

はじめに

　本書山影論文を下敷きにして，いわゆる「平和構築」と人間の安全保障との関係を整理すれば以下のようになろう．すなわち，近代思潮の中から個人と国家の間の社会契約により近代国家（"理念型"の国家）が成立して以降，人間の安全保障は，外敵（国外の脅威）から国土と国民を守ること，国内社会の公共秩序を維持して国民個々人の生活を守ること，及び経済的支援を通じて自助が困難な国民個々人の生活を守ること，等の国家の責務の履行を柱とする"国家による安全保障"によって担保されてきた．これを言い換えれば，狭義の国家安全保障（national security），治安（public security），及び社会保障（social security）の，3つの安全保障（security）概念が前者のそれぞれにほぼ相当する．他方，恐怖からの自由と欠乏からの自由を中核として今日定義される「人間の安全保障（Human Security）」は，紛争後の平和構築の文脈ではこの3つの安全保障（security）を回復・復興する試み，すなわち，"理念型"国家の構築として再度認識されて実践される．これはまた，平和の実現と壊れた秩序の回復，支配と統治機能の確立，及び国民に対する日常生活，福祉の向上を確保する社会システムの整備を目的とする総体的な試みとも概ね合致する．さらに，紛争で疲弊した国家に限定せずに，統治機能の脆弱な国家（weak states）に対する支援をも視野に入れて，安全ギャップ（security gap），能力ギャップ（capacity gap），及び正統性ギャップ（legitimacy gap）のそれぞれの解消を課題とする統治制度の構築（state building）のメニューとも見合うものである．

『平和への課題』やブラヒミ・レポートで定義される通り，平和構築は平和創造及び平和維持と密接に結びついた国際平和活動の1つである．本章では，平和構築を上述のように人間の安全保障と関連づけた広い文脈から，日本の政策対応について筆者が東ティモールで実際に経験した例をもとに検証する．その際にそれらに関連した全般的な政策形成及び特定のプロジェクト採択，実施にまつわるエピソードをスケッチ風に紹介しつつ，具体的なイメージに結びつけると共に，平和構築の全体的な輪郭を提示し，併せてその問題点を整理することとしたい．

1. 東ティモールをめぐる日本の外交・政治

1990年代後半，特に1997〜98年にアジア経済金融危機が荒れ狂い，混迷化するインドネシア政情の行方（いわゆる"旧ユーゴ化"の悪夢）が域内情勢にとって大きな不安材料となる中で，東ティモール問題を軟着陸させるために日本外交が果たした役割を検証するには，関係資料の公開，当事者の証言が出揃うまで待つとなると，まだ相当時間がかかりそうである．しかしながら，東ティモールでの平和構築に対する日本の支援が国際的に高く評価されたこととの関連で見落としがちなのが，日本が第2次世界大戦後，長期にわたって東南アジア地域に対して築き上げた政治外交的な影響力の行使である．

1999年9月の住民投票（Popular Consultation）の結果を踏まえて東ティモール住民の意思が独立の方向に舵を切ると，日本にとって利害関係が決して強くないこの小国に対して，カンボジア以来ともいえる積極的な外交姿勢を展開する．具体的には，安保理での東ティモール問題をめぐるコア・グループのメンバーとして政治協議に積極的に参加し，同年12月には第1回支援国会合を東京に誘致する．これに関して筆者は，日本が標榜する"アジアを大事にする"という外交原則を実証する具体例であると説明してきた．

住民協議の結果から現地での混乱が広がることを懸念して人道介入を求める国際世論が高まる中で，ASEAN諸国からは域内問題に主体的に対処するために彼ら自身が結束してはじめてのPKO部隊を派遣したいとする動きが

沸き起こる．また他方で，豪州でも単独行動に対して政治的にとまどう時期が訪れる．このように事態が切迫急転する政治状況下で，自らの役割を定義して"静かな外交"を展開するのが日本の対外的行動にみられる特徴の1つでもある．すなわち，日本独自のやり方でインドネシアに対して国際部隊の早期導入を説得する一方で，1億米ドルの財政支援を表明してASEAN諸国が参加するための実際上の障碍を取り除く．それによって国連安保理が円滑に決議を採択すると，満を持していた多国籍軍（INTREFET）の投入によって事態は予想外の速さで沈静化に向かう．その結果，世界の他箇所で繰り広げられた人道的危機に比べても死傷者が少なく手遅れにならずに済み，その後に引き継がれた平和構築，特に国連東ティモール暫定行政機構（UNTAET）の活動は順調に推移する．

　日本は東ティモールに展開された一連の平和活動である国連東ティモール・ミッション（UNAMET）及びUNTAETに限定的ながらも人的派遣を行い支援する．独立後に発足した国連東ティモール支援団（UNMISET）に対してはそれまでで最大規模となる本格的なPKO部隊の派遣を決定する．このような高次の外交的イニシャティブに対して国内政治上からも高い関心が生まれたことは決して不自然ではない．また，国民の間にも，アジアに起きた人道上の危機ということから同問題に関する関心と同情が広まり，これが逆に政治の動きに対して少なからず影響を及ぼす．言い換えれば，東ティモール問題が何はともあれ優先度の高い国内関心事項に昇華したことを意味し，それによって積極的な外交を展開する上で必要な国内的条件が整うこととなる．

　上述の国際緊急時での対応は日本のその後にとっても重要な意味を持つ．それはのちに，9.11以降の国際状況の展開に対処するために特別措置法の制定に辿り着く思考の先鞭がここにみられるからである．つまり，第1次湾岸戦争時と"同じ轍を踏まない"ための最大限の努力がなされたが，東ティモールの場合"汗をかく"アフガニスタン・イラク型の対応にまでは発展せずに終わる．これは1つに，国際平和協力の具体策を策定する過程で"対米考慮"という視点が働く契機がなかったことに拠るものであろう．また，日本外交の中で国連中心主義という外交原則を充実化するための独自の努力が十分でないとする年来の批判とも一部重なるが，併せて，他の外交原則に比

して"腰の引けた"ものとして映ずる一因も窺われる.

2. 平和実現と秩序回復に向けて

(1) 緊急人道・復旧支援

　今日頻発する内戦では犠牲者の中に占める婦女子等, 非戦闘要員の比率が圧倒的に大きい点が特徴的であるが, これは取りも直さずその惨状の実態を如実に示すものである. また, 犠牲者の大部分は, 戦闘から逃避する中で生じる集団的な免疫予防対処システムの低下による感染, 栄養失調, 衰弱に起因するものであるとの報告も注目される. 緊急人道支援の, 人道性がここに認められる.

　緊急人道・復旧支援策は日本人には一般に馴染みのあるものである. 東ティモールをめぐるケースの中から幾つかの特記すべき点を見つけるとすれば, その1つに, 西ティモールに流出した難民に対する緊急支援物資の運搬・搬入のために実施された自衛隊機による輸送協力がある. 現在, ダルフールではアフリカ連合 (AU) 軍が合同参加して新機軸の国連平和活動が発足したが, その運用上の障碍として機動力の欠如が指摘されている. この問題は, 開発途上地域における地域協力機構が今後兵員提供の形で, より積極的に参加する場合には各所で浮上する可能性が高い.

　ポール・コリアーは, 1つの典型的な紛争によって全てを含めて年間で640億米ドルの損失が発生すると, 過去の統計を駆使して推計する. さらに彼は, かかる紛争から生じる経済的損失の波及や疫病の蔓延によって被る隣接諸国の被害総額は, 紛争発生国のそれを上回ると指摘する. インドネシアの中でも最貧地域の1つである西ティモールへの難民流入により生ずる社会的緊張を抑え, 住民生活の逼迫を軽減する目的で日本から一式の援助（総額で540万米ドル）が提供された. しかしながら筆者自身, 現地に出張するまでその重要性と効果を十分把握出来ずにいて正直恥じ入る次第である. 隣接諸国の抱える問題が, 平和構築の全体像を理解する上での盲点の1つになりかねない点をこの旅を通じて自分の目で確かめることができた.

　また, 2006年の騒擾後も滞留化する国内避難民 (IDP) に関する問題の底流には土地所有を巡る諍いがある. これには過去四半世紀の間に統治形態

が三度も目まぐるしく変遷し，その結果，法制度が大きく歪められたことが原因の1つに挙げられる．これに加え，住民の不満を政治的に利用して平和を乱そうとする動き (spoiling) は平和構築の過程でも尽きない．

(2) 平和維持活動 (PKO)

日本から派遣されたPKO部隊が，平和構築の場で実在感のあるプレゼンスを確保したことは象徴的な意味でもUNMISETに大きなインパクトを与えた．派遣部隊は，施設部隊（いわゆる工兵隊）であったため現地ではJEG (Japan Engineer Group) との名称で呼ばれた．また，日本にもたらしたその政治外交的効果も大である．現場で国連平和活動を指揮したカマレシュ・シャルマは日本の国会で開かれた公聴会でこのことについて証言をしている．さらに，2003年10月に開かれた安保理会合における中間報告の中で行った，彼の異例とも言える日本への言及も注目に値する．それらに示されている通り，現地での活動を通してJEG自身が十二分にその期待に応える働きをしたことに全ては尽きよう．

今回，施設部隊という機械化された組織集団が果たした役割と効用を身近で目撃した筆者は，このような能力を効果的，積極的に活用する方途を弾力的に検討することが日本の将来的な国際平和協力のあり方を模索する上で有益であると考える．

ところで，民生支援 (civil military affairs) と呼ばれる，軍組織の活動に付随する地域住民との関係を重視する考え方がある．今回，平和活動に参加した中で特筆すべきは，JEGはそれに馴染み，その実践を習得する機会に恵まれた点である．その経験はその後のイラクのサマワ県での人道復興支援活動の中に生かされることとなる．メアリー・カルドアが命名する，新しい戦争 (New War) の様相を呈する今日の紛争実態を前にして，それに対する対応が正規編成軍にとって大きな課題になるにしたがって，このような考え方に対して各国の関心が高まっている．

同じく紛争後の重要な課題である，いわゆるDDR（武装解除・動員解除・社会再統合）について東ティモールが直面する困難な問題は社会復帰 (R) に関連するものである．旧兵士の一時的な雇用創出，起業促進を目的とする助成金の提供，更には農業技術訓練を通じた自立支援等から成る国連の計画 (RESPECT) に対して日本は400万ドルを拠出して成果を挙げた．しかしな

がら，平和構築の基本的なメニューに組み込むことの是非を含めて，この問題に付随する綺麗ごとだけでは済まされない複雑な実情を知ることで実践上の難しさを痛感させられた．

(3) 司法・警察支援，法の支配

　国内紛争に起因する秩序の崩壊を立て直すため，法の支配の回復，それを担保する司法，警察制度の再建が重要視されるのは理に適ったことである．特に海外からの脅威の存在しないところでは統治制度の再建メニューの中に実力組織（軍隊）の再建が含まれていなくてもそれで済むはずである．東ティモールの場合にも建国独立に向けた準備段階では，国軍を持たないコスタリカをモデルにして，国内治安（public security）が確保されることで十分とする考えが一部で根強く支配していたようである．しかし，存在理由を欠いた国軍（F-FDTL）の誕生に加えて，UNTAETが急いだ国家警察（PNTL）の編成にインドネシア統治時代の人材に依存した不透明な補充が絡み合った結果，2つの国家機関間の潜在的な対立の図式が生み出され，その後に大きな問題を引き起こす．新たに設立された国連東ティモール統合ミッション（UNMIT）の任務の中に「東ティモールが行う国軍，国防省，国家警察及び内務省の将来の役割と必要性についての全般的な見直しを支援する」趣旨が改めて書き込まれていることがこれを物語る．

　東ティモールでの司法，警察制度の構築は現地警察能力の育成に留まらず，同時併行的に日常の警察行政，治安維持までも国連警察（UNPOL）に委ねられた．これに関して日本が出来る範囲内で行った参加，貢献は残念ながら国際的な評価の水準には届いていない．その理由として，1992年にカンボジアのUNTACに派遣された日本の文民警察官の中から最初のPKO犠牲者が出たことがその後の活動を制約したと指摘されている．更に遡れば筆者も参加した国際平和協力法（いわゆるPKO法）の起草当時の経緯も関係する．

　現場にいた筆者に対しても，なぜ日本は文民警察活動にも消極的なのかとの質問が幾度となく寄せられた．それは裏を返せば，平和の維持には常にリスクが伴うものであるとの国際常識をわれわれが如何に受け止めるかという極めて現実的な問題でもある．そのような白か黒か大上段に構えて行き詰まるのを避けるために政策的な柔軟性が求められ，まさに知恵の出しどころである．ちなみに，国連責任者の方からは，「ある種の技術協力からはじめて

は如何」との打診がしばしば寄せられた．国際平和協力の下でのキーワードは"一緒に汗を流すこと"で，その過程自体が国際貢献でもある．

3. 政治の安定に向けて

(1) 「移行期の正義」と国民和解

再建された1つの統治制度の下で，かつて相争った勢力・ひとびとが再び気持ちを通じて共存融和していくためには，過去に犯した罪といかに折り合うかが極めて重要となる．飽くまで司法的な裁きを求めるやり方と，実際問題として膨大な数に上る全ての当事者を裁き切れないことに加えて，更には政治的安定の実現をより重視して，真実の究明と引き換えに国民和解を求めるというやり方の，2つの方向が近年の実践の中から生み出された．

東ティモールでは，いわゆる重大犯罪に到らないものについては和解の対象として当事者の自発的な意思に任せて受容真実和解委員会（CAVR）を中心にその取り組みが進められた．また，現地社会で生きている不文律の規範，慣習がこのような試みを許容し地に着いたものとして補強している点に特色が見られる．他方で，累次の国連決議により課された重大犯罪に対する法的対処は国際政治の厳しい現実の前で困難に逢着するが，東ティモールでの「移行期の正義（transitional justice）」の問題の行方は，同国政府からの強い要請に基づいて"法に拠る裁きから真実の究明による正義の実現"の方向に展開する．インドネシアとの間で立ち上げられた真実友好委員会（CTF）の動きに対しては，厳格な正義の実現（without impunity）に背くとの理由により国内外の人権団体等から強い抗議が出されている．しかし，国際社会の強い政治的な後押しが不在であることを考慮すれば，その責めを東ティモールのような小国にだけ帰するのは極めて酷な話であり，また，現実主義的な対応は決して責められるべきものでない．

CAVRに対する日本の財政支援（総額1億円）はこの種の試みに対してははじめてのものであるが，他国に先駆けての揺るぎない支援の姿勢と相対的に大きな供与額が日本に多大の賞賛をもたらした．日本が推進する「平和の定着」支援のモデルになりうるものであるが，ここでも問題は人的貢献の乏しさである．地域研究者が和解活動を支えるための事実調査を担当する部門

で活躍したほかは，司法・法律面での知識を有した法律家，紛争により精神的に傷ついた現地人に対するカウンセリングを行う専門家の参加も見られず，非常に残念なことである．

(2) 選挙監視，民主化支援

　民主的な手続きに基づく選挙は，国民の間の融和を図り統合を推し進める上で今日の平和構築，国家再建には欠かせない政治手法である．いわゆるウィルソン主義的ないしは民主主義的アプローチといわれるものである．しかしながら問題は，かかる"持続可能な平和"を確保するための具体的な方途については，第2次大戦後の日・独のケース以外には確立しためぼしいものがないことである．従って，平和構築の専門家の中から"No size fits all"といわれる所以でもある．それどころか処方を誤ると政治的な分断，不安定化を招来し再度紛争に舞い戻る過去の事例に着目して，ウィルソン主義的な考え方に対しては慎重な立場をとる言説も有力である．

　国連主導に拠る国家再生が抱える正統性の乖離（legitimacy shortfall）を埋めるべく，東ティモールでの住民の民意を問う選挙過程はUNAMETの管理下での住民協議にはじまり，UNTAET下での2001年の制憲議会選挙，2002年の大統領選挙へと続く．更に，2007年に入って独立後はじめての大統領選挙と国民議会選挙が彼らの手で実施された．上記の住民協議の結果をめぐっては外部勢力の手も加わって流血の騒ぎを引き起こしたが，それ以外では選挙を通して国民融和と統合が進み，その意味では民主的選挙が平和構築の進展に概して貢献してきたと評価できよう．筆者は2007年4月に実施された大統領選挙をモニターするために，PKO法に基づき日本政府から派遣された選挙監視団を率いて現地を訪れた．その際，旧知の政党指導者に対して，選挙を通して実現される平時における政治のルールの確立と法の支配の遵守が持つ意味合い，そして民主主義の政治効用について説いて回った．

　ちなみに今回の選挙監視団の編成に当たっては従来とは異なり，より政治的な効果を引き出すための新機軸が企画された．国連安保理議長から発出された声明を受けて，麻生外務大臣（当時）が国家元首たるグスマン大統領（当時）との間で電話会談を行い，更には日・米・豪・ポルトガルの関係国大使による共同申し入れが現地で実施され，公平公正な選挙の実施を求める日本からのメッセージを伝えた（が，日本のマスコミからは伝わってこない）．

また，選挙監視団の人選も官・学・NGOから成るハイブリッドな構成を心がけ，専門性と経験に裏打ちされた現地での監視活動を確保すると共に国内での啓発にも目配りがなされているが，そこにも目新しさが感じられる．

4. 国作りに向けて

(1) 復興，開発

　平和構築の核心は開発である．このことを筆者は現場にいて痛感したが，それとの関連で経済協力の分野で日本が取り得る方途を考えた場合にその政策目的，対象に合わせて対応できる支援手段が豊富であることに勇気づけられる．ここでは以下，その中から政策対応を構想する上で幾つか気がついたことを論じたい．

　（イ）日本の平和構築支援の特徴でもあり，同時に将来に向け問題を孕む点は，その援助方式が二国間援助に大きく偏っていることである．他方，一般的に平和構築の中の復興・開発のトラックでは当初は"受け手"である被援助国の事情（demand-driven）よりも"送り手"の政策意図（supply-driven）が大きく影響する．しかし，その関連で通常世界銀行を通して行われる支援国及び国際援助諸機関，すなわち，"送り手"の間の援助調整は決して強力なものではなく，これは東ティモールでも同様である．

　（ロ）人材育成，自立能力開発についての"人を介した技術協力"が十分とはいえなかった点も反省材料である．このこととの関連で平和構築の現場を連想するには，ちょうど明治維新後の日本の近代化に貢献したお雇い外国人のことを想い出してみればよい．曲りなりにも独立を果たした東ティモールではあるが，その後も統治組織の整備・強化が外国人専門家の手を借りて進められてきた．その際，現地人スタッフとマン・ツー・マンの形で，日常的な行政執行と並行して，その後を担う人材育成のための実践的な教育が辛抱強く行われた．しかしながら，幾つかの理由からここに日本人専門家の姿は非常に少なく，将来に課題を残す結果となった．

　（ハ）他方，日本の持つ豊富な援助手段の利点が発揮され，平和構築の文脈の中でその重要性が再確認されたのが生活関連基礎インフラに対する援助である．都市部の上水道施設の完成式典に出席した国連職員が筆者に対して，

「このようなメニューが並行して実施されないから PKO が撤退すると直ぐ平和が壊れてしまう」と語りかけてきたが，このことは平和構築を考える上で1つの大きな問題点の所在を示唆する．この延長線上で筆者に確信に近い信念を抱かせたのが，広範囲の地域住民に対して大規模な雇用創出効果をもたらした幹線道路整備支援プロジェクトの政策上の位置づけである．貧困解消を主要課題に掲げる世界銀行にしても，社会政策的支援だけでは限度があることを意識している趣である．2007年夏に来日した世銀新総裁は，ソフト支援に傾く援助の世界的な潮流を念頭に置きつつ，日本に対してインフラ支援の重要性の再認識を強く求めている．世界経済のダイナミズムを成長に結びつけた手法が貧困問題の持続的解決を図る上で有効とするコリアーの主張は，1990年代の途上国の成長によっても証明されたかの如くである．

（ニ）上記インフラ支援が東ティモールで政治的にも大きなインパクトを与えたのには実はもう1つ，日本についてのビジビリティ（可視性）が大きく働いたことが関係する．つまり，平和構築に日本人ビジネスが参画してそれが現場で実質的な推進力になったことである．計画段階での"直ぐに結果の見えるプロジェクト（quick impact project）"の重要性の認識もさることながら，立場をかえて現場に立つと，それを実施・実現する請負主があってはじめて意味をなすことに気づかされる．安全が確保されない環境の中でそのための橋頭堡(きょうとうほ)を築く試みは実践する者にとっては非常に悩ましい問題である．

（ホ）対東ティモール支援のもう1つの特色は日本が進めた南南協力の成果である．同支援は戦略的にも途上国に対する国際協調の裾野を広げる可能性を生み出し，援助需要に見合った効果的で安上がりな，適正支援を可能にする利点がある．ASEAN諸国を巻き込み後押しする外交戦略に基づき，東ティモールの場合，政府組織を強化する目的からフィリピンによる英語教育，マレーシアによる公務員教育が日本の技術協力支援で実施された．その結果，裨益国のみならず支援国からも高く評価された．そのほか，タイも同スキームに関心を示し，実現には到らなかったがブラジルとも幾度か非公式に協議を持った．今後も力を入れてよい協力分野である．

(2) NGO，市民社会（civil society）

　その数は決して多くはないが，当初から日本のNGO，市民社会のメンバ

ーの存在とその活躍は政府による人的貢献策を補完する上で欠かせないものである．紛争による混乱のピーク時が過ぎた4年後に筆者が現地で目にした彼らの支援活動の特徴は，"緊急対応・人道救済"支援型から"長期滞在・生活向上"支援型への，現地社会のニーズの変化に見合った移行であった．農業指導，コミュニティ支援，予防医療教育等，息の長い地道な努力を要するが故に苦労が多い一方で，政府をはじめとする資金的な応援体制が概して単発的，細切れで必ずしも彼らのニーズに十分に応えていないところに問題がある．

　NGO，市民社会のメンバーによる活動は，その規模，活動範囲，効果からして，本来ならば中央・地方政府の提供する公共財・サービスに到底太刀打ちできない．しかしながら，後者が不在ないしはその手の届かないところで人間の安全保障が脅かされているひとびとに対しては，たいへんな代替・補完機能を果たすこととなる．また，彼らの活動の強みの1つは，何よりも提供する財・サービスについての差別化が許されることに求められよう．東ティモールのような辺境部，周辺部で各々のコミュニティが孤立・分断されているところでは，NGO，市民社会のメンバーが自らの比較優位を発揮できる居場所をみつけて，併せて彼らの間で相互に連携・協力するネットワークを構築できれば，差別化が許されず，また一律の対応しかできない公的機関以上の存在感を示すことができる．

　このほか，東ティモールでの事例で特記すべき点は，自衛隊OB，いわゆる欧米で言うベテランズの活躍である．日本が高齢化社会を迎え，また，高度な技術の取得者が元気に余生を送る中で，再度社会との接点を持ちたいとの思いを強くするひとびとが少なからずいることは，平和構築における日本の人的貢献を構想する上で大きな潜在力を暗示する．というのも，平和構築とはわれわれが日常的に享受している公的・社会的な便益を提供する機能を失った国家を再生するための国際協力とも言い換えられる試みであることと関係する．従って，通常の国家であれば政府，市民社会，企業組織等の中から，ベテランズのような，平和構築のための有資格者・人材を自発的に輩出する循環型・社会参加型の仕組みができればそれがいちばん効果的である．

(3) 文化，スポーツ
　現地にあって平和構築を主題とする日本の施策を構想した際に，文化・ス

ポーツの果たす役割に当初余り注意が行き届かなかったことは，筆者自身の先入観に拠るものと強く反省する．東ティモールでの平和構築の試みが実は国作り（nation building）でもあることを考えると，地域・社会，更には国民としてのアイデンティティの確立に寄与する文化支援は重要な政策手段を提供する．文化面での数少ない日本の支援の中で評価されたものに，まさにこのことにも合致する現地語（テトゥン語）の方言・文法の保存に関する研究がある．更に，文化活動を通してのコミュニティ再生のような支援も，その効果を考えるとこれまた重要である．

実際，日本のNGO，市民社会のメンバーの中にはユニークな発想，企画を実践する事例がみられる．紛争に遭遇，目撃した学童・幼児が被った精神的な後遺症（トラウマ）の解消も個人のレベルに立脚した融和の視点から見た場合には大きな課題であり，精神医療法によるアプローチのほかに文化面からの取り組みも大きな挑戦である．これに関連して，児童絵画の実践及び普及と絵画を通した児童交流に力を注いでいる日本の地方都市の市民団体による活動も想い浮かぶ．日本から派遣の手話による劇団公演は，ひとの指が創る造形と頭脳を使った想像によって知的な楽しみを開発する低学年児童向けの知育や情操教育を支援する試みである．爾後筆者のところに，いろいろなものが不足している厳しい社会状況の中で，かえって極めて斬新な発想をもたらすものとの高い評価が寄せられ，意を強くしたことを覚えている．

平和構築との関係でもう1つの潜在的対象は都市部にたむろする未雇用若年者層である．パレスティナの西岸・ガザでのインティファーダに象徴される彼らの存在は，東ティモールでも政治的な不安定要因になっており，2006年5月に起きた騒擾にも彼らは付和雷同して加わり，騒ぎを大きくしたようである．抜本的な対策としては雇用創出，職業訓練・教育を通して社会に吸収されるのが筋であろう．しかし，その間娯楽及び心身の健全化のための，サッカーや日本の伝統的武術等，信頼を集める指導者の下でのスポーツ振興はその一助として検討に値しよう．

5.「人間の安全保障」的アプローチと今後の課題

日本の平和構築支援の特徴の1つは，上記の各分野の支援の中に見られる

「人間の安全保障」的なアプローチである．それは社会や国家の底辺・辺境・周辺におかれた，人間の安全保障を脅かされたひとびとに対して手を差し伸べる視点から策定・実践される一連の政策対応であり，或いは，そのために設けられた支援制度（人間の安全保障・草の根支援無償，国連信託基金）の運用を通じる試みである．ODA中期政策の末尾には「人間の安全保障」的なアプローチに拠る2つの実践成功例として，セネガルにおける住民参加型の給水整備とカンボジアにおけるHIV/エイズからの保護について言及されている．その成果を高めるためには，従来の要請主義とは（発掘，形成，実施，評価等の面で）ベクトルの異なる支援形態と，また，より広範囲な活動主体（人間の安全保障基金の運用を通じた国連関係機関，現地・邦人・国際的NGO，コミュニティ，市民社会）の参画を仰いだ努力が引き続き求められよう．更に，運用・実践規範として"本部からの権限委譲""現地へ出向いたプロジェクトの発掘・形成"がキーワードとなるが，以上はすべて理念型であることに留意すべきである．実態との隙間が生じないように不断の努力をNGO・市民社会の参画を得て積み重ねることが，もう1つの政策的な課題である．

最後に，人間の安全保障を意識した日本の平和構築支援を充実するための施策として，筆者の現場経験も取り入れて順不同で以下の五点を提言したい．

（イ）総合調整としての司令塔機能の確立

平和構築には軍事，政治，法律，経済協力，文化，国民啓発等，さまざまな力が必要とされるが，その総合的な組み合わせと調整が成否をきめる重要な鍵となる．従ってODAだけにその手段を限定することのない取り組みの研究と，必ずしも制度の新設に帰することのない総合的で柔軟な政策調整を可能とするメカニズム，司令塔機能の確立が望ましい．

（ロ）人材の育成と掘り起こしの組み合わせ

日本の国際貢献の障碍にもなっている人的貢献の面での弱さを克服する努力は年来の課題となっており，いわゆる明石委員会の勧告を受けて，その後も具体化の取り組みがなされてきている．そのためには，人材育成のための裾野の広がりを企図した試みに加え，併せて，政府，市民社会，企業組織等からガバナンスに関する専門技術・職能経験を積んだ人材・有資格者を掘り起こし，循環的仕組み，社会参加型制度を考案することも有用であろう．

（ハ）開発援助の手直しと弾力的運用

　平和構築には通常の開発援助が想定する前提，平和・安定を当然視した環境等とは異なる厳しい状況，政治条件の下での取り組みが求められる．そのため，それに巧みに対処して成果を収める上からは柔軟で，迅速，或いは的確な対応が不可欠となる．それゆえ既存の仕組みを手直しし，或いは柔軟な運用によって，例えばNGO支援や財政支援の要請等の問題にも新たな発想で応えていく姿勢が求められる．

（ニ）自衛隊の多面的な機能の活用

　平和構築に対する政策手段を広げることはその支援効果を高める上では好ましいことである．しかしながら，日本の平和構築支援の中核の1つは，自衛隊が保持する多面にわたる機能を現行法の下でより弾力的に駆使することであり，また，そのことを通してリスクを取らないとの日本に関する国際的な受け止め方を打破することである．この点を踏まえて，いわゆる「恒久法」の是非を含めた柔軟な政策論を展開することが求められる．

（ホ）政治外交的役割の強化

　平和構築は紛争後に到来する切り離された平和活動の一コマではなく，平和創造，平和維持と結びついた平和活動の一局面・一段階として捉えるべきものである．従って，その支援を考える場合，予防・調停の重要性は論を俟たず，また紛争後にも政治外交的役割が減少することはないことを肝に銘ずべきである．日本が果たしうる役割は決して小さくはなく，その巧みな行使が全て国際貢献に通ずる所以である．

【読書案内】

旭英昭「平和構築の実践と現場からの教訓」『国際社会科学 2007』（東京大学大学院総合文化研究科，2008 年）．
　＊ 人間の安全保障を実現する方途としての平和構築について政策対応（メニュー）を通してその輪郭を描き，問題点を整理したもの．本章はここからの抜粋による．

旭英昭『21 世紀の「国つくり」に立ち会って——平和構築について現場から考える』（日本国際問題研究所，2007 年．〔http://www.jiia.or.jp/indx_research.html からダウンロード可能〕）．
　＊ 筆者の駐東ティモール大使時代の報告（『外交フォーラム』に連載）を下敷きにして，日本の平和外交と東ティモール情勢をまとめなおしたもの．

小和田恆・山影進『国際関係論』（放送大学教育振興会，2002 年）．

* 邦語で書かれたものの中で，人間の安全保障の枠組みを考える上で最良な一冊（特に第II部）．

明石康『戦争と平和の谷間で——国境を超えた群像』（岩波書店，2007 年）．
　* ボスニアでの国連平和活動（UNPROFOR）に直接従事し，和平実現の指揮をとった筆者に拠る回顧録であり，長いこと待ち望まれていた一冊．

Crocker, Chester, Hampson, Fen Osler, and Pamela Aall eds., *Leashing the Dogs of War* (United States Institute of Peace, 2007).
　* 平和構築等，今日の平和に関する諸問題について欧米の専門家が共同執筆により論じたものであり，その研究水準を示すもの．前作 *Turbulent Peace* の改定版．

Collier, Paul, *The Bottom Billion: Why the Poorest Countries are Failing and What Can Be Done About It* (Oxford: Oxford University Press, 2007).
　* 1990 年代の世界的成長から取り残された"底辺の 10 億人"を貧困から救うための処方箋を，4 つの視点から論じたもの．アフリカ問題の権威による集大成的著作．

Kaldor, Mary, *Human Security* (Cambridge: Polity Press, 2007).
　* 今日の人間の安全保障を脅かす紛争の特徴に着目して，新たな安定した国際秩序のあり方を論じた筆者のこれまでの主要論文を収録したもの．他に，同じ筆者による *New & Old Wars* (2nd edition) がある．

結 | 人間存在の地平から
人間の安全保障のジレンマと責任への問い

高橋哲哉

人間の安全保障という考え方は，国家の安全保障や軍事的安全保障の考え方を，たんに補完するにすぎないのだろうか．それとも，国家や軍事に代わる安全保障をもたらすことができるのだろうか．安全保障という考え方にはいくつかのジレンマが存在する．ここではそれを，人間存在の地平から考察してみよう．

はじめに

　筆者は大学教員．さる学期に大学院「人間の安全保障」プログラムの必修科目である「人間の安全保障基礎論II」を担当し，期末レポートの課題図書として，野村浩也『無意識の植民地主義——日本人の米軍基地と沖縄人』（御茶の水書房，2005年）を指定した．この本は，沖縄に在日米軍基地の75%が集中する現実をめぐって，「日本人」と「沖縄人」との関係を鋭く問い直したものである．沖縄の基地問題は，「国家の安全保障」——日米安全保障条約による軍事的安全保障——と，沖縄の人々の「人間の安全保障」とがぶつかり合う問題と捉えることもできるだろう．そこにはまた，「沖縄人」と「日本人」とのコロニアル＝ポスト・コロニアルな諸関係の問題が露呈しており，この点でも，「人間の安全保障」が取り組むべき重要なケースと言える．以下は，受講生が提出したレポートをもとに，筆者が自由に構成した架空の対話である．

1.「悪魔の島」からの問いかけ

A（教員，男）：　やあ，皆さんおそろいで．授業のレポートはもう書けた？
B（学生，男）：　それがなかなか書けなくって．ちょうど，Cさん，Dくん

と話していたところです．

C（学生，女）： 正直言って，あの本，納得できないところが多いんです．

A： 納得できないなら納得できないで，なぜ納得できないかを考察してもらえればいいんだけどね．

B： 僕はショックが大きくて……．

A： Dくんは？

D（学生，男）： そんなにショックでしょうかね？ 僕は著者の議論も分からなくはないけど，問題がありすぎると思っています．

A： そうか．皆さん，ほぼ予想通りだね．

B： 「予想通り」って？

A： あの本の議論がすんなり受け容れられるとは思っていなかったからね．疑問，違和感，いやむしろ強い反発があるだろうと思っていた．
　　Bくんは，どこに一番「ショック」を受けたの？

B： 最初からですよ．

A： 「序章 「悪魔の島」から聞こえる他者の声，そして，日本人」というところだね．

B： ええ．
「わたしはアフガニスタンを知らない．
　パレスチナを知らない．ユーゴを知らない．イラクを知らない．ベトナムを知らない……．
　だが，他者たちはわたしを知っている．
　わたしがただひとつ知っていること．
　「沖縄は悪魔の島だ」という他者の声．ベトナムからの声．
　わたしが殺戮者の一員だという声．
　米軍基地を許してしまったことで「悪魔」になってしまったわたしへの応答．」
　ベトナム戦争とかイラク戦争とか，米軍が沖縄の基地から出動したことは知っていたけど，「悪魔の島」なんて，沖縄がそんなふうに言われていたとは知らなかった．もっとショックだったのは，その続きを読んだとき．
「沖縄人は「悪魔の島」をけっして望んでいない．
　沖縄を「悪魔の島」にしている張本人は日本人だ．

わたしを殺戮者にすることでけっして自分の手を汚さないのが日本人だ．民主主義とそれを保障する日本国憲法によって，わたしという沖縄人は，殺戮者にされている．
　　日本国憲法は差別を正当化している．
　　民主主義と日本国憲法は植民地主義とけっして矛盾しない．
　　それが日本人にとってのポストコロニアリズム．」
　　ここを読んで，頭をガーンと殴られたような気がしました．

D： 　沖縄は太平洋戦争後，日本と米国などが結んだサンフランシスコ講和条約で米軍の施政権下に置かれ，1972年の日本復帰後も，今日なお，日米安全保障条約のもとで，在日米軍基地の75％が集中している．
　　基地の島であることによって，沖縄の人々は自ら望んだわけでもないのに，米国の戦争の「共犯者」にさせられてしまう．しかし，そのようにさせている張本人はじつは「日本人」である．日米安保条約は日米両政府によって結ばれ，運用されてきたが，この日本政府の政策は日本国憲法下で，「日本人」の多数によって民主主義的に支持されてきた．「日本人」は本土から遠い沖縄に米軍基地を押しつけ，沖縄を「悪魔の島」にして，本当は自分も「殺戮者」なのに責任を感じていない．「沖縄人」がずっと晒され続けている基地被害——事故，犯罪，騒音など訓練そのものによる被害，環境破壊など——も，日本人にとっては他人事でしかない．そこには日本人の沖縄に対する差別があり，植民地主義がある．野村さんはそう言いたいわけだ．

B： 　しかも，野村さんの一貫した主張は，日本人が米軍基地の多くを本土に持ち帰って，基地の平等負担を実現しなければ，いくら「良心的日本人」として沖縄との「連帯」を唱えようが，そんなことはむしろ欺瞞にすぎない，ということ．僕はもちろん基地問題があることは知っていたけど，「沖縄に同情するなら基地のひとつも本土に持って帰ってほしい」という議論があることまでは知らなかったんです．

A： 　でも，少し考えてみれば，この本が「人間の安全保障」にとって基本的な問題に深く係わっていることは分かるよね．日本は日米安保条約を，まさに自国の「軍事的安全保障」を担保する目的で維持している．しかしそれは，沖縄の人々の立場から見たときに，本当の「安全保障」と言える

のか？　基地によって，沖縄の人々の「人間の安全保障」は損なわれていないのか？　また，本土と沖縄との関係から考えたとき，日本国民全体にとっても，現状がどこまで本当の「安全保障」と言えるのか？　ここでは「安全保障」の問題が，単なる軍事力の問題ではなく，人間と人間との政治的，社会的，さらに文化的な関係の問題でもあることが分かるはずだ．

2．「日本人」と「沖縄人」

C：　でも先生，私がそもそも初めからヘンだと思ったのは，野村さんの議論が「沖縄人」対「日本人」という図式に乗っているからなんです．沖縄は日本の一部なんだから，「沖縄人」は当然「日本人」の一部のはずでしょう？

D：　フランスの哲学者ジャック・デリダの脱構築理論でいけば，簡単に崩されちゃう独断的な「二項対立」だよね．

B：　いや，ちょっと待って．たしか野村さんもその点については，最初のほうで断り書きをつけていたはず．

　　そう，彼は「日本」と「日本国」を区別して，「日本」と「沖縄」の両者を含む場合は「日本国」を使う．「本土」とか「日本本土」などというのは「傲慢」であって，「自分たちの土地のみを「"本土"と僭称」してあやしまない日本人の傲慢と権力性を暴露し批判する行為」としても，現状では「日本人」を用いるのがよい，と．

　　沖縄では，「ウチナーンチュ」（沖縄の人）と区別して「ヤマトーンチュ」（ヤマトの人）という言い方もあるから，「日本人」というのは「ヤマトの人」というのと大体同じじゃないかな．

A：　そうだね．沖縄がなぜ「日本国」の中でこれほど特殊な地位に追いやられているのか．それを批判的に問うために，著者が意図的に選択した言葉だということ．

　　アイデンティティとポジショナリティの区別も絡んでくるね．野村さんは，アイデンティティとしての日本人はやめられないけど，ポジショナリティとしての「日本人」はやめられる，と言っている．ポジショナリティは「政治的および権力的な位置」のこと．「日本人」とはこの意味では，

「沖縄人」を「被植民者」にし,「民主主義的植民地主義の犠牲者」にしているような「植民者」,「植民者という権力」を意味するわけだ.植民者であることをやめ,権力を手放せば,ポジショナリティは変わり,「日本人」でなくなることができる.この概念は,現代世界で植民地主義的状況にあるどんな関係にも適用することができるはずだ.

C: でも,「日本人」は「沖縄人」に米軍基地を押しつけてるって言うけど,本土にだって米軍基地のある地域はあるし,横田基地や厚木基地の周辺住民はやっぱり基地被害を受けているでしょ? 逆に沖縄にも基地のない自治体はあるんじゃないかしら?
　「日本人」はみな加害者で,それに対する「沖縄人」はみな被害者,みたいな図式は納得できないんです.私自身,沖縄の人を差別した覚えはまったくないし…….

A: そこだよね,よく考えないといけないのは.
　Cさんは,沖縄に在日米軍基地の75%が集中する現状に対して,反対の声を挙げたり,抗議の運動をしたりしたことはある?

C: それはないけど…….

A: 現在の「日本人」の大多数は,個人としては「沖縄の人を差別した覚えはない」と言うかもしれない.でも,「日本人」が大きな反対や抗議の声を挙げたとか,運動を起こしたとかいうことは聞いたことがないでしょう.沖縄に基地被害を押しつけている日本政府の政策に反対だというなら,少なくともその意思を表明し,現状を変えようと努力すべきで,それをしない人は現状を容認していると言われても仕方がないんじゃないか.そういう議論だよね.

D: 「無意識の植民地主義」.

A: そう.
　野村さんの議論は厳しいね.反対の意見を表明したり,抗議の声を挙げたりしても,また,基地政策を推進してきた政権政党に投票したことがないとか,ずっと野党に投票してきたとかいっても,政治は「結果責任」だから,「日本人」は例外なく基地を沖縄に押しつけてきた責任を逃れられない.安保条約にどんなに反対し,在日米軍基地の即時全面撤廃を主張している日本人でも同じだ.

B: 本土で基地のある自治体の住民も，例外じゃないんですね．
A: そうした地域も，沖縄に 75％ もの基地を押しつけているからこそ，「比べものにならないくらい軽度の負担ですんでいる」．そういう地域では，沖縄からの基地移転の話が出ると，「これ以上の負担は受けいれられない」という反応が出るけれど，それで終わってしまう．沖縄の過剰負担に対して，米軍基地のない自治体への基地移転を提起するなり，負担の平等に向けた行動を起こさないのであれば，彼らもまた沖縄に基地を押しつけていることに何ら変わりはない．いや，行動を起こしても，現実が変わらないのであれば，やはり同じなんだな．

> 「日本人であるかぎり，安保賛成派も反対派も無関心派も完全に利害が一致している．つまり，すべての日本人が，在日米軍基地を沖縄人に過剰に押しつけることによって，基地の平等な負担から逃れるという不当な利益を奪取しつづけてきたのである．換言すれば，日本人は，民主主義によって，沖縄人に差別を行使し，沖縄人を犠牲にして不当に利益を搾取してきたのだ」．

B: そこまで言われたら，日本人はもう何も言えなくなっちゃいますよ．
A: でも，「何も言わない」こと，「沈黙」も認められない．
D: それは「権力的沈黙」ですからね．

「沖縄が好きだ」という日本人に，「そんなに好きなら，基地の1つも持って帰ってほしい」と言えば，ほとんどの日本人は黙ってしまう．けれども，黙って済ませられること自体が日本人の「特権」ではないか．日本人は，黙ってしまえば現状を維持することができるし，基地をそのまま沖縄人に押しつけつづけることができる．だから，沈黙に逃げ込むということは，「日本人」対「沖縄人」という権力関係のもとでは，日本人の権力への居直りにしかならない．こういうことでしょう．

C: 論理的には筋が通っているかもしれないけど，私はやっぱり疑問なんです．

そんなふうに日本人をぎりぎり追い詰めていって，いったいどうなるんだろう？ 安保反対の日本人は野村さんにとっては大事な仲間のはずなのに，「敵」の側に追いやってしまう．たとえ正しいことを言っているとしても，もっと分かってもらえるような言い方をしないと，反発されるだけ

じゃないかしら？
D：　少数派の沖縄人はもともと分が悪いんだから，圧倒的多数派たる日本人に分かってもらうためには，日本人の反発を買わないように，機嫌を損ねないように，説得の仕方を変えないといけない．そう言いたいんでしょう？

　でも，それは野村さんには通じない議論だね．そもそも，差別するマジョリティ（多数派）と，差別されるマイノリティ（少数派）の権力関係において，変わるべきなのはマジョリティの側であって，マジョリティがマイノリティに変わることを要求するのは筋違いだということは，一般的に言える．「もっと妥協的にならないと，聞いてやらないよ」というのは，それ自体が「聞かない特権」の行使であり，権力行使だからね．
A：　どちらが変わるべきか．野村さんの議論ではとても大事なポイントだね．

　沖縄に基地を押しつけているのは日本人なんだから，植民者・差別者といったポジショナリティを抜け出したいなら，日本人こそ変わらないといけない．日本人はよく「沖縄問題」というけど，「問題」なのは日本人なのだから，「日本問題」だと言うべきだ．だから野村さんは，黒人差別への抵抗の暴力を非難する白人に向けられたマルコムXの言葉を引いてくる．「あなた方は自分のほうがかわらないでいて，何故われわれをかえようと望むのか？　われわれを現在のような状態に追いこんでおく原因をとり除かないで，われわれがかわることを期待することができるのだろうか」と．
B：　では，先生は，日本人として，どうすればいいと？

3．国家と安保と憲法と

A：　日本人に責任がある以上，どんなに困難に見えても，現実を変えるように動くしかないんじゃないかな．沖縄に米軍基地が押しつけられている状況は，どう見ても異常だし，「日本国国民」としての負担の平等への要求は正当としかいいようがない．
D：　おっと，先生，待ってください．それでいいんですか？

A： ん？
D： 僕は違うと思います．
B： そういえばDくん，野村さんの議論も分かるけど，問題がありすぎるって言ってたね．
D： 日本人にとって沖縄が戦前・戦後を通じて植民地でしかなかったことや，現在も日本人の多くが，沖縄に米軍基地の75％を押しつける意識的・無意識的な植民（地主義）者である，といった論点については同感だし，そういった歴史と現実に関する社会学的記述には説得力も感じるけど，「基地の平等負担」をスローガンとする議論のスタンスには同意できないんですよ．
C： どういうこと？
D： 基地の平等負担が実現されたとしよう．沖縄から「本土」への米軍基地移転が行われ，各都道府県がまずまず平等に米軍基地を負担する状態ができたとしよう．

でも，どうだろう？　当然ながら，日米安保体制はそのままだ．沖縄を「悪魔の島」にさせていた米軍基地が日本列島全体に広がり，今度は日本列島全体が「悪魔の島」になる．基地負担，基地被害も平等にはなるが，なくならない．本当は日本人が「張本人」なのに沖縄を「悪魔の島」にさせていた不条理な差別はなくなり，「本来の姿」に戻ったとは言えるかもしれないが，それでいいのか？
C： 「基地の平等負担」論は，日米安保体制をそのままにしておくことが前提になっているというわけね．
A： 野村さんが日米安保体制そのものに反対なのは大前提だと思うけどなぁ……．
D： それはそうなんでしょうが，議論は日米安保の枠内でしか展開されていません．

たとえば，こうです．「日本人が，米軍基地の国外撤去をみずから否定すると同時に安保の平等な負担から逃れようとすれば，日本国内で負担を肩代わりさせる存在が不可欠となるのは当然だ．その帰結が，沖縄人への過剰な基地の押しつけなのである．くり返すが，安保を成立させている現状では，安保を日本国民全体で平等に負担するか，これまで通り沖縄人に

負担を押しつけて差別しつづけるか，という二者択一の選択肢しか存在しない．日本人は，これからも，民主主義によって沖縄人を差別し，植民地主義的に不当に利益を搾取しつづけていくのだろうか」．

　つまり，あくまで「安保を成立させている現状」の下で，2つの選択肢のどちらを取るかという議論にしかなっていない．日本人に「米軍基地の国外撤去」を迫っていくとか，「安保を成立させている現状」そのものの変更を求めていく，という議論にはなっていないんです．

C：　私がひっかかったところも，そのことと関係しているかしら？
　「「戦争につながる基地はいらない」という沖縄人の願いを裏切った者は，「戦争につながる行為」を今すぐやめることによって責任をとらなければならない」．「「戦争につながる」行為とは，いうまでもなく，「戦争につながる基地」の沖縄人への押しつけにほかならない．よって，「戦争につながる」行為をやめるためには，「戦争につながる基地」の押しつけをやめなければならないのである．そして，日本人が「戦争につながる基地」の押しつけをやめるための確実な方法こそ，基地を日本に持ち帰ることなのだ」．

　野村さんはこう言うんだけど，「戦争につながる基地」の押しつけをやめて，基地を日本に持ち帰っただけでは，「戦争につながる」行為をやめることにはならないわけでしょう？　日米安保はそのままで，日本国全体として米軍基地を引き受けちゃっているわけだから，「戦争につながる基地はいらない」という沖縄人の願いは，「基地の平等負担」では達せられないわよね．

A：　たしかに，基地の平等負担を強調するあまり，前提を誤解されかねないところはあるかもしれないね．でも，野村さんは，基地の平等負担は日本人が「戦争につながる」行為をやめていくための「不可欠のプロセス」なのである，と書いている．日本人が「第一にとるべき」「現実的対応」だ，とも言っている．基地の平等負担で終わりだとは言っていない．

D：　先生，甘いですよ．基地の平等負担が基地の撤去に行き着くための「不可欠の」プロセスだなんて，何を根拠にそんなこと言えるんですか？
　国民としての平等原理を根拠に，基地負担の平等を日本人に迫っていくことは，つまるところ，沖縄がより深く日本という国家に包摂されていく

結果を招く．僕にはそれがよいこととは思えないんです．その日本国家は，日米安保条約によって世界最強の米軍に基地を提供し，米国の世界支配に協力する日本なんだから．日米安保の軍事的役割をそのままにして，国民としての平等を追求することは，構造的には，かつて国民としての平等を求めて大日本帝国に組みこまれていったことと似ているんじゃないか．

　じつはこの問題は，沖縄では 1972 年の「日本復帰」に前後して，激しく議論されたことでもあるんです．

A：　「反復帰論」のことだね．

D：　そうです．単純化して言えば，「平和憲法」による米軍基地撤去を掲げた「復帰論」に対して，それが幻想であって，「復帰」は日米安保体制下の日本国家への包摂であり，いずれにせよ国家への包摂であるとして，脱国家・反国家の立場に立った批判が起きた．野村さんの議論には，この重要な思想の経験があまり踏まえられていないように見えるんです．

　野村さんは，「二〇〇四年，日本国首相小泉純一郎は，沖縄にある米軍基地の日本への移転と日本国外への移転を日本国民に提起した」と指摘しています．そして，こう続けるんです．「したがって，首相は基地移転を確実に実現させることによって自身が提起した政治課題を解決する責任を絶対にはたさなければならない．［中略］少々の移転では責任をはたしたことにはまったくならない．重要なのは，あくまで，在日米軍基地の日本国民全体での平等な負担を実現することなのである．負担の平等が達成されるまで，沖縄から日本に基地を移転しつづけなければならない」．

　つまり，基地負担の平等論は，日米安保体制を絶対の前提とし，米国の世界戦略に進んで協力していこうという小泉首相の基地移転論とも矛盾しない．矛盾しないどころか，その実現を迫るものになっているわけです．あえて過激な言い方をすれば，日米両大国の軍事同盟とそれにもとづく「帝国」的な支配を何ら揺すぶることなく，かえってそれの再編強化を助けてしまうのではないか．

　沖縄からの批判と問いかけは，「日本国」という国家の枠組みに吸収されてしまってはならない．国家の枠組みを問い直すと同時に，日米両大国の軍事同盟，その「帝国」的支配そのものを問題化すべきだと思うんです．

B：　でも，「基地の平等負担より安保反対」と唱える「良心的日本人」に

対する野村さんの批判は鋭いでしょう．日本人にそんなことは言われたくない，ということになるんじゃないかなあ．
D：　いや，その，僕は「日本人」ではなくて「沖縄人」なので……．
B：　えっ？　そうか……．Dくんは沖縄出身かあ．
C：　どうりで詳しいと思ったわ．
A：　Dくんの議論も分かるよ．

　「基地の平等負担」の根拠が「国民」としての平等権だとすれば，それは当然「国民国家」の枠内での話になる．その「国民国家」が国内で平等を実現しても，外に対して「悪魔の国」であることは十分にありうることだ．事実，近代の欧米諸国は国内で民主主義を進めながら，外では植民地帝国としてふるまったわけだからね．

　ただ，くりかえすけど，野村さんも「基地の平等負担」で一丁上がりなどとは考えていないだろう．「そんなに沖縄が好きなら，基地の1つも"本土"に持って帰ってくれないか」と言われて「権力的沈黙」で返したり，「沖縄の負担軽減」のための基地の「本土移転」案に，「沖縄に要らないものは本土にも要らない」と反対して，結局は現状維持を選択したりしている日本人の沖縄差別，その巨大な「無意識の植民地主義」を問題化するために，そこに焦点を絞っているのだと思う．

　沖縄の基地被害は，日々の日常的現実だ．日本人がその現実をどれほど知らないか．沖縄の新聞と全国紙を読み比べてみるだけでも一目瞭然だ．沖縄の米軍基地はイラク攻撃の出撃拠点でもある．沖縄が「悪魔の島」と言われかねない状況は続いているわけなんだね．そういう米軍基地が自分の地元にあったら，と想像してみたことのある日本人はきわめて稀だろう．「本土移転」論を突きつけられることでもなければ，自分たちが沖縄に基地を押しつけているなどと思いもよらない．「本土移転」がだめだというなら，沖縄差別をやめ，植民（地主義）者であることをやめるためには1つしかない．米軍基地の撤去，つまり安保体制をやめることだよ．
B：　安保体制をやめるなんて，できるんでしょうか？　軍事的安全保障なしにはやっていけないという感覚はそうとう根強いでしょう．
A：　安保をやめることは，即，脱軍事ではないよ．安保をやめて自衛隊だけで自主防衛という路線もある．

C： そうなると，憲法9条の改正は避けられませんね．「平和憲法」に究極の「人間の安全保障」があると思ってきた私としては，とても賛成できないわ．

B： 「平和憲法」が究極の「人間の安全保障」？

C： 日本国憲法は，第9条で，軍事的安全保障の考えを放棄すると言っているでしょう？　まあ政府解釈では，「専守防衛」は放棄していないわけだけど．

　でも，9条だけじゃないのよ．憲法前文では，「日本国民」は「平和を愛する諸国民の公正と信義に信頼して，われらの安全と生存を保持しようと決意した」とか，「専制と隷従，圧迫と偏狭を地上から永遠に除去しようと務めている国際社会において，名誉ある地位を占めたいと思う」とか，「全世界の国民が，ひとしく恐怖と欠乏から免れ，平和のうちに生存する権利を有することを確認する」とか，謳っているでしょ．これぐらい「人間の安全保障」にぴったりの表現はないと思うわ．

D： 「平和憲法」というけど，僕は違和感があります．1972年に日本に「復帰」してからも，沖縄に「平和憲法」が適用されたことなど一度もなかったんじゃないか．

　いわゆる護憲派の人たちは，「平和憲法のおかげで戦後，日本では軍隊が1人も人を殺さず，殺されることもなかった」とか，「平和憲法，世界の宝」とか言ってますよね．でも，その「平和憲法」のもとで，沖縄の基地から米軍がベトナムを攻撃したり，イラクを攻撃したりしてきた．沖縄がその「平和憲法」のもとに入ってから，米軍関係者の犯罪は公になっただけでも約五千件，そのうち殺人・暴行等の凶悪事件が一割ある，というのが現実です．

　軍事的安全保障というけれど，いったい誰のための「安全保障」なのか？　「平和憲法」というけれど，いったい誰のための平和なのか？

C： 「平和憲法」の理念と現実の乖離は，沖縄を知ってこそ，その意味が分かるわね．

A： 憲法9条による日本の非武装化が，憲法1条による天皇制の存置とセットだったということは，徐々に知られるようになってきたね．天皇制を残すのであれば，二度と「皇軍」が復活しないように9条が必要だった，

と．

　これに加えて，沖縄との関係も忘れるわけにはいかない．「平和憲法」のおかげで平和だったと言うけれど，日本人は安保条約下で沖縄に米軍基地を集中させ，沖縄の犠牲のうえに「平和」を享受してきたのではなかったか．1947年には，昭和天皇がGHQに沖縄の長期にわたる軍事占領を希望した「天皇メッセージ」も出されている．戦後日本人は，沖縄の犠牲のうえに，天皇制と平和憲法を手にしてきた，と言っても過言ではないかもしれない．

D：　日米安保条約という「国家の安全保障」のもとで，米軍基地の集中という軍事的安全保障システムが，沖縄の人々の「人間の安全保障」を損なってきたし，いまも損なっている．沖縄の現実ほど，「国家の安全保障」と「人間の安全保障」の矛盾を見せつけているものも少ないんじゃないかな．

4．責任＝応答可能性（レスポンシビリティ）

C：　私，どう考えればいいのか，どうしても分からないことがあるんです．
　沖縄の問題がとても大事なことはよく分かる．「人間の安全保障」の問題を考えるうえでも大事ですよね．でも，私がいま一番関心があって，勉強も調査もしたいと思っているのは，パレスチナ問題なんです．プログラムを終了したら，国際機関に入るかNGOかどちらかの形で，現地に行って取り組みたいとも思っています．
　「日本人」なのに，沖縄の問題をさておいてパレスチナ問題をやったりするのは，よくないことになるんでしょうか？

B：　そんなことを言えば，僕だって……．僕はフィリピンのストリート・チルドレンのために働きたいと思っているんです．

C：　私たちの「人間の安全保障」プログラムには，アジア各地はもちろん，アフリカのスーダンやウガンダ，旧ユーゴや中央アジア，ラテンアメリカなど，いろいろな地域の紛争や問題に取り組みたくて勉強している人がいます．世界には数え切れないほど問題があるんだから，当然ですよね．
　そういう中で，どの問題を優先すべきかとか，順番はとても付けられな

いと思うんです.「日本人」あるいは「日本国民」が問われている問題だって, 沖縄以外にもたくさんあります. どう考えたらいいのか, すっきりしなくて…….

A: 世界には無数の問題がある.「日本国民」が直接問われている問題もたくさんある. その通りだね.

　個人は有限な存在だから, それらのすべてに取り組むなんてとてもできない. 本気で取り組もうとしたら, 1つの問題だって, いくら時間があっても足りない. 個人の有限性を思い知らされるだろう.

D: そもそも, すべての問題を知っているわけじゃありませんしね.

A: 問題を知っているかどうか, これは大事なポイントだね. 僕はあえて言えば, 問題を知ってしまったならば, その時点から, まったく責任がないとは言えなくなると思う.

C: 野村さんも,「愚鈍への逃避」を批判していますね. 沖縄の問題を知っているのに, 見て見ぬふりをする. そういう「愚鈍への逃避」は結局, 現状維持をよしとする「権力への居直り」にすぎない.

A: テレビ, 新聞, インターネット, 学校その他での学習など, 多様な媒介を経て, 僕らのところに世界中の情報が飛び込んでくる.「人間の安全保障」を学ぼうなどという人は, フィリピンのストリート・チルドレンでも, パレスチナやアフリカの難民でも, 悲惨な状況に置かれている人々の実態を知って,「何とかしなければ」とか, あるいはそれほどではなくとも,「何かできることはないか」と思った人が多いだろうね. 僕はそこに, すでに応答可能性（レスポンシビリティ）としての責任の運動が始まっていると思う.

B: それ, どういうことですか?

A: 「責任」は英語で responsibility つまり「応答可能性」だ. 別に英語のニュアンスをありがたがる必要はないんだけど, ここには「責任」の根源的な意味が表われているとも言える. つまり「責任」の原型は, 他者からの呼びかけ, 訴えを聞いた（見た）者が, いやおうなく, それに応答を求められるということにある, ということだ.

　「助けて」という声を聞いたら,「痛いよ」という声を聞いたら, 無視して通り過ぎるか, 応答して他者との関係に入っていくか, いずれにせよ選

択を求められ，その選択自体からは逃げられなくなってしまう．もちろん無視して通り過ぎることもできるのだけれど，そのときその他者との関係は悪化するのが普通だろう．沖縄の場合で言えば，「権力的沈黙」とか「愚鈍への逃避」だね．肯定的に応答するなら，その他者との関係はよくなるだろう．窮状を実際に救えるかどうかは別だけどね．

C： 「人間の安全保障」をやろうなどという人は，黙って通り過ぎることができない人なんでしょうね（笑）．

A： 問題は，いま言ったように，世界にはそういう呼びかけや訴えが満ち満ちて，僕らもすでにかなりの声を聞いてしまっていることだ．自分が聞いてしまったすべての呼びかけには応えられないし，複数の呼びかけに応えることすら難しい．いや1つの呼びかけにすら十分に応えることは難しいんだね．

　何か1つの呼びかけにちゃんと応えようとしたら，他の呼びかけにはなかなか応えられない，他の呼びかけを犠牲にせざるをえないのが人間の現実だ．僕らの日常生活そのものが，そういうふうにできているんだよ．

C： ということは，パレスチナと沖縄と2つに取り組めなくても，悩まなくていいということですね．

B： フィリピンをやって沖縄ができなくても，後ろめたさを持たなくていいということか．

D： いや，そう言い切ってしまって，あまり「すっきり」しすぎるのもどうかな．

A： 後ろめたさや罪悪感というと重すぎるけど，それでも責任は消えないと思う．とくに沖縄の基地問題は，「日本国」内の問題で，野村さんが指摘しているように，「日本人」がどうにかしなければならない問題だ．「日本国民」であるかぎり，とくに「日本人」であるかぎり，その責任からは逃れられないんじゃないかな．

C： 自国の問題を優先すべきだ，と？

A： いや，順序の問題では必ずしもない．関係の重さの違いだろうね．「Cさんは日本人だからパレスチナ問題をやめて沖縄問題に取り組むべきだ」とまでは言えないと思う．パレスチナ問題に取り組むことはとても貴重な，大事なことだよ．思う存分やってほしいな．ただ，日本人としては，パレ

スチナ問題に直接の責任はないけれど，沖縄の基地問題には責任がある．これは否定できない．

C： どうすればいいんでしょう？

A： すべての人は，それぞれの他者との関係の中で，錯綜した責任を負っているんだね．「責任を負う」という表現がきつくてちょっと，というなら，「応答を求められている」と言ってもいい．どの声に応答し，どの声に応答しないのか．応答したくてもできないのか．これはもう，まさにその人の「責任」の問題としか言いようがない．

　どの問題に，どのように取り組んだか．そこにその人の人となりが，その人の人生までもが現われるんじゃないだろうか．

【読書案内】

野村浩也『無意識の植民地主義——日本人の米軍基地と沖縄人』(御茶の水書房, 2005年).
* 日本人が「人間の安全保障」を学ぶというなら，日本国の中に，自分自身も責任を問われる「人間の安全保障」の問題として，沖縄の基地問題があることを知ってほしい．この本の問いにどこまで応答できるか．本章をきっかけとして考えていただければ幸いである．

目取真俊『沖縄／草の声・根の意志』(世織書房, 2001年).
* 沖縄戦の歴史を引き受けて書きつづける芥川賞作家が，沖縄に関連する政治・社会問題を論じた最初の評論集．野村氏の本でも論じられている小説「希望」——ある沖縄人が米兵の幼児を殺害し，自殺する——も収録されている．

萱野稔人『国家とはなにか』(以文社, 2005年).
* 沖縄の場合がそうであるように，「人間の安全保障」は，いまなお世界を覆う「国家」のシステムとの対峙，交渉を不断に強いられる．国家，国民国家，帝国などについての文献は多数にのぼるが，本書は研究史と現代思想を踏まえ，可能なかぎり論理的に国家の運動を説明しようとした好著で，おおいに参考になる．

高橋哲哉『戦後責任論』(講談社学術文庫, 2005年).
* 本章で触れた「応答可能性としての責任」という考え方について，より詳しくはこの拙著を参照してほしい．さらに『歴史／修正主義』(岩波書店, 2001年)，『証言のポリティクス』(未來社, 2004年) なども併読していただければ幸いである．

[執筆者紹介]（執筆順）

山影　進（やまかげ　すすむ）

1949 年生まれ／東京大学大学院総合文化研究科教授
[専門]　国際関係論
[主要著作]　『ASEAN パワー』（東京大学出版会，1997 年），『対立と共存の国際理論』（東京大学出版会，1994 年）
[一言──あなたにとって「人間の安全保障」とは？]　「無告の民」という言葉を，後に私の指導教授となる人の著書名を通じて知ったのがちょうど 40 年前．国際社会の政治から疎外されている人々として，ジェノサイドの犠牲者や難民を指摘した論文を書いたのが 20 年近く前．普通の人にとっての国際関係論を求めて彷徨しているうちに「人間の安全保障」に遭遇してしまった．

森山　工（もりやま　たくみ）

1961 年生まれ／東京大学大学院総合文化研究科准教授
[専門]　文化人類学
[主要著作]　『資源人類学』（共著，放送大学教育振興会，2007 年），『マダガスカル語文法』（東京外国語大学アジア・アフリカ言語文化研究所，2003 年）
[一言──あなたにとって「人間の安全保障」とは？]　遠いものに近さを見とり，近いものに遠さを見とる．そのような知と想像力の運動に惹かれてきました．「人間の安全保障」というときの「人間」も，遠さと近さをともに携えた存在者であるのに違いありません．本書では，「人間」とは「誰」であるのかという問いを投げかけましたが，それは，その「人間」と対峙するわたしは，あなたは，「誰」であるのかという問いに通じています．

柴　宜弘（しば　のぶひろ）

1946 年生まれ／東京大学名誉教授
[専門]　東欧地域研究，バルカン近現代史
[主要著作]　『図説バルカンの歴史〔改訂新版〕』（河出書房新社，2006 年），『ユーゴスラヴィア現代史』（岩波新書，1996 年）
[一言──あなたにとって「人間の安全保障」とは？]　歴史学に依拠する地域研究者にとって，研究対象国が解体過程をたどると同時に，凄惨な内戦が生じたことは大きなショックだった．一連のユーゴ紛争はなぜ生じたのか，紛争をどのように捉えたらよいのか，紛争後の和解は可能なのか．このような問題を国家やナショナリズムの視点から考えるだけでは不十分であり，この地域に住む人々の視点からも検討する必要性を痛感した．この視点こそが，私にとっての「人間の安全保障」といえる．

石田勇治（いしだ ゆうじ）

1957年生まれ／東京大学大学院総合文化研究科教授

[専門] ドイツ近現代史，ジェノサイド研究

[主要著作] 『20世紀ドイツ史』（白水社，2005年），『過去の克服』（白水社，2002年）

[一言──あなたにとって「人間の安全保障」とは？] 学際研究は今ではもう当たり前．「人間の安全保障」では，これをさらに進め，あるゆる分野がひとつになって協働する「学融合」の場となることを期待したい．

林 文代（はやし ふみよ）

1948年生まれ／東京大学大学院総合文化研究科教授

[専門] 言語態研究（英米文学，メディア論など）

[主要著作] 『迷宮としてのテクスト』（東京大学出版会，2004年），『シリーズ言語態1 言語態の問い』（共著，東京大学出版会，2001年）

[一言──あなたにとって「人間の安全保障」とは？] 戦後17年目の1962年，ニューヨーク万博が開催されました．アメリカ人が日本製の車や生魚（鮨や刺身）を大量に消費する時代がくるなど考えられなかった当時，少々寂しげな日本館の入口に，憲法9条の英訳が掲げられていました．それが電光に照らされて明るく輝いているのを見たという朧げな記憶があります．それも含めた在米経験，そして帰国後のカルチャーショックなどが，恐らく私の「人間の安全保障」を考える原点なのだと思います．

中村雄祐（なかむら ゆうすけ）

1961年生まれ／東京大学大学院人文社会系研究科准教授

[専門] 途上国の社会開発（特に低技術・低コストの文書管理）

[主要著作] "Documentos para Tejedoras," *Usos del documento y cambios sociales en la historia de Bolivia*（共著，国立民族学博物館，2005年 http://hdl.handle.net/2261/4009）

[一言──あなたにとって「人間の安全保障」とは？] 「実に難題」というのが正直な感想．それから，自分の身の程を改めて感じさせられるテーマです．たとえていえば，自分は健脚だと思っていたのが，実はよく整備された道路や安価で歩きやすい靴のおかげだった，というような感じでしょうか．そういうことを考えさせてくれるという点では感謝しています．

吉川雅之（よしかわ まさゆき）

1967年生まれ／東京大学大学院総合文化研究科准教授

[専門] 香港・澳門研究（言語と文芸），中国語学

[主要著作] 『ワークブック香港粤語［基礎文法Ⅰ］』（白帝社，2006年），『香港粤語［発音］』（白帝社，2001年）

[一言──あなたにとって「人間の安全保障」とは？] これはまさしく今後の課題です．即答するには難しいと思いますが，言語・文字を論ずるよりはむしろ医療や介護に代表される福祉について有効なシステムの構築と導入が「人間の安全保障」に不可欠なテーマとして認知，議論される日が一日でも早く訪れることを願っています．これらは「人間の尊厳」に直接関わる問題であるとともに，現代日本社会にとって不可避な社会問題となっているからです．

木村秀雄（きむら ひでお）

1950年生まれ／東京大学大学院総合文化研究科教授

[専門]　ラテンアメリカ人類学

[主要著作]　『水の国の歌（熱帯林の世界7）』（東京大学出版会，1997年），『響きあう神話』（世界思想社，1996年）

[一言――あなたにとって「人間の安全保障」とは？]　私は，南アメリカの中央アンデス高地とアマゾニア低地において，先住民社会の実態や周囲の社会との相互関係について調査を続けてきました．そこで，人間の生存の基盤である農業のさまざまな姿を目にし，農業と貧困の克服についていろいろ考えてきました．理論的枠組みより現場で考え，実践から離れないのが，かつて青年海外協力隊員でもあった私のモットーです．

永田淳嗣（ながた じゅんじ）

1964年生まれ／東京大学大学院総合文化研究科准教授

[専門]　人文地理学

[主要著作]　『地域研究』（共著，朝倉書店，2003年），『環境学の技法』（共著，東京大学出版会，2002年）

[一言――あなたにとって「人間の安全保障」とは？]　各地の農村に入り，農業や地域社会や資源利用に関する研究を進める中で，私は常に「この場所でいったいどのような生き方が実現できるのか」という問いを大切にしてきた．そしてまずは人々の現実の判断や行動の意味を幅広い観点から徹底的に考えること，そこから少しでも有望な方向を探り出すことに努力してきた．こうしたスタンスは，人間の安全保障の発想とも共鳴する点が少なくないと感じている．

丸山真人（まるやま まこと）

1954年生まれ／東京大学大学院総合文化研究科教授

[専門]　エコロジー経済学（自然と人間が共存する経済の探究）

[主要著作]　『アジア太平洋環境の新視点』（共編著，彩流社，2005年），『〈資本〉から人間の経済へ』（共編著，新世社，2004年）

[一言――あなたにとって「人間の安全保障」とは？]　私が尊敬してやまないイヴァン・イリイチは，30年近く前に，グローバリゼーションの本質が「人間生活の自立と自存にしかけられた戦争（war against subsistence）」であったことを見抜いていた（『シャドウ・ワーク』参照）．「人間の安全保障」は人類がまさにこの「戦争」から自由になることであると私は考えている．

山下晋司（やました しんじ）

1948年生まれ／東京大学大学院総合文化研究科教授

[専門]　文化人類学

[主要著作]　『資源化する文化』（編著，弘文堂，2007年），『バリ　観光人類学のレッスン』（東京大学出版会，1999年）

[一言――あなたにとって「人間の安全保障」とは？]　「恐怖からの自由」とか「欠乏からの自由」などと言うと，何かよそ事のようですが，地球温暖化から政治テロ，金融危機から食品の安全性まで，私たちの生活は至る所で地球規模のリスクにさらされています．私たちは今やグローバルに繋がっているので，人間の安全保障は他人事ではないのです．私は公共人類学という視点からこの課題に接近したいと思っています．

中西　徹（なかにし とおる）

1958年生まれ／東京大学大学院総合文化研究科教授
[専門]　開発研究，地域研究（フィリピン）
[主要著作]　*Metro Manila*（共著，University of the Philippine Press, 2002），『スラムの経済学』（東京大学出版会，1991年）
[一言——あなたにとって「人間の安全保障」とは？]　東南アジアの多くの貧困層のように，生活が生存維持の危機を脱したものの，依然として「物的な豊かさ」の不十分な人々にとって，「人間の生にとってかけがえのない中枢部分」（緒方＝セン・レポート）を守るには，人と人との絆という「精神的な豊かさ」が決定的な意味を持っているのではないでしょうか．人々は「精神的な豊かさ」を活用し「欠乏」と「恐怖」からの自由を実現するための「智慧」を既に有しているからです．人々が持つその「智慧」を学びたいと思っています．

田原史起（たはら ふみき）

1967年生まれ／東京大学大学院総合文化研究科准教授
[専門]　中国農村研究
[主要著作]　『20世紀中国の革命と農村』（山川出版社，2008年），『中国農村の権力構造』（御茶の水書房，2004年）
[一言——あなたにとって「人間の安全保障」とは？]　基層の「小社会」（コミュニティ）の分析の中に「大問題」を見出すこと．いろいろな問題を考えるときに，とりあえず「知的なおしゃべり」はストップして，万難を排し社会の最末端まで降りて行き，人々の顔の見える「現場」から発想する方法的態度があるとすれば，そういう姿勢は「人間の安全保障」的発想法といえなくもないでしょうか？

遠藤　貢（えんどう みつぎ）

1962年生まれ／東京大学大学院総合文化研究科教授
[専門]　アフリカ現代政治
[主要著作]　『統治者と国家』（共著，日本貿易振興機構アジア経済研究所，2007年），『アフリカ国家を再考する』（共著，晃洋書房，2006年）
[一言——あなたにとって「人間の安全保障」とは？]　アフリカの政治をみていると，国家は領民の安全を保護する（しようとする）という「常識」が，残念ながら通用しません．また本文でみたように，現代世界では国家（という「殻」）は，その内部がひどく不安定になっても消滅しません．領民の安全を実現しようとする新しい政体が創設されても，すぐには国家となることはできません．「人間の安全保障」はこうした問題を考える手がかりになるように思いますが，現実の政策としてはまだまだそのあり方を検討する余地がありそうです．

佐藤安信（さとう やすのぶ）

1957年生まれ／東京大学大学院総合文化研究科教授
[専門]　平和構築論，人間の安全保障論，開発法学，紛争処理法
[主要著作]　『はじめて出会う平和学』（共著，有斐閣アルマ，2004年），"Commercial Dispute Processing and Japan," *Kluwer Law International*, 2001.
[一言──あなたにとって「人間の安全保障」とは？]　「人間の安全保障」とは，細分化された学問領域を繋げる総合化の枠組み，世界規模の課題に取り組むための学問と実践の連環のための指針，そして国境という近代の枠組みを脱構築して人権を国籍によるアパルトヘイトから解き放つ契機だ．私にとっては，「難民」のエンパワーメントこそがその核であるが，その中身は試行錯誤の中でこそ培われていくべき実践哲学でもあろう．読者のフィードバックによるこの歴史的企てへの参加を期待したい．

大江　博（おおえ ひろし）

1955年生まれ／防衛省防衛政策局次長
[専門]　国際関係，地球規模問題
[主要著作]　『外交と国益』（日本放送出版協会，2007年），『国際紛争の多様化と法的処理』（共著，信山社，2006年）
[一言──あなたにとって「人間の安全保障」とは？]　「人間の安全保障」は日本外交の柱として位置付けられており，本稿にも明記したとおり，国際的にも，国連やAPECの文書等にも明記されるなど広く理解された概念となりつつあります．しかし，日本国内においては，残念ながら研究者や開発に携わる人々以外にはまだ十分に理解されているとはいえないのが現状です．本稿を含む本書が日本国内における「人間の安全保障」の理解の促進に繋がることを希望します．

旭　英昭（あさひ ひであき）

1946年生まれ／東京大学教養学部付属教養教育高度化機構特任教授
[専門]　国際関係論，日本外交
[主要著作]　「平和構築の実践と現場からの教訓」『国際社会科学2007』（東京大学大学院総合文化研究科，2008年），「人道外交の奨め」『諸君』（1994年10月号）
[一言──あなたにとって「人間の安全保障」とは？]　20世紀後半，第2次世界大戦後の荒廃から復興して，再度わが国が国際社会の主要なパートナーとしての責任を自覚する一方で，21世紀に人類が直面する諸課題を見据えた中から見出した自らの国際的な役割を表象するキーワード．

高橋哲哉（たかはし てつや）

1956年生まれ／東京大学大学院総合文化研究科教授
[専門]　現代哲学
[主要著作]　『戦後責任論』（講談社，1999年），『記憶のエチカ』（岩波書店，1995年）
[一言──あなたにとって「人間の安全保障」とは？]　現在の「人間の安全保障」という考え方は，どうにも中途半端の感が否めない．「国家の安全保障」をそのままにして，それに寄生し，それを補完する役割にとどまっているからではないか．国家が地球の表面を覆い尽くし，当面は（永久に？）国家なしの世界が考えにくいとしても，むしろだからこそ，「国家の安全保障」に対して問いを突きつけていく姿勢が必要ではないだろうか．

人間の安全保障

2008 年 4 月 24 日　初　版
2010 年 6 月 25 日　第 2 刷

［検印廃止］

編　者　高橋哲哉・山影　進

発行所　財団法人　東京大学出版会
　　　　代 表 者　長谷川寿一
　　　　113-8654　東京都文京区本郷 7-3-1 東大構内
　　　　http://www.utp.or.jp/
　　　　電話 03-3811-8814　Fax 03-3812-6958
　　　　振替 00160-6-59964

印刷所　大日本法令印刷株式会社
製本所　株式会社島崎製本

Ⓒ2008　Tetsuya Takahashi, Susumu Yamakage
ISBN 978-4-13-003352-7　Printed in Japan

Ⓡ〈日本複写権センター委託出版物〉
本書の全部または一部を無断で複写複製（コピー）することは，著作権法上での例外を除き，禁じられています．本書からの複写を希望される場合は，日本複写権センター（03-3401-2382）にご連絡ください．

知の技法 小林康夫・船曳建夫編	A5	1500円
知の論理 小林康夫・船曳建夫編	A5	1800円
知のモラル 小林康夫・船曳建夫編	A5	1500円
新・知の技法 小林康夫・船曳建夫編	A5	1800円
教養のためのブックガイド 小林康夫・山本泰編	A5	1600円
法と暴力の記憶 高橋哲哉・北川東子・中島隆博編	A5	3800円
迷宮としてのテクスト 林 文代	A5	6200円
バリ　観光人類学のレッスン 山下晋司	四六	3200円
スラムの経済学 中西 徹	A5	5000円

ここに表示された価格は本体価格です．御購入の際には消費税が加算されますので御了承下さい．